D1718934

Dominic Multerer

Die 10 Gebote für Kommunen

DOMINIC MULTERER

Die 10 Gebote für Kommunen

Marktorientiertes Denken & Handeln wird
der Schlüssel zum Wettbewerb sein

Kommunen stehen im Wettbewerb

Bibliografische Information der Deutschen Nationalbibliothek

Die Deutsche Nationalbibliothek verzeichnet diese Publikation in der
Deutschen Nationalbibliografie; detaillierte bibliografische Daten
sind im Internet über http://dnb.d-nb.de abrufbar.

Gebundene Ausgabe
Verlag: 5 Sterne Verlag (2020)

ISBN-10: 3981898095
ISBN-13: 978-3981898095

Umschlaggestaltung: Dominic Multerer GmbH (Stephanie Böhme)
Autorenfoto: Stefan Veres
Satz und Layout: Das Herstellungsbüro, Hamburg |
    www.buch-herstellungsbuero.de
Druck und Bindung: Dominic Multerer GmbH

Inhalt

Warum dieses Buch?

Kommunale Themen sind immer wieder Anlass für Publikationen. In der Regel sind sie nüchtern und sachlich geschrieben. Und noch etwas fällt auf, wenn man sich die diversen Veröffentlichungen anschaut: Entweder wurden sie von Autoren verfasst, die unmittelbar aus dem öffentlichen Sektor kommen, oder von Menschen, die sich als Externe mit kommunalen Themen befassen. Die Perspektive auf diese vielfältige Thematik ist gleich oder zumindest ähnlich. Selten befassen sich Autoren aus ganz anderen Bereichen wie der Wirtschaft mit Städten und Gemeinden, obwohl die Wirtschaft ein Teil des kommunalen Lebens ausmacht. Angesichts der vielen Herausforderungen, vor denen die Kommunen in Deutschland stehen, wird es Zeit, diese mit ganz anderen Augen zu sehen. Zum Beispiel aus der Sicht eines Unternehmers oder Kunden – was bedeutet, die Kundenbrille aufzusetzen. Für Kommunen ist das ungewohnt.

Seit über zehn Jahren begleite ich Unternehmen im Bereich Vertrieb, Marketing, Strategie und Führung. Mit meiner Beratungsfirma Multerer Public bin ich seit 2013 auf diesen Gebieten auch für den öffentlichen Sektor tätig. Dabei betrachten wir Fragen der Vermarktung, der Digitalisierung und der Prozessoptimierung durch die »Kundenbrille«, um neue Denkweisen und Lösungen für Städte, Gemeinden und Landkreise zu entwickeln. Es geht dabei um die Frage: Wie können Kommunen schon heute aus dem gesellschaftlichen Wandel und den Erkenntnissen der Industrie 4.0 lernen, um sich noch effektiver, effizienter und bürgernäher aufzustellen? Die während unserer Arbeit gemachten Beobachtungen und Erkenntnisse haben mich schließlich bewogen, die »10 Gebote für Kommunen« zu schreiben.

Städte und Gemeinden – kurz: die Kommunen – sind die kleinste Einheit unterhalb der Landes- und Bundesebene. Sie sind das Fundament unseres föderalen Systems und haben die größte Nähe zum Bürger. Doch das Umfeld, in dem sich Kommunen befinden, und auch die Kommunen selbst haben sich dramatisch verändert: durch die angespannte Haushaltslage, Personalmangel, neue Gesetze, Technisierung und Bürger, die mitbestimmen wollen – um nur einige Aspekte zu nennen. Hinzu kommen Dinge von außerhalb, die ebenfalls die Kommunen beeinflussen und Digitalisierung, Globalisierung, pluralistische Gesellschaft und Anpassung an den demografischen Wandel fordern. Mit reinem »Verwalten«, so wie es noch vor 20 Jahren üblich war, werden Städte und Gemeinden nicht weit kommen. Kommunen sind gefordert, in den verschiedensten Bereichen zu gestalten. Einige haben es bereits erkannt, andere wollen es nicht wahrhaben: Die Kommunen stehen mittlerweile im Wettbewerb untereinander. Es gilt: Wer bremst, verliert.

Sorry, aber das ist die Realität.

Investoren, Unternehmen, Touristen und auch Bürger schauen sich schon heute genau an, wer ihnen das beste Angebot für ihre Bedürfnisse unterbreitet. Und nur der bekommt den Zuschlag. Bin ich als Kommune dafür bekannt, dass ich die Wirtschaft fördere, über ausreichend qualifizierte Arbeitskräfte verfüge, ideale Gewerbeflächen habe und meine Verwaltung bei wirtschaftlichen Belangen flexibel und gern behilflich ist, werden sich Firmen bestimmt für meinen Standort interessieren. Biete ich gute Schulen, ausreichend Ärzte, tolle Freizeitmöglichkeiten, eine gute Verkehrsanbindung an Gewerbezentren und lege ich Wert auf die Förderung von Kindern, werde ich als Stadt oder Gemeinde wohl in den Fokus von Familien rücken.

Kommunen, die wie ein Gemischtwarenladen auftreten und von allem ein bisschen, aber nichts konsequent anbieten können, werden in diesem Wettbewerb zu den Verlierern gehören – so hart das klingt.

Aber das ist kein Schicksal, das in Stein gemeißelt wurde. Jede Stadt und jede Gemeinde ist in der Lage, sich neu auszurichten, die Herausforderungen anzunehmen und sich anders zu strukturieren. Der Schlüssel liegt im Denken. Mit alten Mustern und Verfahrensweisen kommt man nicht weit. Diese Rezepte aus vergangenen Tagen haben schon früher nicht immer gewirkt, wenn man ehrlich ist, und sie werden es erst recht nicht in Zukunft tun. Also, wie kann man sich als Kommune orientieren, wenn man in Richtung Zukunft denken will?

Eigentlich jeder Unternehmer schaut, was der Wettbewerb macht. Das liegt in seinem ureigensten Interesse, denn er muss Gewinne machen, damit er weiter existieren kann. Keine Geschäfte, keine Gewinne – und ohne diese kann ein Unternehmer seine Firma schließen. Daher beobachtet ein Unternehmer nicht nur Marktentwicklungen wie neue Trends, neue Produkte oder innovative Produktionsprozesse, er hat auch seinen Wettbewerb fest im Blick: Was macht der, zu welchen Preisen bietet er an, wer sind seine Kunden und wie bewirbt er seine Produkte? Um sich besser im Wettbewerb aufzustellen, wird in der Wirtschaft Benchmarking betrieben. Das bedeutet, man betrachtet andere Unternehmen und sogar Branchen und wie diese mit Herausforderungen umgehen. Aus den so gewonnenen Erkenntnissen werden eigene Lösungen entwickelt.

Und der Bürger? Es hat sich zwar schon einiges getan, aber dennoch wird der Bürger in etlichen Bereichen der öffentlichen Verwaltung noch als Bittsteller gesehen und nicht als Kunde. Dabei ist er Letzteres schon längst und ist damit auch Treiber von Entwicklungen. Service kennt er von Unternehmen. Die buhlen richtig um seine Gunst: Bonusmeilen dort, Shoppingpunkte hier, Premiumservice, wenn ich mehr zahle, und Grundpreis, wenn mir ein Basisangebot genügt. Außerdem ist der Bürger mit technischen Möglichkeiten vertraut: Flugticket nach New York via Smartphone buchen? Kein Problem. Online-Banking per Videochat? Warum nicht! Etwas über Nacht bestellen und am nächsten Tag erhalten? Alltag! Warum sollten also diese Alltäglichkeiten bei einer Kommune nicht möglich sein? Bauantrag online stellen, Videoberatung bei Kindergeldanträgen oder die Ummeldung eines Wohnsitzes um 22:00 Uhr erledigen? Doch leider sind das in den meisten Fällen noch Träume.

Mein Blick auf den öffentlichen Sektor hat mich zu folgender Frage geführt, die ich mir immer wieder stelle: Warum sind Prozesse, Services und Abläufe in der »freien Wirtschaft« möglich, im öffentlichen Bereich aber nicht? Sicherlich gibt es in einigen Bereichen Einschränkungen durch hoheitsrechtliche Aspekte und den gesetzlichen Auftrag der Daseinsvorsorge. Dennoch besteht auch in Kommunen genug Spielraum, markt- und kundenorientiert zu denken und zu handeln. Mit diesem Buch möchte ich konkrete Hinweise geben, wie man vom »Verwalter« zum »Gestalter« wird, wie man sich dem Wettbewerb stellt und wie man kundenorientiert handelt. Ich erläutere Beispiele, in welchen Gemeinden und Städten es gut funktioniert, und ziehe Parallelen zur Wirtschaft. Aber ich schildere aus beiden Bereichen auch krasse Fälle, die gar nicht gehen, um zu zeigen, was man verbessern kann.

»Die 10 Gebote für Kommunen« sind kein verpflichtendes Gesetzeswerk. Gemeinsam mit meinen Interviewpartnern diskutiere ich Herausforderungen und biete Lösungsansätze an. Wie sich diese im konkreten Fall umsetzen lassen, hängt von den Gegebenheiten der jeweiligen Kommune ab. Wenn dieses Buch aber schon dazu führt, dass Sie in den Gemeinden und Städten verschiedenste Aspekte diskutieren und Veränderungen anschieben möchten, dann haben Sie den ersten und entscheidenden Schritt in Richtung markt- und kundenorientiertes Denken und Handeln schon getan.

Noch etwas – das hätte ich fast vergessen ... Sie haben es bestimmt schon gemerkt. Es fehlt das gesellschaftliche und politisch korrekte Gendern. Dass es sich eigentlich so gehört, ist mir bewusst. Ich habe mich aber zugunsten der Lesefreundlichkeit und damit zur besseren Verständlichkeit dagegen entschieden.

Ich wünsche Ihnen nun viel Spaß beim Lesen und beim Gestalten!

Kommunen stehen im Wettbewerb

»Was geht denn hier ab?«, fragte ich mich, als ich das erste Mal be-
ruflich mit dem Thema »öffentliche Verwaltung« konfrontiert wurde. Ich fühlte mich in meiner kritischen Meinung bestätigt, die ich
über die Jahre als Bürger und als jemand, der aus der Privatwirtschaft kommt, gewonnen hatte. Für mich war die öffentliche Verwaltung bis zu diesem Zeitpunkt eine Art Mysterium. Zwar war mir
bewusst, dass Kommunen eine Daseinsberechtigung haben und von
Bedeutung sind, aber was so recht in den Ämtern von Städten und
Gemeinden passierte, war mir nicht klar. Schon in den ersten Tagen,
in denen ich mich in die Materie einarbeitete, fielen mir so einige
Unterschiede zwischen freier Wirtschaft und öffentlichem Sektor
auf.

Der wohl gravierendste Unterschied liegt meines Erachtens darin,
dass in der freien Wirtschaft die Unternehmen Gewinne erwirtschaften müssen, um überhaupt existieren zu können. Wer keine Gewinne macht und Verluste einfährt, hat seine Daseinsberechtigung eher
früher als später verloren – wer bremst, verliert. Ein Unternehmen
hat also ein natürliches Interesse daran, seine Waren, Produkte oder
Dienstleistungen gewinnbringend zu verkaufen. Es steht täglich im
Wettbewerb, im Kampf um Umsätze und Kunden. Selbst als Mono-
polist kann man sich nicht ausruhen. Denn sich veränderndes Verbraucherverhalten oder voranschreitende Technik zwingen jedes
Unternehmen dazu, sich ständig weiterzuentwickeln und zukunftsorientiert zu handeln. Zugegeben, der einen Firma gelingt das bes-

ser als der anderen, und natürlich geschehen manchmal auch Dinge, die Unternehmen – gleich welcher Art – in Schwierigkeiten bringen.

Eine Kommune dagegen muss weder Gewinne einfahren noch Umsätze steigern, denkt man. Kommunen bieten seit Jahrzehnten in vielen Bereichen konkurrenzlose Dienstleistungen an – und das mit dem Produktversprechen »Rechtssicherheit«. Und im Wettbewerb zueinander stehen Städte und Gemeinden doch auch nicht, oder? Bis vor wenigen Jahren war das sicher auch so. Doch die Zeiten haben sich geändert!

Zunehmend stehen auch Städte, Gemeinden und Landkreise im Wettbewerb – das ziemlich heftig und teilweise völlig unvorbereitet. Es geht um Bürger, Investoren, Unternehmen, Touristen und letztlich um Geld. Die Zeichen der Zeit sind von Kommunen einfach verschlafen worden, weil sie marktorientiertes Denken und Handeln nicht gelernt haben. Warum das so ist, werde ich in diesem Buch vertiefen. Ich werde aber auch passende Lösungen aufzeigen.

Marktorientiertes Denken wurde nicht gelernt

Es gibt etliche Gründe dafür. Die möchte ich in diesem Buch näher betrachten, mit Unterstützung von Persönlichkeiten aus dem öffentlichen Sektor und aus der Wirtschaft. Daraus ergeben sich Lösungsansätze – und ich bin überzeugt, dass sich Kommunen damit wettbewerbsfähig und fit für die künftigen Herausforderungen machen können. Vorab möchte ich aber auf den wesentlichen Grund eingehen, warum wirtschaftliches Denken im öffentlichen Bereich nicht üblich ist, auch wenn ich fairerweise sagen muss, dass sich einige Kommunen mittlerweile auf diesen Weg gemacht haben – nicht nur im Denken, sogar auch im Handeln. Die Ursache, warum das bisher so wenigen gelungen ist, liegt in der Entstehungsgeschichte der Kommunen. In der Öffentlichkeit – und selbst in der öffentlichen

Verwaltung – gehen viele (so wie auch ich zu Beginn meiner Tätigkeit im kommunalen Bereich) davon aus, dass Kommune »einfach so da ist, weil sie immer da war«.

Dem ist aber nicht so. Erst durch Gespräche und eigene Recherchen begriff ich, wie sich Städte, Gemeinden und damit die autonome kommunale Verwaltung entwickelt haben – und warum wirtschaftliches Denken dort nicht »gelernt« wurde. Um besser einordnen zu können, wenn ich sage, »wirtschaftliches Denken wurde nicht gelernt«, gebe ich Ihnen jetzt einen kleinen Abriss. Keine Sorge, es wird kein Geschichtsunterricht, das ist auch gar nicht mein Ding, sondern der folgende Abschnitt soll Ihnen nur einen groben Überblick vermitteln.

Von Karl vom und zum Stein bis zu den alliierten Mächten

Schon im Mittelalter hatten die Freien und Reichsstädte wie Speyer, Worms, Frankfurt a. M. oder Köln zahlreiche Selbstverwaltungsrechte und Privilegien. Dazu gehörten die Selbstbesteuerung, Gerichtshoheiten oder – wie im Falle von Hamburg – das Hafenrecht. Die endgültige Idee der kommunalen Selbstverwaltung entstand eigentlich aus der Not heraus. Anfang des 19. Jahrhunderts unterlag das preußische Königreich, das noch wenige Jahrzehnte zuvor als europäische Großmacht gegolten hatte, in mehreren Schlachten den Truppen Napoleons und lag als Folge quasi am Boden. Durch die Niederlage hatte Preußen große Gebiete an Frankreich abzutreten und hohe Tributzahlungen zu leisten. Reichsfreiherr Karl vom und zum Stein (1757–1831) sorgte sich um das Gemeinwohl und versuchte durch eine radikale Staats- und Verwaltungsreform, die später durch Karl August von Hardenberg (1750–1822) weiterentwickelt wurde, Preußen wieder handlungsfähig zu machen.

Das Ziel seiner Reformen war es, den »Charakter der Nation durch die Verwaltung« zu bilden. Eine effiziente Verwaltung sollte dazu beitragen, die machtpolitische Bedeutung Preußens durch eine aktive Einbeziehung der Gesellschaft zu stärken.* Durch die Stärkung des Wahlrechts und die Übertragung der Haushaltsverantwortung wollte Stein die Eigenverantwortung der Bürger fördern, um so das gesellschaftliche und wirtschaftliche Leben wieder anzukurbeln. Damals verstand man unter Wahlrecht natürlich noch etwas anderes als heute. Das Wahlrecht, das Stein entwickelte, ist im Zusammenhang mit Eigentum zu sehen, denn nur über das Eigentum war auch das Steueraufkommen zu steigern. Das betraf nur einen geringen Teil der Bevölkerung, der damit auch Einfluss auf das politische Gemeinwesen nahm. Tagelöhner, Arbeiter oder Dienstboten waren davon ausgenommen.

Diese Reformen, zu denen auch die Einführung einer Kreisverwaltung gehörte, die zwischen die Großprovinzen und die Städte und Gemeinden geschaltet wurde, bedeuteten letztlich die Freiheit der Kommunen – und zwar inklusive der Finanzhoheit gegenüber der zentralistischen Autorität. Sie bildeten das Fundament der kommunalen Selbstverwaltung. Natürlich folgten über die Jahrzehnte hinweg weitere Reformen, die immer mehr in Richtung Liberalisierung und Demokratie gingen. Schließlich veränderte sich die Gesellschaft, das Bürgertum gewann immer mehr Einfluss und auch die politischen Gegebenheiten und Ereignisse – ob Kaiserreich, Erster Weltkrieg, Weimarer Republik, Nationalsozialismus und Zweiter Weltkrieg – nahmen erheblichen Einfluss auf die Entwicklung der kommunalen Selbstverwaltung.

Nach dem Zweiten Weltkrieg drückten die Alliierten in den sogenannten Besatzungszonen den Kommunen jeweils ihren Stempel

---

* http://www.bpb.de/izpb/257298/geschichte-der-kommunalen-selbstverwaltung?p=all

auf – sie führten Änderungen ein, die dem entsprachen, wie sie kommunale Selbstverwaltung interpretierten. Jedoch war das gemeinsame Ziel, das zentralistische System des Nationalsozialismus zu zerschlagen und auf die traditionelle Vielfalt der Kommunalverfassungen in einem föderalistischen System zu setzen. Das Recht der Gemeinden, alle Angelegenheiten der örtlichen Gemeinschaft im Rahmen der Gesetze in eigener Verantwortung zu regeln, ist später im Grundgesetz verankert worden.

Trotz weiterer Anpassungen und Reformen sind Kommunen bis heute die dritte Ebene unseres föderalen Systems, der die Länder und schließlich der Bund übergeordnet sind. Kommunen sind die kleinste politische Verwaltungseinheit in Deutschland, die von den Bürgerinnen und Bürgern getragen wird. Die kommunale Verwaltung regelt das Zusammenleben – gleich ob aus gesellschaftlichen, rechtlichen, wirtschaftlichen, finanziellen oder kulturellen Aspekten heraus.

Vom Bürger über den Verbraucher zum Kunden

Wie der historische Rückblick zeigt, wurde in der Vergangenheit zwar der Rahmen für die kommunale Selbstverwaltung vorgegeben, aber die ist auch nicht einfach vom Himmel gefallen. Die Gesellschaft – wir, die Bürger – haben die Kommune geprägt und prägen sie noch immer, trotz Reformen, Umbrüchen und politischen Einflüssen. Kommune ist kein Selbstzweck, sondern eine Veranstaltung vom Bürger für den Bürger. Was aber ebenfalls durch den Rückblick deutlich wird, ist, dass Verwaltung zu keiner Zeit wirtschaftliches Denken entwickeln musste. Durch gesetzliche Vorgaben, wie auch immer diese aussahen, war sie eben da. Außer ihr gab es keine andere Institution, die Dienstleistungen anbot und anbietet, die nur die kommunale Verwaltung hat und rechtlich anbieten darf. Also, wie sollte sich vor dem Hintergrund dieser geschichtlichen Entwicklung und Etablierung eines Elements des föderalen Systems so etwas wie wettbewerbsorientiertes, wirtschaftliches Denken entwickeln? Es ist wie bei jedem von uns: Warum soll ich etwas machen, wenn ich nicht muss oder will? Ich mache es einfach nicht, und entsprechend entwickle ich auch keine entsprechenden (unnötigen) Fähigkeiten. Natürlich ist mir bewusst – und das muss ich hier wohl einfügen –, dass die kommunale Verwaltung nicht in einer »geschlossenen Blase« vor sich hinlebte. Es hat schon immer Verflechtungen, Kooperationen, gemeinsame Projekte oder den allgemeinen Austausch zwischen der kommunalen Verwaltung, der Wirtschaft und der Gesellschaft im Allgemeinen gegeben. Sofern es sich nicht um hauptberufliche Stadt- bzw. Gemeindevertreter handelt, haben die kommunalen Mitarbeiter immerhin einen Beruf, dem sie täglich nachgehen. Aber irgendwie ist marktorientiertes Denken nicht in den öffentlichen Sektor vorgedrungen. Man hat, wie gesagt, vielfach den Eindruck, der kommunale Sektor führe eine Art Eigenleben – »die« und »wir«.

Aber etwas hat sich gerade in den letzten beiden Jahrzehnten verändert, aufgrund dessen sich ökonomisches Denken und Handeln für Städte und Gemeinden als Vorteil erweisen könnte. Bisher haben Reformen und machtpolitische Umbrüche die kommunale Verwaltung maßgeblich beeinflusst. Jetzt ist das, was Kommune ausmacht, ja, sie begründet, der Bürger. Durch den demografischen Wandel, höhere Mobilität, Flexibilität, Digitalisierung, Selbstverwirklichungswünsche, die Realisierung individueller Vorlieben, wirtschaftliche Aspekte und vieles mehr entscheidet der Bürger über die Entwicklung von Städten und Gemeinden und zwingt die Kommunen damit in einen noch nie dagewesenen Wettbewerb. Das, was die Wirtschaft schon lange kennt, nämlich, dass der Verbraucher – der Kunde – durch sein Verhalten, seine Wünsche und seine Bedürfnisse über den wirtschaftlichen Erfolg eines Unternehmens, eines Produkts oder einer Marke bestimmt, erfahren immer mehr Kommunen nun am eigenen Leib: Der Bürger stimmt mit den Füßen ab, ob er bleiben oder sich andernorts niederlassen will.

Die Privatwirtschaft rechnet täglich mit dem sprunghaften Verhalten von Verbrauchern oder Kunden im Allgemeinen. Regelmäßig werden Eckdaten und Bilanzen analysiert, um wirtschaftliche Entwicklungen abzuschätzen und darauf reagieren zu können. Es werden Businesspläne zur Erfassung und zur Bewusstseinsbildung von produkt- oder unternehmensbezogenen Zyklen erstellt, inklusive Prognosen über einen zu erwartenden Verlauf. Hinzu kommt: Trotz sorgfältiger Analyse müssen die gewonnenen Erkenntnisse und Beobachtungen ständig angepasst werden. Die voranschreitende Technik hat in den letzten beiden Jahrzehnten das wirtschaftliche Leben beschleunigt. Durch die Verbreitung von computergestützten Systemen und durch die immer weiter alles durchdringende Digitalisierung hat sich das Tempo nochmals potenziert. Überspitzt gesagt: Was heute »in« ist, ist morgen »out«. Wer auf diese Entwicklung keine Antwort hat, ist weg vom Markt.

Globalisierung und Digitalisierung haben die Welt schrumpfen lassen

Mit den Möglichkeiten, die es heute gibt, steigt auch der Wettbewerbsdruck. Die Globalisierung ist ein Aspekt dieser Entwicklung. Vergleichbare Waren, die irgendwo auf der Welt produziert werden, kommen bei uns auf den Markt und setzen die heimische Wirtschaft oft unter Druck. Start-ups mischen den Markt durch unkonventionelle Wege oder Innovationen auf. Branchenfremde Unternehmen dringen immer häufiger in etablierte Märkte ein – und das mit Erfolg. So hat beispielsweise ein Unternehmen wie Tesla die traditionellen Autohersteller mehr oder weniger kalt erwischt. Gleiches gilt für alteingesessene Geldinstitute. Seit einiger Zeit versuchen FinTech-Unternehmen wie PayPal ihnen den Rang abzulaufen – mit Erfolg. Innovationen, disruptive Geschäftsmodelle und natürlich die schon erwähnte voranschreitende Digitalisierung, aber auch das aufkommende Konzept der Künstlichen Intelligenz erschüttern ganze Branchen und haben den Wettbewerb zusätzlich verschärft. Das wird so bleiben, ja, vielleicht sogar noch schlimmer werden. Um weiter zu existieren, müssen Unternehmen – gleich wie groß sie sind – darauf reagieren. Schließlich geht es immer darum, was der Kunde will! Diese Herausforderung macht ebenso vor Kommunen nicht halt.

In diesem Zusammenhang frage ich Sie: Was hat Amazon mit einer Kommune zu tun? Antwort: Viel! Der Online-Versandriese setzt seit Jahren den stationären Handel unter Druck. Kritische Stimmen machen Amazon gar für das Sterben vieler Geschäfte verantwortlich. Die Folge sind Leerstände in den Innenstädten. Leerstände bedeuten weniger Einnahmen für die öffentliche Hand, sinkende Attraktivität für die Bürger, weniger Investitionsbereitschaft von Firmen, sodass eventuelle Firmenneuansiedlungen ausbleiben. Das wiederum bedeutet erneut fehlende Gelder, die beispielsweise für die Instandhaltung der Infrastruktur benötigt werden, die Attraktivität sinkt weiter, die Menschen ziehen fort und neue rücken nicht nach. Selbstverständlich gibt es auch andere Faktoren, die eine negative Entwicklung auslösen, und es ist selten ein Umstand allein, der dafür sorgt, dass das Rad anfängt, sich zu drehen. Aber dieses Bild zeigt plastisch, was ein neues Geschäftsmodell – und das war Amazon – nach sich ziehen kann.

Lernen von Amazon?

Nun heißt das nicht automatisch, dass die Wirtschaft smarter ist als die öffentliche Verwaltung. Das muss ich an dieser Stelle betonen! Jedoch gibt es in der Privatwirtschaft aus der Natur der Sache heraus ein anderes Denken und damit auch ein anderes Vorgehen als im öffentlichen Sektor. Auch in der Privatwirtschaft werden regelmäßig Entwicklungen entweder falsch eingeschätzt oder verschlafen. Ich bleibe beim Beispiel Amazon: Das Unternehmen startete als Online-Buchhändler. Es wurde von sehr vielen Menschen belächelt, darunter auch von etlichen Experten. Als Amazon anfing, sein Sortiment auszubauen, und neben Büchern andere Warengruppen ins Angebot nahm, wurde es noch immer nicht ernst genommen. »Online-Handel funktioniert nie, das ist eine Modeerscheinung« oder »Die werden sich mit dem Geschäftsmodell überheben«, so lauteten die Kommentare.

Tja, und was geschah? Amazon etablierte sich und verschwand nicht. Das Gegenteil ist der Fall. Der Konzern »entdeckt« immer neue Geschäftsbereiche. Und der Handel? Mittlerweile heißt es, »Amazon macht uns alle kaputt«. Mit neuen Ideen, Verkaufsmodellen oder persönlicher Kundenbindung versuchen viele Händler der Entwicklung mit Erfolg entgegenzusteuern. Es ist dieser unternehmerische Geist, der viele in der Privatwirtschaft antreibt und den Firmen das Überleben sichert. Reagiert man nicht auf Entwicklungen oder trifft Fehlentscheidungen, was natürlich auch vorkommt, verschwindet man einfach vom Markt. Bei Kommunen scheint das nicht der Fall zu sein. Egal, was passiert oder kommt, eine Kommune bleibt!

Aber ist das tatsächlich so?

Nun, eine Gemeinde oder Stadt wird sich nicht in Luft auflösen, richtig. Aber sie kann wie ein Unternehmen durch viele Faktoren in finanzielle Schwierigkeiten geraten. »Angespannte Haushalte«, »Haushaltsdefizite« oder »Ausgabensperre« bis hin zur »Unter-Kuratel-Stellung« sind Schlagwörter, die immer häufiger in diesem Zusammenhang in den Medien auftauchen. Ein Faktor, der eine wesentliche Rolle spielt, ist eben der Umstand, dass Kommunen zunehmend im Wettbewerb stehen. Wenn ich als Verbraucher nur einen Euro habe und mir dafür eine Cola kaufen möchte, so muss ich mich für eine Marke entscheiden. Habe ich das, so ist mein Euro ausgegeben. Ich kann ihn nicht ein zweites Mal einsetzen. Das ist klar und das versteht auch jeder. Aber genauso verhält es sich im Wettbewerb der Städte und Gemeinden. Die Kommune, die mir am meisten bietet, die meinen Vorstellungen, Bedürfnissen oder Wünschen entspricht, bekommt den Zuschlag.

Wir dürfen nicht vergessen, dass der Bürger und die ansässigen Unternehmen die Kunden einer Kommune sind. Diese Kunden sorgen für »Umsatz« in Städten und Gemeinden durch Einkommen-, Hunde-, Gewerbesteuer. Und genau darum stehen Kommunen im Wettbewerb. Es geht um bares Geld.

Der Bürger vergleicht Kommunen wie ein Warenangebot

Dabei ist es gleich, ob ich als Privatperson, als Unternehmen oder Investor auftrete. Wenn ich an meinem Wohnort keine Arbeit finde, gehe ich dorthin, wo ich sie bekomme. Ist das im näheren Umfeld meines Wohnorts, kann ich pendeln. Ist es weiter entfernt, ziehe ich weg. Dann überlege ich mir aber, was mir wichtig ist, was mir mein neuer Wohnort bieten muss. Habe ich beispielsweise eine Familie, so werden ein sicheres Umfeld, ein Kindergarten, Schulen, Ärzte, Einkaufs- und Freizeitmöglichkeiten entscheidende Kriterien sein. Also schaue ich mir das »Angebot« in der Nähe meines Arbeitsplatzes an und gehe an den Ort, der meinen Bedürfnissen am ehesten entspricht. Damit ist mein »Euro« ausgegeben und alle anderen Kommunen haben das Nachsehen. Der Wettbewerb hat entschieden.

Konkret sieht das so aus: Das Bundeswehrzentralkrankenhaus (BWZK) in Koblenz beschäftigt rund 1450 Mitarbeiter. Diese wohnen in einem gewissen Radius im Umfeld des Krankenhauses, der sich durch einen definierten Parameter bestimmt: Es geht darum, dass die Mitarbeiter im Notfall ihren Arbeitsplatz schnell erreichen können. Daher kommen für die Mitarbeiter des BWZK nur einige wenige Gemeinden als Wohnort infrage. Alle anderen Kommunen, die nicht in diesem definierten Radius liegen, scheiden aus.

Der Standort ist eine langfristige Entscheidung

Das bedeutet, wenn man als Arbeitnehmer durch seine Beschäftigung örtlich gebunden ist, achtet man darauf, möglichst dicht am Arbeitsort zu wohnen. Je nach Definition liegen in diesem Radius zwischen zehn und bis zu 80 Kommunen, die für den Bürger in Betracht kommen. Entscheidet sich nun der Bürger für eine, haben die anderen das Nachsehen. Das ist Wettbewerb. Für die Zeit, in der der Bürger dort wohnt, bringt er dieser Kommune durch verschiedenste Abgaben bares Geld. Im Falle des BWZK sind das ca. 1450 Menschen mit oder ohne Familie, die dem jeweiligen Wohnsitz – sprich der Stadt oder Gemeinde – über Jahre Einnahmen sichern. Und die sind für eine Kommune wichtig, um ihre Aufgaben und Dienstleistungen zu finanzieren.

Gleiches gilt für Unternehmen, nur hat das eine andere Dimension. Bei einem Standortwechsel, der natürlich nicht so häufig vorkommt wie bei einer Privatperson oder der Neugründung einer Firma, wird auch geschaut, welche Kommune das beste Angebot macht: Wie sieht es mit den Grundstückspreisen aus, wie steht es um die Infrastruktur, wie hoch sind die Abgaben, welche Förderungen sind möglich und sind qualifizierte Arbeitskräfte zu erwarten? Ein Investor fragt sich, ob es sich lohnt zu investieren und wann er mit Gewinnen rechnen kann. Kommunen, die in attraktiven Regionen liegen, haben es natürlich leichter, sich zu positionieren, als Regionen, die wenig zu bieten haben. Dabei ist »attraktiv« keineswegs auf die rein wirtschaftlichen Bedingungen bezogen. Landschaft, Lebensqualität oder kultureller Austausch können ebenfalls den Ausschlag geben. Umgekehrt ist eine attraktive Region für eine Kommune kein Garantieschein, dass es automatisch läuft. Man muss schon etwas dafür tun, damit die »Kundschaft« aufmerksam wird und zu einem kommt, um zu bleiben.

Das jährliche Städteranking verdeutlicht den Wettbewerb

Einige Städte und Gemeinden erkannten das schon früh und haben sich in bestimmten Bereichen zur Marke entwickelt. Regelmäßige Rankings zeigen mittlerweile, welche Kommunen in welchen Bereichen den Ton angeben. So führt das Magazin »The Economist« jährlich einen Städtevergleich zum Thema »Wo lässt es sich am besten leben (international)?« durch. 2018 führte Wien (Österreich), gefolgt von Melbourne (Australien) und Osaka (Japan) die Charts der Städte an. Frankfurt kam als bestplatzierte deutsche Stadt auf Platz 12, Hamburg belegte den 18. Rang und München folgte erst auf Platz 21. Solche Rankings gibt es selbstverständlich auch im negativen Bereich – wie die »Stadt mit den meisten Arbeitslosen«, »mit der höchsten Kriminalitätsrate« oder »mit dem höchsten Verschuldungsgrad«. Solche Vergleiche befeuern den Wettbewerb ebenfalls und haben entsprechende Auswirkungen. Wer will schon in eine Kommune investieren, die fast pleite ist? Auf der anderen Seite kann eine anhaltende Beliebtheit auch zur Herausforderung für eine Stadt oder Gemeinde werden.

Fakt ist, die Welt der Kommunen ist gerade in den letzten zwei Jahrzehnten in Bewegung gekommen und hat sich verändert. Das haben diverse Städte und Gemeinden schon erkannt und verstanden. Andere sind dabei, das zu begreifen, und überlegen, wie sie die Herausforderung der vielschichtigen Veränderungen bewältigen wollen. Und gar nicht mal so wenige Kommunen meinen, dass es so wie in den 50er-Jahren weitergehen wird.

Einer, der die Entwicklung der Kommunen und ihrer Belange sehr gut kennt, ist der 1. Vizepräsident des Deutschen Städte- und Gemeindebundes und Bürgermeister der Stadt Bergkamen, Roland Schäfer. Er sieht die Städte und Gemeinden ebenfalls im Wettbewerb:

■ Statement Roland Schäfer, Bürgermeister der Stadt Bergkamen

Roland Schäfer, Jahrgang 1949, ist in Lemgo / Lippe geboren. Nach dem Abitur in Detmold studierte Schäfer Rechtswissenschaften an der Universität Bielefeld. 1977 arbeitete der Verwaltungsjurist zunächst an der Juristischen Fakultät der Universität Bielefeld. Es folgten berufliche Verpflichtungen in verschiedenen Dezernaten der Bezirksregierung Arnsberg, in der Verwaltung des Kreises Soest und in der Kommunalabteilung des Innenministeriums des Landes Nordrhein-Westfalen. 1989 wurde Roland Schäfer Stadtdirektor der Stadt Bergkamen. Elf Jahre später wählte ihn der Rat der Stadt zum hauptamtlichen Bürgermeister. Seit 1999 konnte er jede Direktwahl zum Bürgermeister gewinnen.

In die SPD trat Roland Schäfer 1983 ein. Er ist Mitglied in zahlreichen Gremien und Organisationen: So ist er 1. Vizepräsident des Deutschen Städte- und Gemeindebundes, Präsident des Städte- und Gemeindebundes NRW und 1. Vizepräsident von PES local, der Union der Sozialdemokratischen Kommunal- und Regionalpolitiker Europas. Roland Schäfer ist verheiratet und hat zwei Kinder.

❯❯ Kommunen stehen im Wettbewerb

Ein tiefgreifender Wandel hat alle Bereiche des Lebens erfasst. Das betrifft besonders die Faktoren Demografie, technologischer Fortschritt oder Globalisierung. Davon betroffen sind ohne Frage auch Städte und Gemeinden. Wer das beste Angebot für die Bedürfnisse des Marktes bieten kann, hat die Nase vorn. Unter den Kommunen ist ein Wettbewerb entstanden. Daher müssen sie inzwischen auch wie Unternehmen denken und handeln. Jedoch gibt es einen wesentlichen Unterschied: das Gemeinwohl. Das Gemeinwohl ist das oberste Ziel von Kommunen. Die Herausforderung besteht darin, sowohl diese Aufgabe als auch die Erwartungen unserer »Kunden« effizient und effektiv zu erfüllen. Unsere »Kunden« sind die Bürgerinnen und Bürger, Unternehmen, Touristen, Pendler, Investoren und viele weitere Akteure.

Um das noch einmal klar herauszustellen: Einen Wettbewerb, wie er auf dem freien Markt zwischen Unternehmen stattfindet, gibt es vor dem Hintergrund des Gemeinwohls unter den Kommunen nicht. Ferner herrscht eine ungeschriebene Verhaltensregel, an die sich alle Städte und Gemeinden halten: kein Negativwettbewerb, keine negative Nachrede über Nachbarkommunen. Dazu gehört auch, keine Gewerbebetriebe aus Nachbargemeinden abzuwerben. Natürlich ist das rechtlich nicht verboten, aber »man macht das einfach nicht«. Es verhält sich etwas anders, wenn ein Unternehmen aktiv auf eine Stadt oder Gemeinde zukommt und nach Möglichkeiten einer Ansiedlung fragt, weil der jetzige Standort bestimmte Voraussetzungen nicht bieten kann. In diesem Falle wird jede Kommune bemüht sein, diesen Betrieb für sich zu gewinnen, wenn sie die gewünschten Voraussetzungen erfüllen kann.

Als Vizepräsident des Deutschen Städte- und Gemeindebundes und als Präsident des Städte- und Gemeindebundes NRW habe ich einen recht umfassenden Blick darauf, was in deutschen Kommunen geschieht. Nach meiner Erkenntnis stehen Städte und Gemeinden natürlich schon länger im Wettbewerb, was Arbeitsplätze und die Ansiedlung von Gewerbe und Industrie angeht. Neu hinzugekommen ist das Bemühen um Einwohner. Das hängt mit dem Rückgang der Bevölkerung zusammen. Davon sind nicht nur kleine Kommunen betroffen, sondern auch die allergrößten. Selbstverständlich gibt es neben den klassischen Zuzugskommunen wie München, Hamburg oder Frankfurt a. M. auch Ausnahmen. Man denke an Münster oder Leipzig.

In Nordrhein-Westfalen steht eine Stadt wie Düsseldorf vor der Herausforderung einer massiv wachsenden Bevölkerung. Ein Wettbewerbsdenken in puncto Bevölkerungszuwachs gibt es hier nicht, aber andere

Aspekte wie beispielsweise Attraktivität für Touristen oder Gewerbeflächen stehen im Fokus. Woanders geht es dafür um differente Themen, die eine Rolle spielen. In einem Land wie Nordrhein-Westfalen, in dem durch den Strukturwandel im Bergbau und in der Metallindustrie, aber auch im produzierenden Gewerbe – Stichwort Nokia – im letzten Jahrzehnt viele Arbeitsplätze wegfielen, sind die Ansiedlung von Unternehmen und die Schaffung neuer Arbeitsplätze ganz weit oben auf der Prioritätenliste der Kommunen angesiedelt.

Dafür muss man natürlich die Voraussetzungen haben oder sie notfalls schaffen: Hat man überhaupt Flächen, die man anbieten kann? Wie steht es um Verkehrsanbindungen? Kann man Breitband anbieten, was für die meisten Firmen heute wichtig ist? Wie sieht das gesamte Umfeld in Bezug auf Wohnen, Kindergärten, Schule, ärztliche Versorgung oder Freizeitangebot aus? Es gibt durchaus Kommunen, die nicht alles, was für Industrie, Handel, Gewerbe und den privaten Bereich nötig ist, vorhalten können. Etliche haben sich daher entschieden, keine gemischtstrukturelle Kommune zu sein, sondern sich auf das Wohnen und entsprechendes Freizeitangebot zu konzentrieren. Diese Gemeinden und Städte kämpfen natürlich nicht um die Ansiedlung von Gewerbe oder gar Industrie. Ihr Fokus liegt dann mehr auf Familien und Personen, die ein geeignetes Umfeld zum Wohnen und für die Freizeit suchen.

Der Punkt Einwohner ist erst mit dem demografisch bedingten Bevölkerungsrückgang zum generellen Thema geworden, was sich natürlich durch Abwanderungen verschärft. In den östlichen Bundesländern Deutschlands ist das ganz massiv zu beobachten. Es wäre auch so in NRW, aber durch die Zuwanderungswelle von 2015/2016 hat sich das etwas relativiert. Fakt ist aber, erst durch die Entwicklung des Bevölkerungsrückgangs ist es ins Bewusstsein gekommen, dass man sich um neue Einwohner bemühen und Menschen etwas bieten muss, um Abwanderung zu verhindern. Um den Strukturwandel zu unterstützen, haben wir in Bergkamen in den letzten 20 Jahren keinen sozialen

Wohnungsbau mehr ausgewiesen. Stattdessen konzentrierten wir uns nur auf preiswerte Einfamilien-Wohn-Möglichkeiten wie Doppelhaushälften, Reihenhäuser und kleinere Grundstücke. Dadurch gelang es uns, viele Menschen anzusiedeln, die vorher z. B. in Dortmund gewohnt haben. Mittlerweile investieren wir allerdings auch wieder in den Sozialen Wohnbereich. Das liegt an dem wachsenden Bedarf kleinerer Wohnungen für Alleinerziehende oder Einzelhaushalte. Es ist also immer wichtig, im Blick zu behalten, was benötigt wird, um entsprechend darauf zu reagieren.

An dieser Stelle möchte ich kurz auf den Tourismus eingehen, der für jede Kommune relevant ist. Hier geht es um Menschen, die von außerhalb kommen und die entweder für längere Zeit oder auch nur kurzfristig einen Ort besuchen. Klassische Touristenorte wie Winterberg sind darauf natürlich spezialisiert und ausgerichtet. Auch wir in Bergkamen, einer alten Industriestadt, setzen darauf, aber mit dem Schwerpunkt Tagestourismus speziell in den Bereichen Rad-, Wohnmobil- und Motorboottourismus. Bei der Bewerbung des Tourismus verfolgen wir verschiedene Ansätze. Dabei dreht es sich nicht nur um die Stadt Bergkamen, sondern um die gesamte Region des östlichen Ruhrgebiets, und die steht im Wettbewerb mit dem Münsterland oder dem Sauerland. Daher ist eine Zusammenarbeit in der Region wie im Falle einer überörtlichen Imagewerbung sinnvoll. Wir profitieren so davon, dass die Metropole Ruhr, ein Ableger des Regionalverbands Ruhrgebiet, für uns überregional wirbt. Außerdem wird über unsere Wirtschaftsförderungsgesellschaft der Kreis Unna beworben. Es ist ein Zusammenspiel, von dem die verschiedensten Partner profitieren und Synergien nutzen können. So haben diese touristischen werblichen Aktionen ebenso einen gewerblichen Hintergrund. Gleich, aus welchem Blickwinkel man den Begriff »Kommune« betrachten mag, das Thema »Wettbewerb« steht immer irgendwo im Raum.

Letztlich definieren sich der Blickwinkel, die Positionierung im Wettbewerb und die eigene Ausrichtung immer nach der Frage »Für welches

Thema will ich als Kommune in meiner Region eigentlich stehen?«. Diese grundsätzliche Fragestellung ist noch nicht im Bewusstsein aller Verantwortlicher in den Kommunen angekommen. Dass Kommunen im Wettbewerb zueinander stehen, ist schon allen Akteuren bewusst, aber die Fragen »Wie gehe ich damit um?«, »Wie sieht das Bild von meiner eigenen Stadt aus?« und »Wie soll sich meine Stadt entwickeln?« werden viel zu selten gestellt. Das wäre aber notwendig! In Bergkamen haben wir eine sehr intensive Diskussion darüber geführt, wo wir eigentlich hinwollen, jetzt, da der Bergbau wegfällt. Wollen wir darauf setzen, eine »Einwohnerschlafstadt« von Dortmund zu sein, das in der Nähe liegt? Soll Bergkamen eine »gemischte Stadt« sein und eigene Arbeitsplätze schaffen? Dabei war uns klar, dass wir »Leuchttürme« brauchen, etwas, das über die Stadt hinausstrahlt, weil Bergkamen ein eher ungutes Arbeiterimage hat.

Drei Punkte rückten dabei in den Fokus, um sich vom Wettbewerb abzuheben:

1. Aus einem alten, ungenutzten Industriehafen wurde der größte Sportboothafen NRWs – mit schöner maritimer Atmosphäre. Das bewerben wir offensiv und ziehen damit Boots- und Fahrradtouristen an.
2. Das größte römische Militärlager nördlich der Alpen befindet sich hier. Das restaurieren wir gerade und bauen es zum Museum aus.
3. Ferner wollen wir unsere Bergbauvergangenheit sowohl im Stadtmuseum als auch im Stadtgebiet in Szene setzen. Die höchste Erhebung im Nordkreis Unna beispielsweise ist eine aufgeschüttete künstliche Hügellandschaft. Dieses Gebiet wird momentan ebenfalls umgestaltet – mit Wanderwegen, einer Freiluftarena für Veranstaltungen und weiteren Anziehungspunkten.

Solche Prozesse und Maßnahmen müssen ohne Frage von der Spitze – vom Bürgermeister über die Gemeinderäte bis zu den Ressortchefs –

angeschoben, durchdacht und letztlich verantwortet werden. Letzteres obliegt meistens dem Bürgermeister, der sich bei Kritik, die nicht ausbleibt, gerademachen muss. Fingerspitzengefühl, Erfahrung und strategisches Denken sind hier gefragt. Das hat aber nicht jeder Bürgermeister. Oft ist das der Fall bei »Quereinsteigern«, die neu in diese Verantwortung gewählt wurden. Gerade das strategische Denken ist bei »Alteingesessenen« häufig noch nicht so ausgeprägt, wie es für die Führung einer Kommune nötig ist.

Es gibt aber eine Vielzahl von Möglichkeiten, wo man sich austauschen, Anregungen und Tipps holen kann, zum Beispiel auf Bürgermeisterkonferenzen. Wir fahren zum Beispiel gemeinsam mit anderen Bürgermeistern von Kommunen, die Gewerbeflächen anbieten oder umfassende Projekte planen, auf Einladung unserer Wirtschaftsförderungsgesellschaft zur Expo Real nach München, um uns zu informieren. Ferner bietet der Städte- und Gemeindebund verschiedene Seminare und Weiterbildungen an. Jedoch fehlt mir noch ein konkretes Angebot, wo Kommunen mit Fachleuten, Vertretern aus der Zivilgesellschaft oder der Politik ebensolchen Fragen nachgehen: »Woher komme ich, wohin will ich, wie sollen sich Kommunen in künftigen Jahren aufstellen, wie filtert man Kernkompetenzen für die Zukunft heraus oder entwirft man das Bild einer Stadt oder Gemeinde für die Zukunft?« Im Grunde geht es um recht einfache heruntergebrochene Managementanwendungen bzw. normale Strategieprozesse. Das sind eben Dinge, die die Kommunen nie gelernt haben, weil sie sich rein als Verwaltung verstanden haben. Das hat sich geändert.

Die Frage lautet: Wofür steht eine Stadt oder eine Gemeinde?

Ohne Frage werden immer Leute benötigt, die normalen Verwaltungsaufgaben nachgehen. Aber angesichts der Veränderungen sind zunehmend Menschen gefragt, die neu- und querdenken. Diese Menschen bekommt man in der Regel eben nicht von Fachhochschulen für Öffentliche Verwaltung. Diese müssen »quer«, also nicht aus der klassischen Verwaltung, dazugeholt werden. Mein Wirtschaftsförderer beispielsweise ist Volkswirt und kommt nicht aus der Verwaltung. Auch in anderen Bereichen greife ich auf Quereinsteiger zurück, die aus der privaten Wirtschaft oder dem Kulturbereich kommen. Sie alle unterstützen mich in meiner täglichen Arbeit, die immer komplexer geworden ist und bei der die strategische Planung eine zentrale Rolle spielt. Um diese Aufgaben zu bewältigen, ist die Personalauswahl, -organisation und -planung ein wichtiger und wesentlicher Punkt. Daher muss auch hier umgedacht werden.

Zusammenfassend lässt sich sagen, gleich in welchem Bereich: Städte und Gemeinden stehen im Wettbewerb, wenn dieser auch etwas anders aussieht als der in der freien Wirtschaft. Daher müssen Kommunen neue Wege gehen, Benchmarks auch mit Blick auf Unternehmen betreiben, sich stärker als in der Vergangenheit mit strategischen Fragen befassen, querdenken und zur Unterstützung dieser Prozesse auch Personen, die von außerhalb des Verwaltungsbereichs kommen, in die Planungen und deren Umsetzung einbinden. Wer das versteht, ist auf einem guten Weg in Richtung künftiger Herausforderungen, die sich stetig wandeln. Wir in Bergkamen sind bereits dabei. ∎

Städte und Gemeinden müssen also neue Wege gehen. Mit dieser Einschätzung stehe ich nicht allein da, wie das Statement von Roland Schäfer zeigt, aber das wird auch in den folgenden Kapiteln deutlich. Weitere Persönlichkeiten und Experten aus dem kommunalen Bereich werden das mit ihrem Statement unterstreichen. Das Thema Wettbewerb ist umfangreicher, als es auf den ersten Blick scheinen mag. Es betrifft alle Bereiche einer Kommune. Auch wenn einige Vertreter des öffentlichen Sektors das nicht gerne hören, ist eine Stadt oder eine Gemeinde für mich nichts anderes als ein Produkt, das sich aus mehreren Komponenten zusammensetzt. Ich komme noch mal auf mein Beispiel mit der Cola zurück. Sämtliche Colagetränke sind in der Art ähnlich. Dennoch hat die eine Cola mehr Kohlensäure als der Wettbewerb, eine andere Marke hat dafür weniger Zucker und wieder ein anderes Produkt kann mehr Säuerungsmittel enthalten. Dann kommt noch die Verpackung – sprich die Flasche oder die Dose – dazu, das Etikett und das Image. All das wird durch Marketing und Werbung transportiert.

So unterscheiden sich Städte und Gemeinden nicht nur in ihrem Gesamtauftritt, sondern auch in ihren einzelnen »Produkten«, die sie anbieten, wie Kindergärten, Industrieflächen oder Sportstätten. Hinzu kommen Aspekte wie Verkehrsanbindung, moderner Verwaltungsapparat, finanzielle Möglichkeiten oder digitale Infrastruktur, was schon heute, aber erst recht in Zukunft für Kommunen unumgänglich sein wird. Für Bürger und Wirtschaft ist Letzteres elementar. Ohne Internet kein Leben! Und das ist auch ein Punkt, der darüber entscheidet, ob eine Kommune als Arbeitgeber interessant ist oder nicht. Hier stehen Städte und Gemeinden nicht nur gegenseitig im Wettbewerb. Das Feld der Gegenspieler auf dem Arbeitsmarkt ist wesentlich größer. Industrie und Handel kommen dazu – und die haben gelernt, was Wettbewerb bedeutet!

Der Fall Detroit: Ein mahnendes Beispiel

Angesichts der vielen Herausforderungen, die Kommunen zu meistern haben und von denen ich nur ein paar wenige Aspekte aufgegriffen habe, muss sich jede Gemeinde generell fragen: »Was habe ich zu bieten, wo liegen meine Stärken und für was stehe ich als Gemeinde oder Stadt?« Ferner müssen sich so einige Mitglieder der öffentlichen Verwaltung bewusst machen, dass es sich bei den Einwohnern einer Stadt nicht nur um zu verwaltende Individuen handelt, auch nicht nur um Bürger, sondern um Kunden, und dass diese Kunden wiederum nicht nur Bürger sind, sondern ebenso Unternehmen, Investoren oder Touristen – und damit Multiplikatoren. Diese Kunden haben alle sehr unterschiedliche Bedürfnisse und Anforderungen, die auf die Vorgaben des Gesetzgebers treffen. Die Aufgaben wachsen also stetig, und das bei immer weniger Personal, das zur Verfügung steht.

Fakt ist, Städte und Gemeinden kommen um neue Wege in allen Bereichen des kommunalen Lebens nicht herum. Den Verantwortlichen muss bewusst werden, dass sie im Wettbewerb stehen – und diesen können sie nur für sich entscheiden, indem sie marktorientiertes Denken forcieren und die Wirtschaft als Benchmark nehmen. Wer das nicht will oder kann, schiebt seine Kommune mit allen Konsequenzen ins Abseits. Die Stadt Detroit im US-Bundesstaat Michigan zeigte, wie es aussehen kann, wenn einer Stadt Industrie, Handel und die Bürger weglaufen. Mit dem Niedergang der Autoindustrie begann eine Spirale abwärts, die letztlich zur Pleite und zur Eröffnung eines Insolvenzverfahrens im Jahre 2013 führte. So etwas kann in der Bundesrepublik Deutschland nicht passieren, weil wir ein anderes System als die Amerikaner haben. Dennoch hat das Beispiel Detroit hierzulande auch viele öffentliche Vertreter aufgeschreckt.

Ich komme noch mal auf das BWZK zurück. Das Bundeswehrkrankenhaus bringt für Koblenz und Umgebung viel Potenzial. Entscheidet sich ein Arbeitnehmer dafür, dort zu arbeiten, geht es für ihn im nächsten Schritt darum: Wo wohne ich und wie will ich wohnen – zur Miete, kaufe ich ein Haus oder baue ich gar ein Eigenheim? Der künftige Mitarbeiter des BWZK wird sich das Angebot in der Umgebung des Krankenhauses genau anschauen und vergleichen. Entscheidet er sich, eine Immobilie zu kaufen oder ein Haus zu bauen, dann tut er das in der Regel auf Lebenszeit. Das bedeutet für ihn, dass er sich für einen Standort entscheidet. Oder allgemeiner gesagt: Im Wettbewerb der Kommunen um den neuen Bürger wird es nur einen Gewinner geben. Dort, wo sich dieser Mitarbeiter des BWZK niederlässt, ist er für die Gemeinde ein Neubürger für eine sehr lange Zeit, von dem seine neue Heimatkommune profitieren wird. Diesen Prozess müssen sich Städte und Gemeinden bewusst machen. Daher lohnt es sich, um neue Bürger zu werben!

Mit meinem Buch möchte ich dazu beitragen, das Bewusstsein für markt- und wirtschaftsorientiertes Denken im öffentlichen Sektor zu wecken und zu festigen. In den nachfolgenden Kapiteln greife ich Themen auf, die für mich aus privatwirtschaftlicher Sicht zentral sind und die es lösen zu gilt. »Die 10 Gebote für Kommunen« zeigen Lösungsansätze auf, mit denen ein Umdenken und damit zukunfts- und bedürfnisorientiertes Handeln gelingt. Beispiele aus der Praxis verdeutlichen, welche Erfolge eine Kommune verzeichnen kann, wenn sie bereit ist, es mal anders zu probieren als in der Vergangenheit. Neben dem Verständnis des Wettbewerbs ist es ebenfalls notwendig, sich als Produkt zu verstehen und dieses Produkt entsprechend zu vermarkten. Denn auch das haben Kommunen »nicht gelernt«.

Die Kommune ist ein Produkt, und Produkte muss man vermarkten

Es gibt unterschiedliche Definitionen darüber, was ein Produkt ausmacht. Aber im Kern läuft es immer auf dasselbe hinaus: Ein Produkt ist alles, was auf einem Markt angeboten wird, das erworben werden kann, um es zu verwenden, es zu konsumieren, oder das erlebt werden kann. Es befriedigt Bedürfnisse und Wünsche. Ein Produkt kann neben einer physisch greifbaren Ware auch eine Dienstleistung, eine Person oder ein Ort sein.

Kann also eine Kommune ein Produkt sein? Die Antwort lautet ganz klar »Ja«! »Schlimmer«: Eine Kommune ist ein Produkt, ob sie will oder nicht.

Leider sehen das sehr viele Städte und Gemeinden nicht so. Vielleicht wird vor dem historischen Hintergrund, den ich kurz im ersten Kapitel ansprach, oder aus Gewohnheit – »Das haben wir noch nie so gemacht!« – die Auffassung vertreten, eine Kommune liefe von allein und Marketing und Vertrieb seien völlig unnötig. Wenn eine Kommune tatsächlich Vertrieb oder Marketing betreibt, spielen zumeist touristische Aspekte eine Rolle. Schließlich zieht man durch Werbung Gäste an. Städte und Gemeinden, die ein Ort zum reinen Wohnen sind, mit Gewerbe und etwas Industrie, glauben in der Regel, sie bräuchten so etwas nicht.

Diese Denkweise ist völlig falsch. Eine Kommune ist ein Produkt wie eine Dose Cola, ein Auto oder eine Immobilie. Und dieses Produkt »Kommune« besteht ebenfalls aus einer Vielzahl von Teilprodukten. Die Bandbreite reicht von diversen Verwaltungsdienstleistungen über Rechtssicherheit, Freizeitanlagen, Müllentsorgung bis hin zum Friedhof. Nicht nur aus Wettbewerbsgründen, sondern aus der Natur der Sache – des Produkts – heraus muss eine Kommune vermarktet werden. Ohne Vermarktung wird kein Produkt verkauft, und wenn ein Produkt nicht verkauft wird, verliert es seine Daseinsberechtigung.

Ich komme noch mal auf das Thema Radius in Bezug auf Arbeitsplatz und Wohnort zurück, das ich am Beispiel des BWZK in Koblenz angesprochen habe. In dessen Einzugsgebiet haben etliche Gemeinden Bauplätze für Eigenheiminteressenten angeboten. Die Gemeinde Lonnig liegt quasi am Rand des vom BWZK definierten Radius von Wohnort zu Arbeitsstätte. Andere Gemeinden wie Metternich oder Bassenheim haben aus Sicht der Erreichbarkeit einen Standortvorteil. Worum sollte man also in Lonnig bauen? Die Gemeinde versuchte es mit einem Plus, mit dem sie ihre Bauplätze aufwertete. Lonnig warb nicht mit dem Begriff »Bauplatz« um Neubürger, sondern mit »Wohnen mit Pferden«, und stellte entsprechende Hilfen und Unterstützung für die Interessenten zur Verfügung. Das klingt doch ganz anders und spricht eine Zielgruppe an, deren Hobby Pferde sind. Diese Zielgruppe verfügt in der Regel über ein solides Einkommen.

Was geschah also? Prompt siedelten sich vermögendere Zielgruppen in Lonnig an. Lonnig hat es also verstanden, durch geschickte Kundenansprache diese Zielgruppe für sich zu gewinnen und dadurch »Umsatz« zu machen.

Städte und Dörfer lösen sich nicht in Luft auf

Nun kann man natürlich sagen: »Das mag bei Waren so sein, aber eine Stadt oder ein Dorf – die haben doch Bestand!« Das bereits im ersten Kapitel erwähnte Beispiel Detroit zeigt, welche Auswirkungen es haben kann, wenn die »Produkte« einer Stadt nicht mehr gefragt sind und das Gesamtpaket sich nicht mehr vermarkten lässt. Aber man braucht gar nicht so weit zu schauen. Auch in Europa gibt es zahlreiche Regionen, in denen wahre Geisterstädte stehen. Zwar stimmt die Aussage, dass eine Stadt oder ein Dorf nicht einfach von der Landkarte verschwinden kann, aber das Leben in einer Kommune kann durchaus erlöschen, wenn das Produkt nicht mehr den Bedürfnissen von Investoren, Gewerbetreibenden und Einwohnern entspricht.

Dazu ein Beispiel aus der Privatwirtschaft: Der Leiterhersteller Hailo, die Marke mit dem roten Punkt, ist der älteren Generation noch ein Begriff. Fragt man die Jüngeren heute nach »Hailo«, kennt kaum einer diese Marke.

Was ist passiert? Hailo ist davon ausgegangen, dass Qualität allein überzeugt. Sie haben aber übersehen, dass Relevanz für Kunden ebenso wichtig ist, und haben deshalb das Marketing vernachlässigt. Die Folge: Durch mangelnde Sichtbarkeit stirbt die Marke langsam aus.

Aber wie sehr das Verständnis für ein Produkt im kommunalen Bereich fehlt, möchte ich an ein paar Beispielen erklären, die ich selber direkt erlebt habe. Im Zuge eines Digitalisierungsprojektes einer 18 000 Einwohner großen Gemeinde bekam ich die Einführung eines E-Carsharings mit, weil die Einrichtung der Reservierungs- und Buchungsplattform auch mein Projekt berührte. Man wollte mit der Installierung des Carsharings drei Fliegen mit einer Klappe schlagen:

1. Die Gemeinde wollte dadurch eine Ergänzung zum Öffentlichen Nahverkehr schaffen.
2. Es sollte ein Gemeindefahrzeug eingespart werden, da das Carsharing auch von Gemeindeangestellten zur besseren Auslastung genutzt werden sollte, nicht nur von Bürgern.
3. Man wollte das Image etwas aufpolieren und sich als ökologisch in die Zukunft denkende Gemeinde präsentieren.

Gute Ideen sind nur die halbe Miete

Als ich davon erfuhr, war ich anfangs positiv erstaunt, da man von Image und Vermarktung sprach. Also schaute ich mir die Entwicklung genauer an. Es wurde überlegt, ob man ein eigenes Carsharing mit E-Autos aufbauen oder mit einer Nachbargemeinde kooperieren sollte, die schon ein eigenes E-Carsharing hat. Die Nachbargemeinde plante, mit ihrem Modell zu expandieren, damit sich die Kosten wirtschaftlich besser tragen lassen. Zunächst wurde also ein Ausschuss gegründet, der sich mit diesem Thema im Allgemeinen und auch konkret befassen sollte. Das allein sorgte schon für Unruhe, weil in diesem Ausschuss auch zwei Angestellte der Gemeinde dabei waren. Man befürchtete, dass es zur Arbeitsüberlastung kommen könnte, weil die beiden Ausschussmitglieder neben diesem Digitalisierungsprojekt natürlich auch ihre eigenen Aufgaben noch erledigen mussten.

Nach diversen Sitzungsrunden und Präsentationen von E-Carsharing-Betreibern entschied man sich nach gut einem halben Jahr der Meinungsfindung, das Modell der Nachbargemeinde auszuprobieren. Dazu wollte man zunächst für sechs Monate nur ein Auto stationieren, um Erfahrungen zu sammeln und um die Kosten überschaubar zu halten. Denn es bestand das Risiko, dass das E-Carsharing von den Bürgern nicht angenommen würde. Angesichts knapper Kassen wollte man keine unnötigen Diskussionen entfachen. Wichtig war der Gemeinde auch, dass das neue Bürgermobil im »CI« der Gemeinde gebrandet wird – so der offizielle Wortlaut. Tatsächlich bekam das Auto lediglich das offizielle Wappen auf Motorhaube und Heckklappe, allerdings noch mit dem Zusatz »Bürgermobil«. Wenn es nach mir gegangen wäre, hätte man das Auto mit einem aussagekräftigeren Design beschriftet. Schließlich sollte das Bürgermobil auffallen und für sich selber werben. Denn man muss immer eine grundsätzliche Marketingregel beachten: Was nicht sichtbar ist – also auffällt –, weckt keine Bedürfnisse, und wenn keine Bedürfnisse vorhanden sind, verliert ein Produkt eben seine Berechtigung.

Immerhin wurden zum Kick-off des E-Carsharings die örtlichen Medien eingeladen. Stolz präsentierten die beiden Bürgermeister der kooperierenden Gemeinden gemeinsam mit dem Planungsausschuss das Projekt »E-Carsharing«. Doch was dann kam, könnte aus dem Handbuch »Wie verhindere ich den Erfolg eines Produkts?« stammen, wenn es das geben würde. Beim Beschluss, ein E-Carsharing zu installieren, hatte die Gemeinde vergessen oder – drücken wir es freundlicher aus – es nicht so im Fokus gehabt, dass zum Aufladen, also zum »Tanken« eines E-Fahrzeugs, eine entsprechende Infrastruktur – sprich Ladesäule – benötigt wird. Diese hätte an einem zentralen Ort installiert werden können, und so wäre das Bürgermobil auch für jedermann sichtbar gewesen. Stattdessen wurde das Auto in die Tiefgarage der Gemeinde gestellt, weil es dort einen Stromanschluss mit ausreichender Kapazität zum Aufladen gab.

Eine schlechte Vermarktung verhindert den Erfolg eines Produkts

Das Bürgermobil wurde damit buchstäblich versteckt. Hinzu kam, dass die Tiefgarage der Gemeinde um 20:00 Uhr zugesperrt und erst um 6:30 Uhr wieder geöffnet wurde. Damit war das E-Mobil in diesen Stunden nicht nutzbar. Wer jetzt annimmt, das Bürgermobil wäre wenigstens auf der Website der Gemeinde in irgendeiner Form beworben oder präsentiert worden, der irrt. Auf der Seite fand sich kein einziger Hinweis, dass es das Auto gibt, wer es nutzen kann und wo es steht. Unter »News« fand sich lediglich die offizielle Pressemitteilung zum Kick-off des E-Carsharing-Projekts. Darin stand auch, wie man das Mobil buchen kann, denn auf der Gemeindeseite war das zu dem Zeitpunkt noch nicht möglich.

Sind wir mal ehrlich: Welcher Bürger liest die News auf der Website einer Gemeinde? Und wenn ich mir die News zu diesem Thema ansehe, möchte ich doch mehr erfahren – z. B. welche Werbemaßnahmen für das Projekt angedacht wurden, was umgesetzt wurde, welches Budget es gab und wie es eingesetzt wurde – oder ob es nur Selbstbeweihräucherung war ...

Wer also das E-Auto nutzen wollte, musste auf die Website der Nachbargemeinde gehen, die das E-Carsharing eigentlich betrieb. Wer die Mühe auf sich genommen hatte, das herauszufinden (was bei einem durchschnittlichen Aufenthalt eines Users von rund 20 Sekunden pro Seite nicht selbstverständlich ist), wurde ein weiteres Mal ernüchtert: Weil die Gemeinde das Fahrzeug auch zur eigenen Nutzung eingeplant hatte, waren fixe Zeiten für die Gemeindeangestellten vorab reserviert worden. De facto stand dem Bürger das Bürgermobil also nur sehr eingeschränkt zu seiner individuellen Nutzung zur Verfügung.

Ein Produkt zu erleben sieht definitiv anders aus.

Mach deine Hausaufgaben!

Nach drei Monaten wurde Halbzeitbilanz gezogen. Immerhin stand man vor der Entscheidung, ob der Vertrag nach Ablauf der vereinbarten sechsmonatigen Nutzung verlängert werden sollte oder nicht.

Wie zu erwarten, fiel die Bewertung negativ aus. Das Auto wurde – wen wundert's – kaum von den Bürgern genutzt. Gäste fuhren damit auch nicht, was man sich erhofft hatte. Lediglich die Gemeindeangestellten machten von dem Auto regelmäßig Gebrauch. Man kam zu dem Schluss, das Projekt rechne sich nicht, denn die Querfinanzierung durch Bürger und Gäste war viel geringer als erhofft. Im Prinzip wäre den Bürgern ein eigenes Auto gleich teuer gekommen. Es entbrannte eine Diskussion um Schuldzuweisungen, weil man die Kosten der vergangenen drei Monate dem Haushaltausschuss gegenüber rechtfertigen musste. Zielscheibe der Vorwürfe war der Bürgermeister, der dieses Projekt initiiert hatte.

Hier wurden eindeutig Fehler in den Basics gemacht. Also, mach deine Hausaufgaben, wenn du ein Produkt einführst. Überlege dir alles – auch den Go-To-Market und die Sichtbarkeit des Produkts für den Kunden.

Weil ich durch das Digitalisierungsprojekt ebenfalls an dieser Sitzung teilnehmen musste, stellte ich an passender Stelle ein paar Fakten klar, denn meiner Ansicht nach war dieser Verlauf von vornherein abzusehen gewesen. Diese sinnlose Diskussion ging mir echt auf die Nerven! Abgesehen von einer klaren Strategie, was man mit dem E-Carsharing auf Sicht wirklich bezwecken wollte, hatte von vornherein ein komplettes Konzept zur Vermarktung des Produkts gefehlt. Zwar wurde gesagt, man wolle mit dem Carsharing den ÖPNV ergänzen, aber wie das konkret aussehen sollte, wie man das ausbauen wollte und in welcher Zeit, war gar nicht definiert worden. Für mich sah es so aus: Wir machen dann mal ein bisschen was in Richtung Zukunftsmobilität.

Ein Blick über den Tellerrand eröffnet meistens neue Wege

Um Carsharing effektiv vermarkten zu können, hätte man sich einfach Beispiele aus der Privatwirtschaft anschauen können. Car2Go, DriveNow oder Flinkster geben Anregungen genug. Sicherlich sind das allein vom Budget her ganz andere Dimensionen, die auf eine kleine Gemeinde nicht zu übertragen sind. Dafür gibt es andere Beispiele, die nicht so bekannt und nicht so aufwendig kommuniziert werden. Von denen kann man sich ebenfalls etwas abschauen.

Es ist also möglich, sich vom professionellen Marketing anderer inspirieren zu lassen, sich Ideen aus dem Internet zu holen und sich gegebenenfalls beraten zu lassen. Auf dieser Basis hätte man ein Konzept für die Vermarktung – das Marketing allgemein – erstellen müssen. Das fängt bei einer auffälligeren Folierung des Autos an, geht über simple Informationsflyer, Probefahrten, die Präsenz auf der eigenen Website bis hin zur Nutzung von Social Media. Wie soll der Bürger sich für etwas interessieren, was er nicht sieht?

Interne Produkte

Neben externen Produkten gibt es auch interne Produkte wie z. B. Fort- und Weiterbildung für Mitarbeiter. Auch solche Produkte müssen vermarktet werden, damit sich die Mitarbeiter dafür interessieren und darauf aufmerksam werden. So habe ich beispielsweise für die Städte Essen und Osnabrück Vorträge im Rahmen der Aktion »Tag der Digitalisierung« gehalten. Das war in beiden Städten Programm. Damit entsprechend viele Mitarbeiter dieses Angebot im Rahmen dieser Aktion nutzen, wurden Mails verschickt, Plakate gedruckt und aufgehängt, um Aufmerksamkeit zu erzeugen. Der Clou waren aber Großflächenplakate, die an Gebäuden gegenüber der Verwaltung angebracht wurden. Der Zuspruch war enorm.

Fazit: Das Produkt »Tag der Digitalisierung« wurde optimal vermarktet.

Je stärker die Nachfrage, desto erfolgreicher das Produkt, und damit steigt der Umsatz

Es gibt also Kommunen, die dieses Prinzip verstanden haben. Die sehen ihre Angebote als Produkte an und vermarkten sie entsprechend. Schwimmbäder sind da ein gutes Beispiel. Sie werden von vornherein als Angebot, als ein Produkt verstanden. Je mehr Gäste ein Schwimmbad oder eine Schwimmhalle nutzen, desto stärker der Zuspruch oder die Nachfrage. Der Umsatz steigt, und je mehr der steigt, desto erfolgreicher ist das Produkt. Stehen zwei Bäder im unmittelbaren Wettbewerb, wird sich der Zuspruch danach richten, wie attraktiv das eine »Produkt« im Vergleich zum anderen ist. Die Attraktivität besteht aus Faktoren wie Öffnungszeiten, Erreichbarkeit, Größe, Spaßfaktor, Liegeplätzen, Duschen, gastronomischem Angebot, Wellnessangebot und dergleichen. Je mehr das entsprechend durch Plakate, Inserate, Berichte in der Zeitung, Facebook oder auf der gemeindeeigenen Homepage kommuniziert wird, desto mehr Menschen werden darauf aufmerksam. Die Wahrscheinlichkeit steigt, dass dieses Produktangebot genutzt wird.

Ist Ihnen schon mal aufgefallen, wie private Schwimmbäder ihre Angebote bewerben? Es gibt Flyer, Plakate, Werbung im Internet, Inserate oder Partneraktionen mit Unternehmen. Und wie schaut es bei kommunalen Schwimmbädern aus? Mit Glück wird im örtlichen Anzeigenblatt der Saisonstart beworben und vielleicht am Ende der Saison in einem Bericht Bilanz gezogen. Das war's in der Regel. Dennoch konkurrieren kommunale Schwimmbäder mit den privaten.

Der Verbraucher ist durchaus bereit, für ein entsprechendes Angebot eine Stunde Auto zu fahren, obwohl sich vielleicht ein kommunal betriebenes Schwimmbad an seinem Wohnort befindet. Er bezahlt sogar unter Umständen mehr für ein Tagesticket. Im Gegenzug bekommt er dann aber auch den Mehrwert, der ihm durch die Werbung versprochen wurde. Haben Sie darüber schon mal nachgedacht?

Eine Kommune hat eine Unzahl von Produkten. Dessen ist sie sich aber in der Regel gar nicht bewusst. Straßendienst, Bauantrag, Eheschließungen, Beerdigungen, Stadtfeste, Förderanträge oder Rechnungstellung – all das sind diverse Produkte, die wiederum das Produkt Kommune ausmachen. Wenn man so will, ist eine Stadt oder eine Gemeinde ein riesiges Warenhaus, in dem viele kommunale Leistungen angeboten werden, die es nur hier gibt und nirgendwo anders. Das wird aber vielfach nicht so gesehen. Ein Gesamtkonzept könnte das ändern.

Die Stadt Mannheim denkt in diese Richtung. Sie hat einen Leitfaden unter dem Motto »Gestalten statt Verwalten« entwickelt. Dazu äußert sich der Oberbürgermeister der Stadt, Dr. Peter Kurz:

■ Statement Dr. Peter Kurz, Oberbürgermeister von Mannheim

Schon während seiner Schulzeit am Mannheimer Tulla-Gymnasium zeigte der 1962 in Mannheim geborene Peter Kurz politisches Interesse und Bereitschaft zum gesellschaftlichen Engagement. 1983 begann er an der Universität Mannheim sein Jura-Studium, das er 1995 mit der Promotion abschloss. Zwei Jahre zuvor hatte er die Führung der SPD-Gemeinderatsfraktion übernommen. Bis zu seiner Wahl im Jahr 1999 zum Bürgermeister für Schulen, Kultur, Sport- und Bäderwesen arbeitete er als Richter am Verwaltungsgericht Karlsruhe. Sein Interesse gilt insbesondere der Wirtschafts- und Sozialpolitik und der Ermöglichung eines friedlichen und toleranten Zusammenlebens.

Dr. Peter Kurz setzt sich für eine umfassende Modernisierung Mannheims ein. Das schließlich führte im Jahr 2007 zu seiner Wahl zum Oberbürgermeister. Seitdem steht die Neuausrichtung der Kommunalpolitik im Fokus – hin zu einer Stadtverwaltung, die gestaltet statt verwaltet. Mit seiner Kommunalpolitik setzt Oberbürgermeister Dr. Peter Kurz bei den Veränderungsprozessen, die die Entwicklung der Stadt durch gemeinsame Formulierungen messbarer Ziele vorantreiben, auf die Beteiligung der Bürgerschaft.

Im April 2018 hat der Rat der Europäischen Union Dr. Peter Kurz als Vertreter des Deutschen Städtetags für die aktuelle Regierungsperiode zum Mitglied des Ausschusses der Regionen bestellt. Ferner hat der Mannheimer Oberbürgermeister aktiv an der Gründung des Global Parliament of Mayors (GPM) im Jahr 2016 mitgewirkt und ist dessen Vize-Vorsitzender. Das GPM ist eine globale Bewegung von Bürgermeistern, die sich für die Rechte von Städten, deren Bürgermeister und das »Recht auf Stadt« (»Right to the City«) einsetzt. Er ist Mitglied der Global Taskforce of Local and Regional Governments. Bei der Oberbürgermeisterwahl 2015 wurde Dr. Peter Kurz für weitere acht Jahre im Amt bestätigt.

❯❯ Die Kommune ist ein Produkt, und Produkte muss man vermarkten

In den letzten 20 Jahren hat sich einiges im Denken von Kommunen getan. Immer mehr Städten und Gemeinden – von den großen bis hin zu kleineren Kommunen – wird bewusst, dass sie sich im Wettbewerb untereinander positionieren müssen. Dieser Druck wird immer offensichtlicher. Also müssen sie sich entsprechend präsentieren, wollen sie attraktiv sein. Eine reine Verwaltungseinheit zu sein, die im Prinzip mehr oder weniger staatlich und top-down agiert, auch keine Strategien braucht, war zwar ohnehin nie zu 100 Prozent der Fall. Aber viele haben sich schon »sehr gemütlich« eingerichtet, was das Denken und

Handeln betrifft. So gesehen, hat schon viel Bewegung in den Köpfen eingesetzt.

Das Leitbild der Kommunalpolitik Mannheims, das 2018 formuliert wurde, beinhaltet nicht nur den Gedanken »Gestalten statt Verwalten«, es konkretisiert Themen wie Strategien und aktive Gestaltung. Früher hieß es beispielsweise, »People follow jobs«, und heute ist daraus »Jobs follow people« geworden. Dies beschreibt sehr gut, wie sich das wirtschaftliche und das gesellschaftliche Leben verändert haben. Das hat Auswirkungen in allen Bereichen. Diesem Paradigmenwechsel entsprechend müssen wir natürlich auch handeln. Dabei ist es gleich, ob es sich zum Beispiel um den Bereich Tourismus oder die klassische Wirtschaftsförderung dreht. In jedem Fall haben wir bei der Gestaltung einen gewissen Marketingansatz zu berücksichtigen. Es gilt, auch Bevölkerungsgruppen anzusprechen, die nicht direkt im Fokus einer bestimmten Thematik stehen. Es handelt sich um Potenzialträger, die sich irgendwo ansiedeln können. Und wo immer sich Menschen niederlassen, folgen auch Jobs. Solche Entwicklungen müssen erkannt und wie im umfassenden Marketingverständnis zu einem greifbaren Produkt entwickelt werden. Wir haben damit sehr früh begonnen und das konsequent betrieben. So haben wir in Mannheim eine der ausgebautesten Infrastrukturen für Start-ups in Deutschland überhaupt. Mit diesem Produkt – der Infrastruktur – haben wir Start-ups angezogen, was uns zu einer der beliebtesten Städte innerhalb der Szene gemacht hat.

Das Stadtmarketing spielt bei uns in Mannheim eine wichtige Rolle. Wir haben es vor einigen Jahren gemeinsam mit der Wirtschaft aufgebaut. Eine eigene GmbH entstand, an der die Wirtschaft mit 50,1 Prozent beteiligt ist. Die Gründung der Stadtmarketing GmbH erfolgte unter dem Aspekt, Kontinuitäten bei verschiedensten Maßnahmen zur wirtschaftlichen Entwicklung und in der Kommunikation zu sichern. Damit wollten wir außerdem verdeutlichen, dass es uns nicht um kurzfristige Alltagspolitik geht, sondern um langfristige Strategien, teilweise inklusive einer deutlichen Imageveränderung. Das geht weit über Marketing an sich hinaus. Es geht um die Zukunft der Stadt. In einer sich schnell verändernden Welt muss folgende Frage gestellt und beantwortet werden: Was ist das eigene Profil und wofür steht man? Neben infrastrukturellen oder wirtschaftlichen Fragen fließen hier ebenso Punkte wie Heimatgefühle und Heimatverbundenheit ein – also Aspekte der Identität. Daher hat man sich auch aus politischen Gründen mit Faktoren wie dem Zusammenhalt und dem Gemeinschaftsgefühl zu befassen. Das wiederum ist ein Teil der Basis für die Selbstdarstellung der Stadt: Wie sehen wir uns selbst und wie wollen wir gesehen werden?

Vor diesem Hintergrund ist es aus meiner Sicht erfreulich, dass es bei den Verantwortlichen in Mannheim ein Bewusstsein für Marketing und Öffentlichkeitsarbeit gibt. Das ist nicht in jeder Kommune gegeben. Nur reicht das allein nicht aus. Entscheidend ist, dass es bei uns nicht an der Professionalität scheitert. Bei einer sehr breit aufgestellten Organisation, wie es Mannheim mit seinen gut 330 000 Einwohnern ist, gibt es eine Vielzahl von Produkten; mehr, als ein durchschnittliches Unternehmen hat. Hier muss man aufpassen, dass man die gesteckten Ziele nicht aus den Augen verliert und dass man sie auch erreicht. Also muss die Professionalität sichergestellt werden. Wenn das durch eigene Kräfte nicht gewährleistet werden kann, müssen diese dazugeholt werden. Beobachte ich andere Kommunen beispielsweise in puncto Öffentlichkeitsarbeit, so frage ich mich manchmal, ob die keine Lust dazu haben oder ob ihnen das Bewusstsein für dieses Tool fehlt. Ich könnte bei deren öffentlichem Auftreten auch den Eindruck gewinnen, dass die Verantwortlichen sich gar nicht helfen lassen wollen. Gleich, was die Beweggründe auch sind – es fehlt das Bewusstsein oder die Professionalität. Das Ergebnis der eigenen Vermarktung ist in solchen Fällen häufig fragwürdig. Das verschlechtert die Wettbewerbschancen.

Wir in Mannheim sind aktuell dabei, verschiedene Akteure auf einer gemeinsamen Plattform zusammenzuführen. So können alle Beteiligten kommunikativ mitgenommen werden und sich gegenseitig stärken. Ein Beispiel für Zusammenarbeit auf verschiedensten Mannheimer Ebenen ist die Bundesgartenschau, zu der wir rund 2 Mio. Besucher erwarten. Wenn man so will, ist das auch ein riesiges Public-Relations-Projekt. Hier können Verantwortliche nicht nur voneinander lernen, sondern bestimmte, thematisch zusammenhängende Projekte gemeinsam organisieren. So können wiederum ganz neue Projekte entstehen. Es ist also wichtig, einzelne Dinge zueinander in Bezug zu setzen, um sie in Summe und samt ihrer Synergien nutzen zu können. Natürlich ist das eine Herausforderung! Das gelingt nur, wenn man Kräfte sinnvoll bündelt und gemeinschaftlich zielorientiert auch mit externer Unterstützung zusammenarbeitet. Das ist letztendlich eine Frage der Koordination. Um bei dem Beispiel der Bundesgartenschau zu bleiben: Hier lautet eines unserer Ziele, unsere Marke »Stadt Mannheim« zu stärken, und das mit Botschaften, die zu genau dieser Marke passen. Wir wollen damit ein großes Publikum erreichen.

Gleich, was man als Stadt oder Gemeinde plant, man muss bei sich selbst zuerst ansetzen. Natürlich kann bei Kampagnen oder Beratungsleistungen die Hilfe von externen Agenturen oder Unternehmensberatungen hilfreich sein. Das ist aber erst der zweite Schritt. Der erste Schritt ist die bewusste Auseinandersetzung mit sich selbst, die professionelle Analyse also. Erst dann hat – falls nötig – ebenso professionell die Beauftragung Externer zu erfolgen. Man muss wissen, was man wirklich will, und dafür braucht man entsprechende Expertisen. Wir als organisierte Stabsstelle brauchen daher eigene Marketingmitarbeiter, um z. B. eine professionelle Öffentlichkeitsarbeit zu betreiben. Es ist also wichtig, diese innerhalb der eigenen Organisation aufzubauen, unabhängig davon, ob man sich schlussendlich doch noch Unterstützung von außen holen möchte. Es kommt auf profundes, eigenes Know-how an, damit man sich selber gut vermarkten kann.

Dafür sind interne Kapazitäten, die dafür eigens abgestellt werden, auf jeden Fall notwendig. Das ist wieder abhängig von den Finanzmitteln, ohne Frage. Wie offen mit dem Thema Marketing im weitesten Sinne umgegangen wird, hängt aber auch vielfach von den lokalen Kulturen innerhalb der Verwaltung ab. Wenn beispielsweise ein Bürgermeister Sinn für diese Thematik hat, aber seine Verwaltung kaum, ist sein Handlungsrahmen eingeschränkt. Um etwas in Richtung PR oder Marketing einplanen zu können, muss er zunächst der Rechtsaufsicht oder dem Gemeinderat erklären, was genau er im Sinn hat, damit überhaupt diskutiert werden kann. Dieser Aspekt berührt auch den Punkt der Altersstruktur in der Verwaltung. Jüngere Mitarbeiter sind natürlich für Digitalisierung, Marketing und PR offener als einige ältere Kollegen. Das wird sich ebenfalls in den nächsten Jahren ändern, wenn weitere jüngere Mitarbeiter in die Verwaltungen kommen.

Dieser kleine Ausschnitt zeigt aber schon, dass es verschiedene Faktoren gibt, die die Vermarktung einer Kommune oder ihrer Produkte beeinflussen. Daher ist es schwierig, pauschal ein Urteil zu darüber zu fällen, wie die Herausforderungen bei vielen Städten und Kommunen im Einzelnen aussehen. Manchmal liegt es aber auch an der Öffentlichkeit, dass nicht verstanden wird, warum zur Zukunftssicherung einer Kommune bestimmte Ressourcen zur Lösung offener Probleme eingesetzt werden. Der Plan hinter solchen Maßnahmen erschließt sich nicht jedem Einzelnen sofort. Manches braucht eben Zeit. Mannheim ist auch nicht über Nacht zu einem Begriff für Start-ups geworden. Die geänderten Vorzeichen von »People follow jobs« zu »Jobs follow people« verlangen, dass kommunale Verwaltung heute und besonders künftig tatsächlich mehr denn je eine politische Gestaltungsaufgabe ist. Das betrifft nicht nur die politisch gewählte Spitze, sondern auch die Ebene von Fachbereichsleitungen oder einzelnen exponierten Akteuren. Es ist daher absolut notwendig, ein Bewusstsein für das eigene Profil und für die damit verbundenen Aufgaben zu schaffen. Wir haben da in den nächsten Jahren im öffentlichen Sektor noch eine steile Lernkurve vor uns! ▄

»... im öffentlichen Sektor eine steile Lernkurve vor uns!« – das ist eine ehrliche und offene Aussage. Dennoch zeigt das Statement von Herrn Dr. Kurz, dass sich nicht »alle« so gemütlich eingerichtet haben, wie er es an anderer Stelle des Statements ausdrückt. Es gibt neben Mannheim viele Kommunen, die sich der heutigen und künftigen Herausforderungen bewusst sind. Die Wege für sich entwickeln, diesen gerecht zu werden. Wie wichtig das Ändern der bisherigen Sicht- und Handlungsweise ist, möchte ich an einem weiteren Beispiel verdeutlichen. Zwar war ich hier nicht direkt involviert, aber die Vorgänge konnte ich durch einen überregionalen Auftrag mitverfolgen. Sie waren aus meiner privatwirtschaftlichen Sicht so kurios, dass sie meine Aufmerksamkeit weckten.

Die Geschichte einer verpassten Chance

Bevor man etwas anfängt, sollte man ein klares Ziel haben. Das ist jedoch nicht immer Fall, wie folgendes Beispiel zeigt. Es geht um eine Verbandsgemeinde mit rund 20 000 Einwohnern, bestehend aus elf Ortsgemeinden und einer Stadt mit rund 7000 Einwohnern. Sie liegt im ländlichen Raum zwischen bevölkerungsreichen Wirtschaftszentren, an die sie gut angebunden ist. In der Verbandsgemeinde gibt es einen großen langjährigen industriellen Arbeitgeber und etliche Handwerks-, Dienstleistungs- und Handelsbetriebe. Vor rund fünf Jahren beschloss die Stadt aus energetischen Gründen eine Komplettsanierung ihres Gemeindezentrums. Im Prinzip handelt es sich bei diesem Gemeindezentrum um ein Bürgerhaus, das für vielseitige Zwecke wie Veranstaltungen oder Ausstellungen genutzt wird. Geplant waren 5,5 Mio. Euro für die Sanierung. Rund vier Jahre dauerten die umfangreichen Arbeiten an dem Gebäude, die zum Schluss nur 4,8 Mio. Euro kosteten. Mit der Sanierung verfolgte man aber auch andere Ziele. Zum einen wollte man natürlich seinen Bürgern einen attraktiven Veranstaltungsort bieten. Zum anderen plante die Stadt, das im neuen Glanz erstrahlende Gebäude als Marketingtool zur Steigerung der Bekanntheit des Ortes einzusetzen, um Gewerbe und Gäste anzuziehen. Das wollte man hauptsächlich durch Veranstaltungen erreichen, die durch Externe wie Künstler, Vortragsredner oder auswärtige Vereine ausgerichtet werden. Das würde neben der Publicity auch Geld in die Kassen der Stadt spülen, sodass sich die Bauinvestitionen irgendwann rechnen würden.

Stadthalle oder doch RegioArena?

Die Stadtväter begriffen also, dass es sich nicht nur um eine Begegnungsstätte für den Bürger handelte, sondern dass sie mit dem Gemeindezentrum ein echtes Produkt hatten. Einigkeit herrschte darüber, dass das Produkt nach der Umbauphase einen Namen und ein entsprechendes Marketing brauchte, das neben dem Bürgerhaus als Veranstaltungsort auch die Stadt und die gesamte Verbandsgemeinde vermarkten sollte. So weit, so gut. Doch dann wurde es »komisch«. Der erste Streit entbrannte darüber, wie man nun das neue Gemeindezentrum vor dem Hintergrund der Ziele, die man anstrebte, benennen wolle. Debattiert wurde »Bürgerhaus«, »Stadthalle«, »Gemeindezentrum« – jeweils ergänzt um den Namen der Stadt. Heraus kam die Variante mit Bürgerhaus.

Mal ehrlich. Wenn ich mein Gemeindezentrum überregionalen, wenn nicht gar nationalen Veranstaltern offerieren möchte – was im Prinzip der richtige Gedanke ist –, dann sollte der Name schon etwas mehr Offenheit signalisieren. »Stadthalle« ist zwar auch nicht reißerisch, aber es vermittelt mehr Größe. »BayArena« klingt doch auch schon ganz anders als »Ulrich-Haberland-Stadion« oder »Fußballstadion von Leverkusen«. Da entstehen ganz andere Bilder im Kopf. Ein Produkt soll neben der Befriedigung von Bedürfnissen und seiner Funktionalität auch Emotionen wecken – gerade wenn es um so etwas geht wie einen Veranstaltungsort. Da ist etwas los. Dort treffen sich Menschen, die in irgendeiner Form Spaß haben wollen. »Bürgerhaus« klingt nüchtern, als ob man sich dort nur für Beratungen und Abstimmungen trifft. Abgesehen davon vermittelt der Name, es würde nur den Bürgern zur Verfügung stehen. Genau das wollte man aber nicht.

Marketing? Das kann auch der Hausmeister machen!

Es kam noch dicker, und zwar bei der Festlegung des Marketingbudgets. Bei solchen Bauvorhaben kenne ich Budgets, die 10 % der Investitionssumme betragen. Das wären hier 480 000 Euro. Dass man einen solchen Betrag nicht ausgeben wollte, davon ging ich von vornherein aus. Ich dachte mir aber, man würde sich irgendwo bei 48 000 Euro, also 1 %, einigen, zumal ich gehört hatte, dass auch professionelle Agenturen für die Vermarktung des Objekts angefragt wurden. Aber auch hier: Falsch gedacht! Das gesamte Marketingbudget lag bei ca. 0,01 % der Bausumme – sprich 500 Euro! Und extern wollte man das Marketing auch nicht vergeben. Die Agenturen sollten nur Ideen und Anregungen liefern – mehr nicht, denn es war beabsichtigt, das Marketing in »Eigenregie« zu machen. Den »Auftrag« bekam also jemand aus der Stadtverwaltung. Mir stand der Mund offen, als ich von dem Beschluss erfuhr. Man stelle sich vor, nach den umfangreichen Umbaumaßnahmen der BayArena, die im Jahr 2008 abgeschlossen waren, hätte der Vorstand der Bayer AG den Platzwart und seine Kollegen beauftragt, den Veranstaltungsort zu vermarkten ...

500 000 Euro Bauinvestition zu 500 Euro Marketingbudget?

Man kann doch nicht zur Durchführung des Marketings einfach jemanden aus der Verwaltung – einen Laien – verpflichten, nur weil derjenige ab und an private Homepages macht! Für die 500 Euro sollte der Mitarbeiter der Stadt eine Website anlegen, einen Flyer gestalten und von dem Budget auch noch den Druck organisieren. Zwar hatte die Verbandsgemeinde noch ein Fest zur Eröffnung geplant, über das auch medial berichtet wurde, aber danach passierte eigentlich nichts mehr. Wie zu erwarten war, hat sich bis heute kein überregionaler Veranstalter für das »Bürgerhaus« interessiert, obwohl der Umbau gelungen ist.

Eigentlich ist alles so wie früher. Das Gemeindezentrum wird von Chören, Tanzvereinen, für einen Kinderflohmarkt, von Tauben- und Kaninchenzüchtern oder für Bürgerversammlungen genutzt. Wird keine Veranstaltung durchgeführt, steht das Gebäude leer. Das Ziel, die Stadt und die Verbandsgemeinde durch Veranstaltungen bekannter zu machen und Einnahmen zu generieren, wurde weit verfehlt. Statt über Lösungen nachzudenken, freut sich der Gemeinderat, durch die geringere Bausumme rund 700 000 Euro gespart zu haben. Sicherlich ist es erfreulich, dass der Steuerzahler nicht mehr belastet und Geld eingespart wurde, man muss sich jedoch fragen, ob durch eine sinnvolle, produktgerechte und zielführende Investition ins Marketing mittel- oder langfristig nicht mehr »drin« wäre. Eine gute Auslastung der Stadthalle hätte sich außerdem zu einem echten Wirtschaftsfaktor für die Gemeinde entwickeln können. Diese Chance wurde nicht gesehen. Beispiel: Jede Hochzeit in der Stadthalle wäre ein Umsatz für Blumengeschäfte und Caterer gewesen.

Es fehlte – und fehlt – einfach der Blick für das große Ganze.

50 000 Euro gespart und dafür ein teilausgelastetes Gebäude

Hätte man das Marketing in professionelle Hände gegeben, wäre neben einer Vermarktungsstrategie und einer konsequenten Kommunikationslinie auch eine Budgetplanung inklusive ROI (Return on Invest) herausgekommen. Das hätte aber bedingt, dass man das Gemeindezentrum als Produkt begreift, sich ernsthaft mit dem Thema Marketing befasst und sich schließlich auch mit der Möglichkeit auseinandersetzt, externe Marketinganbieter zu engagieren.

Ich möchte an einem kleinen Zahlenbeispiel verdeutlichen, was man mit 1 % der Bausumme, also 48 000 Euro, alles an Marketingmaßnahmen hätte machen können:

Konzept	15.000 €
Solider Webauftritt	5.000 €
Texte (Web, Flyer, Plakat)	2.000 €
Professionelle, ansprechende Bilder	2.500 €
Universell einsetzbares Video	5.000 €
Plakate, Flyer	6.000 €
Summe	35.500 €

Da würden sogar noch rund 13 000 Euro übrig bleiben. Legt man noch dazu 5000 Euro obendrauf, ist eine öffentlichkeitswirksame Einführung der Kampagne absolut möglich. Mit anderen Worten: Mit einem Budget von 53 000 Euro wird ein Mehrzweckobjekt mit einem Investitionsvolumen in Höhe von 480 000 Euro beworben mit dem Ziel, Einnahmen zu generieren, die zum einen das Werbebudget wieder einspielen und zum anderen zur Finanzierung der Stadthalle beitragen.

Daher müssten sich die Verantwortlichen der Gemeinde eigentlich fragen: Welche Agentur versteht das Thema, denkt betriebswirtschaftlich, hat Erfahrung in der Vermarktung entweder von Gebäuden oder von Veranstaltungen und macht den besten Vorschlag? Ohne Frage ist das nicht an einem Abend Gemeinderatsitzung abgearbeitet und beschlossen. Will man aber seine Ziele erfolgreich erreichen, muss man eben entsprechende Zeit investieren. Diese Auseinandersetzung mit der gesamten Thematik hat Vorteile. Durch diesen Prozess wird Wissen und Marketing-Know-how transferiert – etwas, das in vielen Gemeinden gar nicht oder nur bedingt vorhanden ist. Es ist nichts dabei zu sagen: »Hey Externer, wir brauchen deine Hilfe, denn wir kennen uns in der Vermarktung von Produkten nicht aus. Wir brauchen dein Know-how, um folgendes Ziel zu erreichen. Was ist dafür notwendig? Zur Verfügung steht Summe X, was ist damit machbar?« Die Agentur kann mit dieser Budgetvorgabe drei Szenarien aufmachen: lowbudget, solide und die Luxusvariante. Zwischen diesen Möglichkeiten kann sich der Gemeinderat entscheiden. Im Falle des Beispiels mit der Bürgerhalle ist noch hinzuzufügen, dass im Gemeinderat ein Unternehmer saß, der sich mit der Denkweise von Agenturen und mit dem Thema Marketing auskannte. Daher stellt sich mir die abschließende Frage: Wieso wurde bei dem vorhandenen Know-how kein Vertriebs- und Marketingverantwortlicher bestimmt, der das Projekt hätte steuern sollen?

Verstehen Sie mich richtig: Mir liegt es nicht daran, den öffentlichen Sektor in die Pfanne zu hauen oder schlechtzureden. Es geht mir darum, durch solche Beispiele zu verdeutlichen, welche Aufgaben vor den Kommunen liegen, wollen sie im gegenseitigen Wettbewerb bestehen. Jede Kommune hat die Chance, sich gemäß den Anforderungen der heutigen Zeit weiterzuentwickeln – und das selbstbestimmt und nicht so wie zu Zeiten des Reichsfreiherrn Karl vom und zum Stein. »Dazulernen« ist das Stichwort. Dass es anders geht, zeigt nicht nur das Beispiel Mannheim. Etwas wie eine Stadthalle ist nur ein kleiner Teil des Gesamtproduktes Ihrer Kommune. Daher ist es wichtig, sogenannte Ankerpunkte zu analysieren. Stellen Sie einen kleinen Fragenkatalog für sich auf und beantworten Sie beispielsweise folgende Fragen:

- ◆ Wofür steht die Gemeinde generell?
- ◆ Gibt es eine Kernbotschaft, wenn ja, welche?
- ◆ Ist ihre Botschaft sichtbar?
- ◆ Ist diese Botschaft ein Alleinstellungsmerkmal?

Auf diese Weise wird Ihnen deutlich, was für Produkte Ihre Kommune hat, wofür diese Produkte stehen, wie sich ein Gesamtprodukt ergibt und mit welcher Botschaft Sie sichtbar auf dem Markt erscheinen.

Offenheit und Mut zahlen sich auf Sicht aus

Ich möchte an einem weiteren Fall zeigen, dass sich Mut auszahlt. Eine Kreisstadt mit rund 14 000 Einwohnern, die in einem touristisch attraktiven Gebiet liegt, wollte sich besser vermarkten und die Übernachtungszahlen stabilisieren. Der Bürgermeister und der Gemeinderat überlegten gemeinsam mit der örtlichen Wirtschaftsvereinigung, wie man das schaffen könnte. Durch den regen Austausch mit dem übergeordneten Tourismusverband und den Vertretern aus der Wirtschaft gab es ein sehr hohes Verständnis für Marketing, Marke und dafür notwendige Budgets. Ihre Stadt begriffen die Verantwortlichen im touristischen Sinne als Produkt. Als ich das erste Mal zum Gespräch mit der Lenkungsgruppe für touristische Projekte und dem Bürgermeister zusammenkam, sagte man mir: »Unsere Situation ist vergleichbar mit der eines Joghurts im Kühlregal. Dort stehen sehr ähnliche Produkte nebeneinander. Sie unterscheiden sich nur durch Geschmacksrichtungen, Zusammensetzung der Zutaten und durch ihre Marken. Der Verbraucher entscheidet sich für das Produkt, das ihm am meisten zusagt oder ihm besonders auffällt. Zwar sind wir von unserer Stadt überzeugt, aber wir wissen auch, sie ist eine unter vielen, die sehr Vergleichbares anbietet.« Ich war sehr erstaunt über diesen Vergleich. So hatte ich das bis dato noch nie gehört.

Mir wurde auch gleich gesagt, dass man schon einiges versucht habe und an einem Punkt angekommen sei, an dem man nicht weiterkomme. Der Verwaltung war sehr daran gelegen, ein Konzept für eine zielgerichtetere Vermarktung der Gemeinde entwerfen zu lassen. Ich fragte, ob es schon irgendwelche Analysen gäbe, die einen Eigen- und Fremdabgleich zulassen. Die gab es nicht. Entsprechende Schlüsse waren aus den Statistiken der Übernachtungszahlen, denen des Landesamts für Statistik und anderen offiziellen Stellen gezogen worden. Mir zeigte das zweierlei. Zum einen nahmen sich Bürgermeister und Gemeinderat die Zeit, um sich mit dem Thema Marketing zu befassen. Und sie hatten den Mut, sich an einen Externen zu wenden, weil ihre Mittel und das Know-how zur Bewältigung der Aufgabe nicht ausreichten. Um hier weiterzukommen, gab es den Beschluss des Stadtrates, Geld dafür in die Hand zu nehmen. Diese Entscheidung wurde auch von der örtlichen Wirtschaft mitgetragen.

Ohne Standortbestimmung keine Strategie und kein Konzept

Um eine Strategie und ein Konzept zu entwickeln, aus dem sich konkrete Maßnahmen und ein Zeit- und Budgetplan ergeben, riet ich der Gemeinde dringend, eine grundlegende Bestandsaufnahme zu machen. Die sollte aus einzelnen Stimmungsbildern sowie einem Eigen- und Fremdabgleich bestehen und durch eine standardisierte Befragung von Gästen, Einheimischen, Gewerbetreibenden und Menschen aus den Nachbarorten erhoben werden. Diese Ergebnisse sollten dann mit den bestehenden Daten abgeglichen und zuletzt ausgewertet werden. Für diese Untersuchung rechneten die Mitarbeiter meines Instituts, dem IWCI (Institut für Wachstumschancen und Innovation), und ich bei entsprechendem Budget mit einem zeitlichen Rahmen von einem guten ¾ Jahr.

Als ich das Konzept für die Untersuchung samt Budget vor der Lenkungsgruppe präsentierte, dachte ich mir: »Das wird nichts – das Geld geben die nicht aus.« Doch es passierte Folgendes: Nach einigen klärenden Fragen war man sich tatsächlich einig, weiter am

Ziel festzuhalten, das Produkt »Ihre Stadt« optimal zu vermarkten und dass man die Untersuchung durchführen wolle. Damit würde man auch etliche Fragen klären können, die sowohl die Wirtschaft und die Verwaltung interessieren. Jedoch müsse man intern noch einmal beraten, wie das angestrebte Projekt zu finanzieren sei. Ein paar Tage später rief mich der Bürgermeister an und teilte mir mit, dass mein Angebot über dem Budget der Stadt liege, aber eine der örtlichen Banken sich bereit erklärt habe, die Hälfte der Kosten zu tragen. Schließlich würde die Wirtschaft ebenso davon profitieren. Damit stehe der Umsetzung des Konzepts nichts mehr im Wege.

Wenn Wirtschaft und Verwaltung Hand in Hand arbeiten, ist vieles möglich

Den weiteren Verlauf will ich gar nicht vertiefen. Nur so viel: Für die Untersuchung einschließlich der Auswertung haben wir knapp ein Jahr gebraucht. Die Ergebnisse haben alle erstaunt. So hatten Gemeinderat und Bürgermeister die Lage nicht eingeschätzt. Daraufhin wurden Strategie und Konzept entwickelt, was noch mal gut ein halbes Jahr dauerte. Dann ging es um die Umsetzung der Maßnahmen. Die Kosten dafür teilten sich erneut die Stadt und die örtliche Wirtschaft. Der Stadt gelang es, ihr Profil im Markt zu schärfen – sie konnte bereits im ersten Jahr ein Plus von 2,3 % bei den Übernachtungen verzeichnen. Das ist viel in einem hart umkämpften Markt.

Dieses Beispiel zeigt, was man erreichen kann, wenn man sich ungewohnten Perspektiven öffnet. Grundlage dafür war die Einsicht, dass Verwaltung und Wirtschaft zusammenarbeiten müssen. Hier musste die Gemeinde erst verstehen, sich gegenüber den Banken und Partnern zu positionieren – und ihr Vorhaben zu vermarkten. Dabei habe ich sie coachen bzw. begleiten dürfen. Dadurch kam ein Austausch zustande. Beide Seiten lernten voneinander. Es setzte sich die Erkenntnis durch, dass Verwaltungsapparat und Wirtschaftskomplex nicht getrennt voneinander zu sehen sind und getrennt agieren sollten, sondern dass sie gemeinsam ein Produkt namens Stadt bilden. Damit wuchs auf Verwaltungsseite auch die Einsicht, dass für eine professionelle Vermarktung des Produkts das Know-how und auch das Zeitbudget aller an dem Prozess beteiligten Personen nicht ausreichte. Viele von ihnen waren keine hauptberuflichen Politiker oder Angestellte der Stadt. Es gab also nur die Lösung, sich externe Hilfe zu holen, die entsprechend zu finanzieren war. Da der öffentliche Haushalt das Projekt nicht allein tragen konnte, verständigte man sich mit der Wirtschaft. Wegen dieser Offenheit steigerte sich – um mit den Worten von Mannheims Oberbürgermeister Dr. Kurz zu sprechen – die Lernkurve enorm, denn alle haben bei diesem Weg und diesem Projekt dazugelernt.

Immer mehr Aufgaben – immer weniger Leute

Angesichts knapper Budgets, angespannter Haushalte oder schwächelnder Konjunktur überlegt man wohl in jeder Stadt, in jedem Landkreis und überhaupt in jeder Gemeinde Maßnahmen, mit denen man Kosten einsparen kann. Das ist nicht nur bei Kommunen der Fall, sondern auch in der Privatwirtschaft. Die Kostenstelle »Personal« ist dabei in der Regel diejenige, die am intensivsten diskutiert wird.

Von Stellenabbau über Frühberentung bis zum Einstellungsstopp reichen die Schritte, die dann ergriffen werden – und sie machen sich, da das Personal meist der größte Kostenverursacher ist, auch gleich in den Abrechnungen bemerkbar. Aber egal, für welche Maßnahme man sich entscheidet, die Mitarbeiter, die noch im Unternehmen – respektive der Kommunal- oder Gemeindeverwaltung – geblieben sind, haben die Aufgaben der anderen auch weiterhin zu erledigen. Denn die fallen ja nicht mit dem Weggang der anderen fort. Kurzum – die Folgen: weniger Bewerbungen und qualitative Nachfolger, auslaufende Stellen, die nicht nachbesetzt werden, und »Kostendruck«.

In der öffentlichen Verwaltung wurde in den letzten Jahrzehnten massiver Personalabbau betrieben. Gleichzeitig erhöhte sich aber das zu bewältigende Aufgabenvolumen. Diese Situation verschärfte sich in den letzten Jahren noch durch die negativ verlaufende wirtschaftliche Entwicklung. Und es wird noch schlimmer kommen, denn man weiß schon heute, dass in den nächsten 20 Jahren jeder zweite Beschäftigte im öffentlichen Sektor in den Ruhestand gehen wird. Ebenso ist bekannt, dass schon jetzt eine Unzahl von Überstunden geleistet wird. Der enorme Druck führt immer häufiger zu krankheitsbedingten Ausfällen. Die zu erfüllenden Aufgaben müssen in solchen Fällen mit noch weniger Personal erledigt werden. Hinzu kommt die Frage (diese klären wir später), ob die Kommune im freien Markt um potenzielle Mitarbeiter überhaupt bestehen kann. Man kann es knapp und kurz zusammenfassen: Immer mehr Aufgaben – immer weniger Leute.

Die Arbeit hat sich in 15 Jahren fast verdoppelt

Nicht nur bei uns in Deutschland ist die Situation prekär – auch bei unseren Nachbarn in Österreich sieht es nicht anders aus. Ein anschauliches Zahlenbeispiel fand ich in den Salzburger Nachrichten. Anfang 2019 berichtete das Blatt über das Verhältnis von zu bearbeitenden Anträgen auf Lohnsteuerjahresausgleich zur Personalsituation der Finanzämter. Die Anzahl der Anträge steigt seit Jahren kontinuierlich. 2003 waren es noch 3,1 Mio., 2010 schon 3,6 Mio. 2016 gab es mit der Einführung der antragslosen Arbeitnehmerveranlagungen (oder verständlicher: dem automatischen Lohnsteuerjahresausgleich per Internet) einen weiteren Sprung auf 4,2 Mio. Anträge. 2017 waren es schon 5,1 Mio. Fälle. Gleichzeitig ist die Anzahl der Zollanmeldungen seit 2007 von 3,9 auf 4,5 Millionen (2017) gestiegen.

Aber auf der anderen Seite ist der Personalstand in den Finanzämtern seit 2003 von rund 12 300 auf 9000 Vollzeitstellen gesunken. Hinzu kommt, dass in den kommenden zehn Jahren eine Pensionierungswelle bevorsteht. Nach Angaben des Finanzministeriums selbst werden bis 2028 über 5000 der derzeit rund 11 000 Bediensteten in Pension gehen. Österreich beispielsweise hat den Ämtern für die nächsten Jahre einen Aufnahmestopp verordnet: Ab 2020 soll nur mehr jede dritte Stelle nachbesetzt werden. Während ich dieses Buch schreibe, standen Reformpläne im Raum, die eine Zusammenlegung der Finanzämter vorsahen – es sollte also durch Zentralisierung eine Effizienzsteigerung erwirkt werden, um der Aufgabenflut Herr zu werden.

Gibt es hier eine Lösung? Kurz reflektiert ...

Das wäre eine recht drastische Maßnahme. Auch hierzulande wird das Zusammenlegen von Verwaltungseinheiten und einzelnen Behörden schon länger diskutiert – teilweise sehr kontrovers – und auch vollzogen. So wurde 2004 die Zusammenlegung der Statistischen Landesämter und der Eichverwaltungen von Schleswig-Holstein und Hamburg beschlossen, und zwar von beiden Landesregierungen. Die Fusion von Umweltplanungs- und Ordnungsamt im bayrischen Fürth im Jahr 2012 ist ebenfalls ein Beispiel dafür, genau wie die Zusammenlegung der Finanzämter von Fürstenwalde und Frankfurt a. O. durch die Landesregierung von Brandenburg in 2015. Auf Freiwilligkeit setzte man 2019 in Mecklenburg-Vorpommern, als man die Fusion von Gemeinden durch Prämien fördern wollte. Sicher gibt es noch mehr Beispiele, aber im Kern geht es immer darum, Kosten und Personal sparen und trotzdem die anfallenden und stetig steigenden Aufgaben bewältigen zu können.

Aber Fusion, Zusammenlegung oder freiwillige Kooperationen sind nur ein Lösungsansatz, und der wird auf Sicht nicht ausreichen. Ohne eine technische Umstellung, eine durchgreifende Digitalisierung von Prozessen und Abläufen werden Städte und Gemeinden das Problem »Immer mehr Aufgaben – immer weniger Leute« nicht in den Griff bekommen. Davon bin ich überzeugt. Neben der demografischen Frage muss man auch beachten, dass sich die Gesellschaft und ihr allgemeines Konsumverhalten verändert haben. In dem Beispiel aus Österreich klang es schon durch: die Einführung der automatisierten oder antragslosen Arbeitnehmerveranlagungen. Zwar kenne ich die genauen Hintergründe nicht, aber ich lese aus dem Artikel Folgendes: Zwar hat man damit begonnen, auf Bürgerseite einen Service zu digitalisieren, auf behördlicher Ebene aber nur bedingt. Der Bürger, wir, nutzen bereits regelmäßig digitale Angebote, weil sie zu unserem Alltag gehören. Für uns ist das selbstverständlich, aber bei den Behörden selbst?

Man will Arbeit loswerden und auf den Bürger übertragen. Das ist in Ordnung, denn für die meisten von uns sind digitale Vorgänge mittlerweile Alltag und nicht der Rede wert. Aber wie sieht es in der Verwaltung selbst aus, wenn dort bei der überall grassierenden Personalknappheit auch noch neue Aufgaben auf die Mitarbeiter zukommen? Und dann noch alle Prozesse digitalisiert werden sollen? Fakt ist, dass alle öffentlichen Institutionen sich eher die Frage nach einem individuellen Lösungsweg stellen müssen, anstatt die »Entwicklung« einfach laufen zu lassen.

Ich verstehe daher die Digitalisierung als eine unfassbare Chance. Dadurch werden Kommunen effizienter und werden somit überhaupt »Herr« ihrer künftigen Aufgaben bei sinkender Mitarbeiterzahl.

Unser Leben ist schon heute digital und wird es künftig noch mehr

Die Digitalisierung hat schon viele Bereiche unseres Lebens durchdrungen. Einige davon sind uns bewusst, andere wiederum spielen sich einfach im Hintergrund ab, ohne dass wir es mitbekommen. Unser Konsumverhalten hat sich entsprechend verändert. Wer kann sich heute Flug- oder Bahnreisen ohne E-Ticket vorstellen? Wohl kaum einer, denn in den letzten zehn Jahren sind sie zum Standard geworden. Ab 2020 werden 50 % aller Arbeitnehmer weltweit der sogenannten »Generation Y« angehören.* Viele von ihnen werden als Geschäftsreisende unterwegs sein. Ein Ticket aus Papier wird wohl von denen keiner mehr nutzen. »GenY« wurde mit dem Internet groß und hat ein völlig anderes Nutzer- und Konsumverhalten als beispielsweise die Baby-Boomer. Fast alles wird heutzutage online geregelt. Die Wirtschaft stellt sich darauf ein, nur die Verwaltung hängt dem Verbraucherverhalten hinterher. In Hinblick auf die Zukunft aber müssen Kommunen auf diese Umbrüche Antworten liefern, denn sonst geht der Bezug zu den Bürgerinnen und Bürgern verloren.

Doch dazu ist es notwendig zu verstehen, worum es bei der Digitalisierung eigentlich geht. Sie ist eng mit dem Thema »Industrie 4.0« verbunden, die als technische Revolution verstanden wird. Solche Umbrüche hat es aber schon immer gegeben: von der Dampfmaschine über die Fließbänder bis hin zu den Fabrikrobotern. Das ist also nichts Neues mehr. Jedoch geht es bei Industrie 4.0 um die Vernetzung von Maschinen, die sich schließlich durch künstliche Intelligenz selbst optimieren können. Kurz gesagt: Bei der Digitalisierung dreht sich alles um Ressourceneffizienz, Schnelligkeit und Vereinfachung. Man denke da an die bereits erwähnten E-Tickets, an Funktionsapps oder Sprachsteuerungen, wie wir sie bei Autos, Smartphones oder Sprachassistenten kennen. Ein wesentlicher Punkt, der diesen Prozess antreibt, ist der Kostendruck. Zum Beispiel könnte der Versandriese Amazon ohne den Einsatz von Robotern sein Produkt »amazon prime« – also das Zustellen von Waren innerhalb von 24 Stunden – nicht anbieten. Von der Bestellung hin bis zur Auslieferung ist eine Amazon-Prime-Lieferung ein vollautomatisierter Prozess.

---

* https://www.absolventa.de/karriereguide/berufseinsteiger-wissen/
xyz-generationen-arbeitsmarkt-ueberblick

Das Verbraucherverhalten befeuert die Digitalisierung

Dennoch bleibt die Frage, warum die Digitalisierung derart forciert wird. Die Antwort lautet: Der Mensch mag es bequem und einfach. In den 80er-Jahren verwendeten wir zur Straßensuche riesige Faltpläne aus Papier. Zwanzig Jahre später schauten wir ins Internet und druckten uns die nötige Beschreibung aus. Schon kurz darauf folgten Navigationsgeräte, dann brachte Google Navigationshilfen aufs Smartphone. Und heute werden neben Straßen sogar Ampelphasen über Google angezeigt. Die schnelle Veränderung der Technologie wurde möglich, weil wir diese neuen Funktionen annahmen und sie uns Vorteile brachten. Komplexes wird simpel. Umgekehrt treibt das Verbraucherverhalten die Weiterentwicklung an.

Wie schnell sich Dinge verändern, verdeutlicht ein Blick zurück auf das Jahr 1990. Was gab es damals noch nicht? Selbst Handys waren zu diesem Zeitpunkt noch ein Luxus – und Smartphones undenkbar. Das Internet um 1990 war noch eine Nerd-Einrichtung, es wurde erst seither zu einem Medium ausgebaut, ohne das heute gar nichts mehr geht. Diese Entwicklungen beeinflussen im erheblichen Maße unser Verhalten. Binnen kurzer Zeit werden neue Technologien zu einer Selbstverständlichkeit. Zwar gab es Ende der 1990er-Jahre schon Smartphones, aber mit dem ersten iPhone von Apple 2007 kam der Durchbruch. Heute sind sie aus unserem Alltag nicht mehr wegzudenken.

Besser freiwillig digitalisieren als unter Zwang

Blickt man allerdings in dem gleichen Zeitraum auf die Entwicklungen in der öffentlichen Verwaltung, hat sich im Vergleich zum gesellschaftlichen und industriellen Wandel wenig getan, das von der Öffentlichkeit wahrgenommen werden könnte. Wie mir auch in vielen Gesprächen mit kommunalen Vertretern auf verschiedensten

Ebenen bestätigt wurde, hat der öffentliche Sektor diese Entwicklung unterschätzt und tut das bis heute noch!

Dabei ist die Kommune doch ein Teil des öffentlichen Lebens. Es ist die kleinste räumlich-administrative, politisch-geografische Verwaltungseinheit, die eine wesentliche Rolle in der Gesellschaft spielt. Mit ihrer stetig wachsenden Veränderung, die in allen Bereichen des Lebens gerade quasi parallel geschieht, steigen aber auch die Erwartungen der Bürgerinnen und Bürger an die Verwaltung. In Hinblick auf die Digitalisierung geht es um innovative Zukunftsgestaltung in Kommunen, und das oft bei eingeschränktem Personalbestand und knappen finanziellen Rahmenbedingungen. Da kann eine Fusion schon in die richtige Richtung gehen, aber selbst die wird ohne Digitalisierungsprozesse und kreatives Denken nicht zukunftsfähig sein.

Wie dramatisch eine Zukunftsgestaltung aussehen kann, zeigt das Beispiel der hessischen Stadt Hanau, die Ende 2012 unter den »kommunalen Rettungsschirm« kam. Der »Kommunale Schutzschild« ist ein Programm des Landes Hessen zur Teilentschuldung der überschuldeten Gemeinden und Landkreise. Der Entschuldungsbetrag für Hanau belief sich auf mehr als 54 Millionen Euro. Das entsprach einer Reduzierung der Altschulden um rund 46 Prozent zum Stichtag 31. Dezember 2009.* Hanau musste neben anderen Maßnahmen ab dem Zeitpunkt innerhalb der nächsten vier Jahre rund ein Viertel der Stellen einsparen, und das bei weiter steigenden Anforderungen. Intelligente Wertschöpfungsketten waren gefragt. Um den anfallenden Aufgaben gerecht zu werden, die Vorgaben zu erreichen und den Bürgern den ihnen zustehenden Service bei weniger Personal anbieten zu können, blieb der Gemeinde Hanau also nur ein Weg: die Digitalisierung.

---

* https://www.op-online.de/region/hanau/schutzschirm-aufgespannt-2662129.html

Der Sprung von Kommune 2.0 auf 4.0 ist unausweichlich

Genau wie die Industrie 4.0 wird auch die Kommune 4.0 von Digitalisierung geprägt sein, um wettbewerbsfähig zu bleiben. Nur so können die zu erbringenden Leistungen und Services im Kontext einer sich permanent verändernden Gesellschaft künftig garantiert werden. Ohne Frage ist die Umstellung auf digitale Prozesse zunächst recht arbeitsintensiv, denn alles, was analog ist, muss entsprechend transformiert werden, damit Verfahren automatisiert ablaufen können. Auf lange Sicht aber wird eine Kommune davon profitieren: Bürokratieabbau, Entlastung oder Einsparung von Personal, verbesserte Organisationsübersicht, mit der vielfach auch eine Prozessoptimierung einhergeht, Services werden durch die Technik bürgernah und Ressourcen generell eingespart, weil Analysen jederzeit und in jeder Form durchgeführt werden können.

Wie so etwas aussehen kann, möchte ich an einem simplen Beispiel verdeutlichen: Zur Beantragung einer Mülltonne geht man entweder direkt ins Amt oder schickt eine Mail – manchmal gar noch ein Fax oder einen Brief. So müssen von der Verwaltung verschiedene Kommunikationsformen erst bearbeitet und händisch in den Computer eingegeben werden, bevor es überhaupt an den Lieferprozess für die Mülltonne geht. Bei einem automatisierten Vorgang geht der Antragsteller auf die Website seiner Gemeinde, gibt online den Antrag in ein vorgefertigtes Formular ein, das automatisch im System abgespeichert und zugeordnet wird. Schließlich erscheint der Auftrag zur Auslieferung bei der dafür zuständigen Person auf dem Display. Der Empfang wird per digitaler Unterschrift bestätigt, abgeschlossen und gespeichert. Das geht schnell und zu jeder Zeit ist der Status einzusehen – auch vom Antragsteller.

Vor dem Hintergrund der vielfach angespannten Haushaltsbudgets ist eine Ad-hoc-Volldigitalisierung natürlich zunächst utopisch. Mit

Modulen ist es jedoch realistisch, schrittweise die Digitalisierung voranzutreiben und in der gesamten Verwaltung zu implementieren.

Unter dem Strich sind zwei Aspekte wesentlich, damit Verwaltung zur Kommune 4.0 wird. Zum einen muss die Verwaltung eine Vereinfachung anstreben. Prozesse müssen automatisiert werden, denn künftig werden von zehn Mitarbeitern nur noch fünf das Arbeitsaufkommen erfüllen. Jeder muss also gewissermaßen für zwei arbeiten. Zum anderen verändert sich das Verständnis von Bürgernähe. Was die Menschen täglich online erledigen oder an kostenlosem Service wie freies WLAN geboten bekommen, werden sie in Zukunft auch von ihrer Kommune erwarten. So wie heute schon mit E-Ticket auf einem Flug eingecheckt werden kann, so muss es morgen per Mausklick möglich sein, eine neue Mülltonne zu bestellen. Angesichts der vielfältigen angesprochenen Herausforderungen – ja, Probleme – ist es für Städte und Gemeinden keine Frage mehr von »nice to have«, sondern von »must have!«. Die Digitalisierung kommt so oder so. Kommunen müssen diese Entwicklung annehmen und als Instrument zur Effizienzsteigerung verstehen.

Effizienzsteigerung löst das Problem: Mehr Aufgaben bei weniger Leuten.

 Dazu sprach ich auf dem KGSt Forum. Wer will, kann schauen: youtube: https://www.youtube.com/ watch?v=BSAR6h_mUKE

Mit Andreas Mattlener, Dozent an der Hochschule für öffentliche Verwaltung Rheinland-Pfalz in Mayen, diskutierte ich dieses für Kommunen so elementare Thema. Mattlener entwickelte vor dem Hintergrund stetig wachsender Aufgaben bei immer weniger Mitarbeitern ein E-Government-Konzept für die Stadt Koblenz.

■ Statement von Andreas Mattlener LL.M., Dozent an der Hochschule für öffentliche Verwaltung in Mayen

Nach dem Abitur und der Wehrdienstzeit absolvierte Andreas Mattlener sein Studium an der Hochschule für öffentliche Verwaltung Rheinland-Pfalz in Mayen, das er als diplomierter Verwaltungsbetriebswirt 2005 erfolgreich abschloss. Danach startete er seine berufliche Laufbahn bei der Stadt Koblenz als Personalreferent für Einstellungen. Parallel dazu studierte der Verwaltungsbetriebswirt von 2006 bis 2009 Wirtschaftsrecht an der Universität des Saarlandes. Er provierte als Master of Laws (LL.M.). 2008 wurde Mattlener Leiter des Bürgeramtes. Vier Jahre später kam er in eine Kommission der Stadtverwaltung, die sich mit Organisationsentwicklung befasste. Dort ging es um die Themenschwerpunkte Haushalt und Konsolidierung – eine Kommission also, die sich mit Möglichkeiten befasst, mit der die Stadt Koblenz wieder »schwarze Zahlen« schreiben kann.

Von 2014 bis 2018 verantwortete Mattlener die Leitung des strategischen IT-Managements im Amt für Personal und Organisation. Zu seinem Aufgabenbereich gehörte die Digitalisierung von Prozessen innerhalb der Verwaltung. Aufgrund seines umfangreichen Knowhows auf den Gebieten Verwaltung, Personal, Organisation, Recht und Digitalisierung erhielt Mattlener einen Ruf an die Hochschule für öffentliche Verwaltung in Mayen als Hochschullehrer. Schon seit Anfang 2008 war Mattlener nebenberuflich als Dozent am kommunalen Studieninstitut Koblenz tätig. An der Hochschule in Mayen doziert der Verwaltungsexperte seit letztem Jahr die Fächer Organisation, Informationstechnik und Personalwirtschaft. Dabei liegt sein Augenmerk auf der Digitalisierung, die die Verwaltungen in den nächsten Jahren umfassend beschäftigen wird.

❯❯ Immer mehr Aufgaben – immer weniger Leute

Den Überlegungen des E-Government-Konzepts von Koblenz, das unter meiner Leitung entwickelt wurde, liegt die Feststellung »Immer mehr Aufgaben – und immer weniger Mitarbeitende« zugrunde. Sie wird von zwei Megatrends bestimmt: zum einen vom demografischen Wandel und zum anderen von der digitalen Transformation. Ich glaube, es ist kein Zufall, dass diese beiden Trends parallel auftreten. Ganz im Gegenteil. Digitale Transformation kann dabei helfen, den demografischen Wandel zu bewältigen. Nur wer das für sich erkennt, kann sinnvoll digitalisieren und das seinen Mitarbeitern fundiert vermitteln. Es gilt glaubhaft zu erklären, dass es unumgänglich ist, nicht vorhandenes Personal durch digitale Unterstützung auszugleichen und das noch vorhandene Personal durch digitale Lösungen zu entlasten. Auf diesem Weg müssen die Mitarbeiter mitgenommen werden. Es geht nicht um Rationalisierung, sondern um Erleichterung und Effizienz.

Jedoch stellt sich der dafür erforderliche Investitionsaufwand angesichts angespannter öffentlicher Kassen als Problem dar. Dabei geht es nicht nur um die Beschaffung von Software oder technischer Ausstattung. Die größte Herausforderung liegt dabei in der Ausrichtung der Ablauf- und Aufbauorganisation auf die Digitalisierung und auf das dafür benötigte Know-how. Es wäre eine enorme Doppelbelastung, denn die Punkte »Einführung in neue Technologien« und »zu bewältigendes Arbeitspensum« behindern sich oft gegenseitig.

Eine Entlastung würde sich erst einmal nicht einstellen. Zwar befürworte ich eine Implementierung von digital unterstützten Prozessen generell, da man gleich durch Praxis lernt, aber die Verwaltung hat auch ohne diese zusätzliche Aufgabe zu wenig Personal für das Tagesgeschäft. Es würde die Mitarbeiter einfach überfordern und dadurch letztlich zu unbefriedigenden Ergebnissen führen. Hätte man diese Entwicklung und die daraus resultierenden Notwendigkeiten früher, bei höheren Personalbeständen, erkannt, wäre ein Changemanagement etwas einfacher gewesen. Es ist jedoch unumgänglich, neue Aufgaben gleich digital zu denken. Jetzt stehen wir durch das Onlinezugangsgesetz allerdings unter enormem Zugzwang, auch die bestehenden Prozesse digitalisieren zu müssen.

Die Maßnahmen zur Einführung zum rheinland-pfälzischen Prostituiertenschutzgesetz verdeutlichen das. Mit sehr viel Aufwand wurde dieses priorisierte Thema betrieben. Doch es fehlte an technischen Hilfsmitteln und an Vorgaben, an denen man sich hätte orientieren können. Es musste alles neu erarbeitet werden. Wenn man sich schon entschließt, so ein Projekt zu initiieren, dann sollten zumindest ein Stück weit die Technik und das Handling vorhanden sein. Das hätte die Einführung wesentlich vereinfacht, wie es bei der Einführung des neuen Personalausweises der Fall war. Hier war schon Etliches vorab geklärt worden, was den Prozess vereinfachte. Das fehlt beim Schutzgesetz. Jede Kommune war auf sich allein gestellt und musste selbst eine Lösung entwickeln. Das war glücklicherweise möglich, wenn auch mit Mehraufwand verbunden. In solchen Fällen wird oft auf spezielle Software, also Insellösungen, gesetzt. Mit Blick auf das heute schon enorm große und stetig wachsende Aufgabenportfolio der Kommunen stellt das ein Problem dar, weil dadurch viele Lösungen parallel betrieben werden und nur unzureichend synchronisiert werden können.

Softwarekonsolidierung ist deshalb heute in Kommunen ein wichtiges Thema. Aber auch der Föderalismus scheint mir mit Blick auf die Digitalisierung eine Bremse zu sein. Bei aller Berechtigung auf politischer Ebene verzögert unser föderaler Staatsaufbau die Digitalisierung durch langwierige Abstimmungsprozesse zwischen Bund, den Ländern und letztlich den Kommunen. Das Abstimmen und Setzen von Standards dauert einfach zu lange. Zwar haben auch Kommunen mittlerweile all ihre Prozesse zu digitalisieren, aber es macht keinen Sinn, auf scheinbar einfache, schnelle Lösungen zu setzen. Stattdessen ist es nach meiner Auffassung zielführender, auf universelle Tools zu setzen. Sinnvoll ist eine Prozessmanagementsoftware, die universell einsetzbar ist, mit der aber auch die jeweiligen Fachaspekte berücksichtigt werden können. Es gilt also zu entscheiden: Entweder man lässt sich eine Software entwickeln, die zu 100 % auf die fachlichen Notwendigkeiten ausgerichtet ist. Dann hat man etliche, unterschiedliche Softwareprogramme nebeneinander im Hause. Oder man entscheidet sich für eine Universallösung, mit der man zwar nicht alles darstellen kann, was für die Fachlichkeit notwendig ist, und man eventuell einzelne Schritte händisch erledigen muss. Dafür hat man ein Tool, das vielseitig einsetzbar ist.

Größere Kommunen setzen zum Teil 300 verschiedene Softwarelösungen ein. Das ist der Wahnsinn! Kein Unternehmer würde zuerst 300 Softwareprodukte kaufen und dann schauen, wie die miteinander verbunden werden können. Gerade in diesen großen Kommunen gibt es aufgrund der Aufgabenvielfalt das Problem, die verschiedenen Programme zu homogenisieren. Es ist eine unglaubliche Herausforderung, 300 Softwareprodukte ständig zu aktualisieren, zu verwalten usw. Außerdem ist die Gefahr groß, dass von den 300 Programmen zehn oder mehr crashen, wenn wieder ein größeres Windows-Update ansteht. Natürlich ist es auch so, dass mit der steigenden Aufgabenvielfalt das Angebot an Software in den letzten Jahren deutlich zugenommen hat. Die Softwarelandschaft wird immer heterogener. Die Verführung ist daher groß, entsprechende Software einzukaufen, um eben personelle Lücken zu schließen. Der Einsatz der Software muss also koordiniert und abgestimmt werden. Deswegen muss man meiner Meinung nach auf universelle Tools setzen – in dem Bewusstsein, eventuell Abstriche machen zu müssen. Dafür wird Chaos vermieden.

Die kurz angeführten Beispiele zeigen: Das Thema Digitalisierung wird also vielfach falsch verstanden. Vieles, was getan wird, ist aus dem Blickwinkel »Serviceangebot für den Bürger« gesehen Aktionismus, ganz nach dem Motto »Wir müssen jetzt mal irgendwas digital anbieten« – man gewinnt den Eindruck, dass geschehe nur, damit Verantwortliche sagen können, man habe etwas in Richtung Digitalisierung unternommen. Der Gedanke an sich ist richtig – dann aber bitte auch mit Augenmaß und Verstand. Es gibt viele schlechte Lösungen und Apps, die angeboten werden. Die braucht kein Mensch. Keiner lädt sich so etwas herunter, nur um einmal im Jahr eine Dienstleistung abzufragen. Das verschwendet Geld, hilft keinem weiter und fehlendes Personal wird dadurch auch nicht ersetzt.

Stattdessen muss gefragt werden, wann eine Verwaltungsdienstleistung tatsächlich benötigt wird. Die Design-Service-Methode könnte hierauf eine Antwort geben. Anschließend sind die Prozesse zu analysieren, um dann etwas zu entwickeln, das diese Prozesse effektiv vereinfacht und das Personal eindeutig entlastet. Im Optimalfall steht am Ende ein Prozess, der von Nutzen für Bürger und die Mitarbeiter der Verwaltung ist. Einfaches Beispiel aus Bürgersicht dazu: Bei mir wurde die Mülltonne nicht geleert. In dem Fall wäre es ein Service, wenn ich den Grund dafür bequem von der Couch aus über ein Bürgerportal im Web erfahren könnte. So eine Situation kommt in der Praxis öfter vor. Hingegen lohnt sich ein solcher digitaler Service bei einem Personalausweis im Vergleich weniger, den ich nur alle zehn Jahre beantragen muss.

Für eine Verwaltung kann das aber natürlich anders aussehen, wenn pro Tag viele Ausweise beantragt werden. Das wäre die andere Sichtweise und würde eventuell das Arbeitsaufkommen in der Verwaltung reduzieren. Es kommt also darauf an, aus welchem Blickwinkel man eine Notwendigkeit betrachten möchte – aus der des Kunden oder der der Verwaltung. Hier scheiden sich die Geister. Es muss also von Fall zu Fall gewichtet werden und manchmal sind beide Seiten gleichwertig.

Der Begriff des »Kunden« ist in der Verwaltung ein ganz eigenes verwaltungsphilosophisches Thema: Ist der Kunde der Verwaltung wirklich ein Kunde oder nennen wir ihn »den Bürger«? Beide Sichtweisen haben ihren Sinn und ihre Berechtigung. Am Ende müssen sich für die

Verwaltung die eingesetzten Maßnahmen personell und damit letztlich auch finanziell lohnen.

Hier möchte ich einen kleinen Einschub zu den Begriffen »Kunde« und »Bürger« machen: Der Begriff »Kunde« hat eine starke Prägung in der Privatwirtschaft, hier ist der Kunde König. Entsprechend muss man ihn behandeln. Hinter dem Begriff »Bürger« steckt aber viel mehr. Der Bürger hat im Gegensatz zum Kunden ganz bestimmte, verfassungsmäßige Rechte gegenüber einer Stadt, einer Gemeinde und letztlich gegenüber dem Staat. Leider hat sich in den letzten Jahrzehnten das Verhältnis »Bürger – Verwaltung« in Teilen negativ entwickelt, so als sei der Bürger nur der Bürger, die Verwaltung aber eben die Verwaltung und der Bürger abhängig von ihr. Hingegen wird beim Kunden aus dem Verständnis des Wettbewerbs heraus beim Umgang mit Behörden ein Dialog auf Augenhöhe verstanden. Ein Kunde auf dem freien Markt entscheidet selbst, ob er bleibt oder zur Konkurrenz geht. Das kann der Bürger durchaus auch, aber genau das wird in der Verwaltung selbst oft noch nicht so gesehen.

Natürlich geht das nicht so ganz einfach. Der Bürger müsste in eine andere Stadt umziehen. Aber wenn viele negative Faktoren zusammenkommen, dann wird er wohl einen Umzug einer ständigen Auseinandersetzung mit Behörden vorziehen. Letztlich ist es wichtig, die Kundenbrille aufzusetzen – gerade wenn es um die Themen Government-to-Citizen oder Government-to-Business geht. Hier geht es um Services und Informationen, die man bereitstellen und dem Anfragenden mitgeben kann. Letztlich profitieren beide Seiten davon.

Das führt mich wieder zurück zum Thema Digitalisierung von Prozessen. Durch diese Digitalisierung ist es viel einfacher, Informationen jeglicher Art zu teilen – gleich ob von Verwaltung zu Verwaltung oder von Verwaltung zu Bürger. Andere europäische Länder geben hier ein gutes Beispiel. Vorbildlich wäre es in meinen Augen auch bei uns, wenn man bei Geburt eines Kindes eine automatische Nachricht – z. B. per Push-

Nachricht in einer App – bekommt, wenn durch die Geburt des Kindes Anspruch auf Kindergeld entsteht. Durch ein einfaches Anklicken »Ja, ich möchte Kindergeld haben« wird der dafür notwendige Prozess ausgelöst, sodass das zustehende Kindergeld auf das Konto der Familie überwiesen wird.

Online geht dieser Prozess in Deutschland nahezu nicht. Bei der Antragstellung, zu der man eventuell persönlich erscheinen muss, ist eine ganze Reihe von Formularen auszufüllen, an denen so mancher Bürger scheitert, weil diese zu umständlich und zu kompliziert formuliert sind. Es erschließt sich auch nicht, warum bestimmte Informationen verlangt werden, obwohl der Staat bereits viele dieser Informationen gespeichert hat. Das wäre so, als würde man bei »amazon« bei jeder Bestellung alle seine Daten neu eingeben müssen. Würde man aber dieses langwierige und auch nervige Prozedere auf ein System aufsetzen, wie Amazon es verwendet, dann wäre das endlich mit Kundenbrille gedacht. Als Zwischenschritt würden schon erklärende Videos hilfreich sein. Die datenschutzrechtlichen Aspekte will ich hier jedoch nicht herunterreden. Natürlich muss der öffentliche Dienst in der digitalen Welt seiner Verantwortung gerecht werden. Aktuell fällt uns eine praxisnahe Datenschutzbewertung schwer und vielleicht liegt hier mitunter ein Grund für unser europäisches Ranking im E-Government. Wir brauchen ein vernünftiges Maß an Datenschutz, ohne dabei den berechtigten Serviceanspruch der Bürgerinnen und Bürger aus den Augen zu verlieren.

Generell gesagt, muss die öffentliche Verwaltung fit gemacht werden, um besser mit den Themen »digitale Prozesse« und »Kunden« umgehen zu können. Das betrifft erfahrene Kollegen und junge Kollegen gleichermaßen. Zwar kennen sich die jungen Generationen mit Netflix, Instagram und ihrem Smartphone aus, aber sie müssen auch die »Digitale Idee« verstehen und wissen, wie man diese Technologien sinnvoll einsetzen kann. Das fehlt bei vielen. Die Verwaltung muss die Fantasie entwickeln, was Digitalisierung der Verwaltung, dem Bürger oder Unternehmen bringen kann. Wenn wir das schaffen, würden auch unsere Prozesse und Dienstleistungen besser werden – und das gerade in einer Zeit, da mit immer weniger Personal immer mehr Aufgaben zu erledigen sind. ◾

Mattlener spricht einen wichtigen Punkt an, der auch eine Herausforderung in der Privatwirtschaft darstellt. Es hilft nichts, nur zu beschließen »wir machen denn mal in Digitalisierung«, die neueste Hardware anzuschaffen und eine Software zu kaufen, die auf einen Schlag alle Probleme löst, wenn die Menschen, die damit arbeiten sollen, das innerlich oder gar offen ablehnen. Wobei man mit einer offenen Ablehnung oder Kritik arbeiten kann. Trotzdem: Die Mitarbeiter einer Kommune müssen auf dem Weg zur Digitalisierung ebenso wie auf dem freien Markt abgeholt werden. Man muss ein Bewusstsein für die Notwendigkeit schaffen, damit alle – vom Hausmeister bis zum Bürgermeister – diesen Weg mitgehen. Erst wenn man versteht, welchen Sinn und welches Ziel durch die Einführung einer neuen Technik erreicht werden sollen, wird diese Neuerung schrittweise akzeptiert und angewendet.

Die zentrale Frage, die sich jeder stellen muss, lautet: Was kann ich in meinem Bereich automatisieren – und wie werden wir besser und schneller? Eine entsprechende Kultur muss von den Führungskräften geschaffen werden. Auf der anderen Seite haben die Mitarbeiter das mit pro-aktiven Vorschlägen zu unterstützen – denn niemand kennt die Prozesse so gut wie die Personen, die sie täglich abwickeln.

Eine Kommune hat über 200 Kernprozesse:
Wie viele davon sind bei Ihnen automatisiert?

Man kann es ungefähr mit dieser Situation vergleichen: Ein Freund von mir hat einen 69-jährigen Vater, der körperlich und geistig topfit ist. Er hatte bis vor Kurzem ein fast 20 Jahre altes Handy. Ein neues wollte er nicht, weil er das »neumodische Zeug« nicht braucht, wie er immer sagte. Nun ging das alte Handy allerdings kaputt und mein Freund besorgte seinem Vater ein Smartphone. Was meinen Sie, was passierte? Nichts! Statt das Smartphone zu verwenden, holte sich der Vater von irgendwo her ein ähnliches Handy wie das, das er seit Jahrzehnten benutzt hatte. Als mein Freund das bemerkte, fragte er seinen Vater, warum er nicht das Smartphone benutzt. Nach einigem Hin und Her rückte der Vater mit der Sprache heraus. Das neue »Ding« sei ihm zu kompliziert. Er wisse gerade mal, wo man es anschalte, aber dann werde es schwierig.

Mein Freund hätte sagen können: »Gut, dann ist es eben so«, sein Vater benutzt weiter den »Handyknochen« und das Smartphone bleibt eben liegen. Das tat er aber nicht. Er setzte sich mit seinem Vater hin und erklärte ihm das Smartphone schrittweise an mehreren Abenden, und zwar mit all den Anwendungen, die für den Vater relevant sein könnten. Er machte dabei seinem Vater klar, dass ein Smartphone längst kein Telefon mehr ist, sondern auch den Zugang zu vielen Services wie zu seiner Bank bietet und dass sich das in Zukunft noch verstärken wird. Natürlich muss mein Freund seinem Vater hin und wieder ein paar Dinge auf dem Smartphone erneut erklären, aber der Vater hat das Gerät und seine Möglichkeiten akzeptiert.

Man könnte dieses Beispiel auch drastischer formulieren. Kürzer. Und direkt an Sie persönlich richten. Nämlich so: Sie haben nur noch drei Dienstjahre vor sich und mit Neuerungen tun Sie sich schwer? Kann ja sein. Aber dann meine ebenso drastische Gegenfrage: Wollen Sie die Kommune »runterwirtschaften«, nur weil Neues Ihnen gerade zu viel Aufwand ist?

Zukunftsverweigerung bedeutet Rückschritt und Abstellgleis

Dieses banale Beispiel aus dem privaten Leben zeigt, dass »Neues« immer wieder verweigert wird. Das Alte funktioniert doch noch so gut! In der Wirtschaft und natürlich ebenso in der Kommune verhält es sich sicher ähnlich. So habe ich von einem Fall aus einer kleinen Gemeinde gehört, der mich zum Lachen gebracht hat. Besagte Gemeinde ließ irgendwann die alten Drucker austauschen und richtete neue mit diversen Möglichkeiten ein. Aus Erfahrung, dass ab und an mal ein Druck nicht funktioniert oder ein Gerät gerade gewartet wird, ließ die Gemeinde auf jedem Rechner eine Alternative einrichten. Dieser Alternativdrucker stand beim Hausmeister, weil der auch für die Botengänge im Haus zuständig war. Wurde also dieser Alternativdrucker angewählt, nahm der Hausmeister das Ausgedruckte und brachte es der jeweiligen Person. Nun gab es eine Sachbearbeiterin, die sich – vordergründig – nicht recht traute, die neuen Geräte zu benutzen. Sie wählte immer den alternativen Drucker und bequemerweise wurden ihr die Sachen dann auch noch direkt geliefert. Jedoch habe ich in diesem Fall eher den Eindruck, dass Bequemlichkeit im Vordergrund stand und weniger die »Angst« vor neuer Technik. Das ist nämlich oft der wahre Grund.

Eine digitale Strategie ist elementar

Es ist schon paradox: Auf der einen Seite haben wir alle Smartphones und nutzen digitale Services. Auf der anderen Seite allerdings sperren wir uns, wenn es um die Digitalisierung in unserem Job geht. Wie das Beispiel meines Freundes und seines Vaters zeigt, braucht es einen »Kümmerer«, der sich nicht nur des Themas Digitalisierung annimmt, sondern der es komplett betreut. Das gilt für die Wirtschaft, aber besonders für die kommunale Verwaltung. Hier gibt es enormen Aufholbedarf, soll die Digitalisierung für die Entlastung von Kollegen und für verbesserten Service sorgen. Beides ist ein zentrales Thema und als solches muss es von den Verantwortlichen in Städten und Gemeinden erkannt werden. Erst auf Basis dieses Bewusstseins kann man eine digitale Strategie entwickeln, die die Digitalisierung aller Prozesse und Abläufe implementiert, um so zu entlasten, zu vereinfachen und zu optimieren. Dazu ist es unabdingbar, die IT-Abteilungen oder den IT-Verantwortlichen direkt einzubeziehen. Noch immer werden in etlichen Kommunen die hauseigenen IT-Experten als Servicepersonen angesehen, die abgestürzte Computer wieder flott machen oder Drucker systemkonform anschließen. Will man den digitalen Weg gehen, so besteht neben dem gemeinsamen Willen die größte Herausforderung darin, mit der zunächst auftretenden Doppelbelastung fertigzuwerden, die durch die Implementierung digitaler Prozesse einerseits und die Bewältigung des alltäglichen Arbeitspensums andererseits entsteht. Andreas Mattlener sprach diesen Punkt in seinem Statement ebenfalls an.

Welche drei Dinge können Sie verbessern, wo und wie können Sie Zeit einsparen? Machen Sie sich Gedanken und schreiben Sie diese Punkte auf.

IT-Abteilungen sind keine Servicestationen

Dieser gewaltige Umstellungsprozess muss situationsbedingt organisiert werden, und das können nur Leute mit entsprechendem Know-how – einerseits auf dem Gebiet der IT und andererseits im Bereich der Verwaltungsabläufe. Den IT-Abteilungen kommt eine zentrale Rolle zu, daher sollte man sie als Stabsstelle ansehen. Das gehört aber mit zur Bewusstseinsbildung innerhalb des Verwaltungsapparates. Um Ängsten und Vorbehalten entgegenzuwirken, ist es wirklich zu empfehlen, alle Mitarbeiter in diesen Prozess aktiv einzubeziehen: Also nicht nur zu informieren – »Wir fangen jetzt an unsere Prozesse zu digitalisieren mit dem Ziel, euch mittel- und langfristig zu entlasten!« –, sondern auch zu fragen: »Wo ist es am dringlichsten, was würde helfen, die Arbeit zu erleichtern, was könnte beschleunigt werden?«

Dass so etwas unter den erwähnten Umständen durchaus erfolgreich verläuft, habe ich über einen längeren Zeitraum bei einem Kunden mitverfolgen können, der IT-Lösungen für den kommunalen Bereich anbietet. Bei der Entwicklung einer neuen Software werden immer wieder bewusst verschiedenste Fachbereiche und Verantwortlichkeiten eingebunden. Idealerweise wird in Arbeitskreisen nicht nur Wissen ausgetauscht, sondern auch Ziele, Entwicklungsstadien, Erfahrungen, Verbesserungsvorschläge und Kritiken besprochen. Die so gewonnenen Erkenntnisse fließen wieder in die Entwicklung ein. Schrittweise entsteht so ein nutzerfreundliches Produkt, das sich einerseits an den Vorgaben und andererseits an optimaler Nutzerfreundlichkeit orientiert.

Ich höre aber schon den Einwand kleinerer und kleinster Gemeinden: »Herr Multerer, das ist ja alles schön und gut, aber so etwas können nur große und größere Kommunen leisten, die per se über mehr Personal verfügen und eigene IT-Abteilungen haben. Wir haben weder das Wissen noch den Experten im Hause.« Dieser Umstand ist mir schon bewusst. Ich weiß auch, dass nur größere Kommunen eine eigene IT-Abteilung haben. Die besteht oft aber auch nur aus ein bis drei Mann. Das reicht für die Bewältigung einer solchen Mammutaufgabe denn auch nicht aus. Der Schlüssel zur Lösung liegt in dem, was ich zu Beginn des Kapitels ansprach: Zusammenschlüsse und Kooperationen. Durch Kooperationen, auch wenn diese nur fach- oder themenbezogen sind, können fehlende Kapazitäten nicht nur im gewissen Rahmen ausgeglichen werden, es wird auch wertvolles Know-how transferiert. Auch ohne einen ITler in den eigenen Reihen könnte ein Digitalisierungsprozess gestartet werden. Fast in jeder Gemeinde gibt es jemanden, der IT-Kenntnisse hat. Durch kommunenübergreifende Arbeitskreise könnten diese Kenntnisse weiter ausgebaut werden, vorausgesetzt, dass in diesen Arbeitskreisen auch Fachleute sitzen, die mit der Digitalisierung betraut sind. Auch diese Experten tauschen sich regelmäßig zu diesem komplexen Thema aus. In Kapitel 6 gehe ich noch mal ausführlicher auf die Thematik »Digitalisierung ist die Aufgabe aller Beteiligten – nicht nur der IT« ein.

Festzuhalten ist: Es werden in Zukunft nicht mehr Leute für die stetig steigenden Aufgaben zur Verfügung stehen, sondern weniger. Um diese Herausforderung zu lösen, Mitarbeiter zu entlasten und dennoch effizient zu sein, werden auch Kommunen nicht um die Digitalisierung herumkommen. Dabei ist es völlig gleich, ob die Kommune eine große Stadt ist oder eine kleine Gemeinde im ländlichen Raum. Auf diesem Weg, der zu Beginn jedem viel abverlangen wird, sind alle abzuholen. Eine rechtzeitige Bewusstseinsbildung für die Aufgabenstellung ist daher wichtig. Mit der Digitalisierung sollen keine Stellen abgebaut werden, sondern Prozesse automatisiert und vereinfacht werden. Entlastung trotz steigender Aufgaben heißt das Ziel. Es ist entscheidend, dass dieser Weg von allen gegangen wird und dass dabei Wissen ausgetauscht wird, um schon vom ersten Tag an Fehler zu minimieren oder gleich ganz auszuschließen. Nur so kann dieser Weg optimal in den jeweiligen Verwaltungsprozess einer Kommune eingepasst werden.

Ihre Kommune ist kein attraktiver Arbeitgeber? Ändern Sie das!

Dass diese Headline bei vielen in der öffentlichen Verwaltung nicht auf Beifall stößt, ja manchen bestimmt ärgern wird, ist mir bewusst. Fakt ist aber, der »Kampf um die Talente« ist seit Langem entbrannt. Die Privatwirtschaft investiert zum Teil Millionenbeträge, um sich in den Köpfen potenzieller Mitarbeiter auf unterschiedlichste Weise als attraktiver Arbeitgeber zu positionieren. Unter den Top 10 der beliebtesten Ausbildungsberufe waren 2018 hauptsächlich kaufmännische Berufe, neben medizinischen und technischen Berufen.* Sicherlich ist die Überschrift provokant, aber sie soll angesichts dieser Tatsachen auch wachrütteln.

Die Babyboomer gehen in den nächsten Jahren in den Ruhestand

Der demografische Wandel wird diesen Kampf um qualifizierte Mitarbeiter verschärfen. Das sage nicht ich, das ist schon rein rechnerisch nachweisbar. Sicherlich ist die demografische Entwicklung in Deutschland regional sehr unterschiedlich. Doch es zeichnet sich überall ein ähnlicher Trend ab: Eine hohe Lebenserwartung steht einem allgemeinen Geburtenrückgang gegenüber. Die Altersstruktur verändert sich. Die Gesellschaft wird immer älter, und das zeigt

---

* https://www.ausbildung.de/berufe/beliebteste/

sich auch in der Altersstruktur des öffentlichen Diensts. So war hier bereits 2016 laut Statistischem Bundesamt jeder Vierte über 55 Jahre alt.* Diese Altersgruppe wird bis 2025 in den Ruhestand gehen und eine Lücke hinterlassen, die nicht zu unterschätzen ist. Bereits 2009 wurde in einer Studie der Robert-Bosch-Stiftung darauf hingewiesen:

»Für die Altersstruktur und damit für das Personalmanagement in allen Bereichen des öffentlichen Dienstes wird der demographische Wandel schon in naher Zukunft erhebliche Konsequenzen haben. [...] Die detaillierte Altersstrukturanalyse der verschiedenen Verwaltungsebenen hat dabei gezeigt, dass es sich nicht nur um ein Problem einzelner Verwaltungsbereiche handelt: Bund, Länder und Kommunalverwaltung sind gleichermaßen davon betroffen. Angesichts eines fortbestehenden Kostendrucks, weiterer Personalreduktion und dem grundsätzlich zu begrüßenden Abbau von Frühpensionierungsmöglichkeiten wird die Personalstruktur in der öffentlichen Verwaltung in naher Zukunft weiter altern. Gleichzeitig wird sich jedoch die Beschäftigungslücke durch die Verrentung personalstarker Beschäftigtenkohorten nicht allein durch notwendige Anpassungen der öffentlichen Aufgaben an den Bevölkerungsrückgang schließen lassen.«**

---

* https://www.demografie-portal.de/SharedDocs/Informieren/DE/
ZahlenFakten/Oeffentlicher_Dienst_Altersstruktur.html
** Studie der Robert Bosch Stiftung »Demographieorientierte Personalpolitik
in der öffentlichen Verwaltung« in der Reihe »Alter und Demographie«,
Stuttgart 2009; S. 102

Der »War for Talents« hat gerade begonnen

Und nun?

Zu der in Kapitel 3 schon angesprochenen Situation »Immer weniger Personal bei wachsenden Aufgaben« kommt noch ein Imageproblem – und das in einem Wettbewerb von Industrie, Handel und eben auch öffentlichem Sektor. Der Privatwirtschaft ist schon seit Langem klar, dass sie im Wettbewerb um Arbeitskräfte steht. Ebenso ist den meisten in der Wirtschaft auch der demografische Wandel bewusst, sowohl die sich verändernde Altersstruktur im Allgemeinen als auch im Hinblick auf den eigenen Betrieb. Das sieht selbstverständlich von Unternehmen zu Unternehmen wie von Branche zu Branche unterschiedlich aus. Außerdem haben viele Unternehmen schon sehr frühzeitig in Personalmarketing investiert, und das mit erheblichen Summen, wie ich eingangs schon erwähnte. Das geht oft mit der Markenstrategie dieser Unternehmen einher, die sich zwar auf die Produkte konzentriert, aber im Zuge einer ganzheitlichen Denkweise zunehmend auch das Personal, das man einstellen will, betrifft. So ist es nicht verwunderlich, dass in diversen Umfragen die beliebtesten Arbeitgeber immer wieder Unternehmen erfolgreicher Marken sind. Besonders in den letzten Jahren ist eine offensive Werbung von Marken als Arbeitgeber zu beobachten. Man denke dabei an Namen wie McDonald's, Audi, Lidl oder Siemens. Auch kleinere Firmen werden immer kreativer, wenn es um die Bewerbung offener Stellen geht. Im kommunalen Bereich ist das immer noch anders. Die angespannten Haushalte der Kommunen lassen keinen Spielraum für ausgefallenes und intensives Personalmarketing zu, sicher, aber das ist nur eine Seite der Medaille.

Siemens steht für Ingenieurskunst – und wofür steht Ihre Kommune?

Marken haben ein Image, das sie über verschiedenste Kommunikationskanäle transportieren. Manchmal wird es erst über verschiedene Maßnahmen kontinuierlich aufgebaut. Audi steht beispielsweise für sportliche Fahrzeuge, hochwertige Verarbeitung und progressives Design – für »Vorsprung durch Technik«, wie Audi selbst nicht nur auf der eigenen Website verkündet. Mit der Marke Siemens wird Ingenieurskunst und Innovation verbunden. Lidl verspricht Qualität – gleich ob als Eigen- oder Markenartikel – zu günstigen Preisen.

Aber wie sieht es mit dem öffentlichen Sektor aus? Wenn ich in meinem Bekanntenkreis das Thema »Kommune« erwähne, dann sind die Reaktionen eher negativ – und das absolut unabhängig vom Alter. Manchmal ist »Kommune« sogar ein Reizwort und löst heftige Diskussionen aus. Das steht aber im Widerspruch zu den Ergebnissen diverser Umfragen, die ein anderes Bild zeichnen: So genießen Berufe des öffentlichen Dienstes wie Feuerwehrmann, Kindergärtnerin oder Polizist einen teilweise erheblich besseren Ruf als Jobs in der »freien Wirtschaft« wie Banker, Werbemenschen oder sogar Unternehmer. Dieses widersprüchliche Bild stellte auch der Deutsche Beamtenbund in seinen Befragungen fest. So wurden den Beamten deutlich öfter positive Attribute zugeschrieben: pflichtbewusst, verantwortungsbewusst, zuverlässig und kompetent. Negative Eigenschaften wie stur, ungerecht oder überflüssig waren in der Minderzahl. Aber genau letztere tauchen in den Diskussionen immer wieder auf, wenn es um die öffentliche Verwaltung oder Kommune geht!

Also, woher kommt es, dass der öffentliche Bereich ein ambivalentes bis negatives Bild in den Köpfen der Öffentlichkeit hat und es einer Marke wie »VW« trotz diverser Skandale über Jahrzehnte hinweg gelingt, ihr positives Image zu halten?

Reflektieren Sie einen kurzen Augenblick: Ist es sexy, bei einer Kommune zu arbeiten? Sind wir wettbewerbsfähig, wenn wir junge Frauen oder IT-Spezialisten wollen, weil wir mit der freien Wirtschaft konkurrieren? Will ich in einer Kommune arbeiten, in der nichts vorangeht – und ich nicht gestalten kann?

Der Bewerbungsprozess

Wie sieht die (traurige) Realität aus? In der Stadt eines Ballungsgebiets in NRW beispielsweise mussten sich Bewerber bis 2018 noch online ein PDF herunterladen, das die Stellenbeschreibung samt eines Vermerks enthielt, wo man die Bewerbung per Mail hinschicken kann. Diese Mails wurden zentral gesammelt und ausgedruckt. Ein hausinterner Bote verteilte die Bewerbungen dann an die jeweiligen Fachbereiche. Eine Zu- oder Absage erhielt der Bewerber auf dem klassischen Postweg.

Das kann es doch nicht sein, oder? In der freien Wirtschaft – gerade bei größeren Betrieben – funktioniert das schon längst anders. Hier gibt es standardisierte Online-Formulare, die direkt an die Personalabteilung gehen. Teilweise ist es möglich, Videos mit hochzuladen oder sich über Businessportale wie LinkedIn oder Xing zu bewerben. Das ist sexy!

Für eine Behörde haben wir bei Multerer Public beispielsweise einen Personalprozess in Verbindung mit Markenprägung entwickelt. Der Kunde hatte über 1000 Mitarbeiter und war kurzfristig mit der Herausforderung konfrontiert, dass bis 2020 gut 30 % der Stellen ausgetauscht oder nachbesetzt werden mussten. Die Behörde stellte außerdem fest, dass nur wenige bis keine qualifizierten Bewerbungen eingingen. Hier war guter Rat teuer, denn die Verantwortlichen hatten keine Ahnung, wie sie hier eine Lösung finden sollten.

Mit Multerer Public ermittelten wir zunächst den Status quo. Dazu wurden unter anderem Interviews mit den gewünschten Zielgruppen geführt und ein Eigen- und Fremdabgleich mit der Privatwirtschaft erstellt: Wo stehen wir, was bieten wir, was macht die Privatwirtschaft anders, was bietet die, wie können wir darauf antworten? Heraus kam eine Modernisierung des Bewerbungsprozesses: Der Vorgang wurde digitalisiert. Außerdem entwickelten wir gemeinsam mit der Behörde ein HR-Innovationsprogramm. Diesen gesamten Ablauf begleiteten wir und steuerten ihn entsprechend aus, bis das Konzept endgültig umgesetzt war und reibungslos lief. Es ist also möglich – wenn man will!

Es ist an der Zeit, einen Eigen-/Fremdbildabgleich zu machen

Wie beim Wettbewerb der Standorte, bei dem sich die Kommune fragen muss, wofür sie steht, hat sich der öffentliche Arbeitgeber auch hier die Fragen zu stellen: »Was habe ich zu bieten? Was macht mich als Arbeitgeber aus? Was macht mich eventuell sogar attraktiver als einen Arbeitgeber aus der Privatwirtschaft? Schaffe ich als öffentliche Institution sogar Mehrwerte, die mögliche Nachteile ausgleichen? Wie läuft ein Bewerbungsprozess ab?« Das gilt es als Arbeitgeber zu analysieren. Hinzu kommen die Aspekte, die eine Gemeinde oder Stadt als Lebensmittelpunkt zu bieten hat; wie familienfreundliches Wohnen, gute Verkehrsanbindung oder großes Freizeitangebot. All das muss klar herausgearbeitet werden. Es gibt bei der Komplexität der Fragestellung keine allgemeingültige Formel, da die Fragestellung vor dem Hintergrund der jeweiligen regionalen Standortbedingungen zu beantworten ist.

Als öffentlicher Arbeitgeber müssen Städte und Gemeinden ein Bewusstsein in der Bevölkerung schaffen, welche Bedeutung die Kommune in der Gesellschaft hat. Das ist eng mit dem Wettbewerb verbunden, in dem Städte und Gemeinden untereinander stehen. Dazu muss das überholte Image von »verstaubten Amtsstuben« und von »blassen und leicht ergrauten Verwaltern« aufgebrochen werden – so wie es der Oberbürgermeister von Mannheim Dr. Peter Kurz in seinem Statement in eine Formel brachte: Gestalten statt verwalten. Kommune ist etwas Lebendiges und bietet eine Vielzahl von Aufgabenfeldern, wie die verschiedensten Berufe im kommunalen Bereich belegen. Sie alle tragen dazu bei, dass unser tägliches Leben funktioniert und Zukunft möglich ist.

Personalmarketing wird für Kommunen zur Pflicht

Da sich der öffentliche Arbeitgeber mit Handel, Dienstleistern und Industrie im Wettbewerb um qualifizierte Mitarbeiter befindet, hat er auch marketingorientiert zu denken, denn die Privatwirtschaft tut das und versucht ebenso, sich entsprechend zu positionieren. Aus diesem Grund muss sich auch der öffentliche Sektor mit Begriffen wie »Wünsche«, Bedürfnisse«, »Markt«, »Produkt« (das Thema wurde schon im ersten Kapitel angesprochen), »Nutzen«, »Zufriedenheit«, »Beziehungen« (im Sinne von Marketing) nicht nur befassen, sondern sich intensiv damit auseinandersetzen. Hier gilt es so einiges aufzuholen! Es bringt nichts, dass in den Rathäusern und Verwaltungseinheiten bekannt ist, welche Berufe es in einer Kommune gibt. Weiß der potenzielle neue Mitarbeiter dort draußen das? Nein! Woher auch? Es wird entweder schlecht oder gar nicht kommuniziert – und was nicht kommuniziert wird, ist nicht sichtbar.

Es ist nicht in den Köpfen der Menschen verankert.

Die Privatwirtschaft macht es vor – wie beispielsweise die Fastfoodkette McDonald's. Der Konzern verbindet in seinen aktuellen TV-Kampagnen gekonnt Image-, Produkt- und Mitarbeiterwerbung. Hier wird nicht nur das produzierte Produkt beworben, sondern auch die Mitarbeiter machen Werbung für ihren eigenen Arbeitsplatz – mit allen Vorzügen. Dadurch werden sie wiederum für die Marke und letztendlich das Produkt selbst – Hamburger oder Pommes – zum Werbebotschafter. Die Personalverantwortlichen und Marketingexperten bei McDonald's wissen: Das Angebot an Arbeitskräften steht dem der anderen Arbeitsanbieter gegenüber. Das schließt alle Arbeitgeber ein – gleich ob Handel, Industrie, Dienstleister oder öffentlicher Sektor. Jedoch hat sich der Arbeitsmarkt von einem Verkäufermarkt zu einem Käufermarkt, also zu einem Angebotsüberschuss aus Sicht der potenziellen Mitarbeiter entwickelt. Nun gilt es, sich als idealer Arbeitgeber zu positionieren und damit auch von allen anderen Arbeitgebern zu differenzieren. Und eben das kann nur über eine sichtbare Wirkung von Kommunikationsmaßnahmen im Rahmen einer umfassenden Marketingstrategie erfolgen. Das gilt für die Privatwirtschaft und ebenso für kommunale Arbeitgeber. Einen Unterschied gibt es nicht, und das muss der öffentliche Sektor begreifen! Fairerweise muss man aber sagen: Im Bewusstsein vieler Verantwortlicher des kommunalen Bereichs ist angekommen, dass man so denken und dann auch handeln muss.

Jobs im öffentlichen Sektor gelten als »unsexy«

Tatsache aber ist: Berufe im öffentlichen Sektor gelten im Vergleich zu Handel und Industrie als unattraktiv. Das hat sich über Jahrzehnte kaum geändert. Erst langsam wird den Behörden der öffentlichen Verwaltung klar, dass es sich um eine Herausforderung handelt, die bewältigt werden muss, will man sich positiv für die Zukunft aufstellen. In anderen Branchen ist der »Kampf um die Talente« schon längst in vollem Gange. Zwischen Handwerk, der Industrie, dem Handel, Dienstleistungsgewerbe und – ja – mittlerweile auch dem öffentlichen Dienst ist ein offener Wettbewerb entstanden. Die Gründe, warum Berufe in der Verwaltung keinen guten Ruf haben, sind vielschichtig. Das liegt unter anderem an den Themen Verwaltung und Kommune im Allgemeinen. Behörden gelten als schwerfällig, altbacken, innovationsarm und sperrig. Auch die mäßige Entlohnung im Vergleich zur freien Wirtschaft ist ein Thema.

Außerdem wird der Verwaltung vorgeworfen, zu wenig im Bereich Personalmarketing zu machen. Wie wichtig dieses Thema ist, hat die Wirtschaft in den letzten Jahren besser verstanden und geht jetzt entsprechend offensiv vor. In diesem Zusammenhang steht auch die Diskussion um die Dienststellenbewertung, die zu konservativ und zuweilen sogar engstirnig betrieben wird. Dabei geht es um die Frage, wie man Dienststellen attraktiv machen und wie eine bessere finanzielle Vergütung gewährleistet werden kann. Das betrifft besonders den IT-Bereich und Führungspositionen. Darüber hinaus werden auch »weiche Faktoren« diskutiert. Dazu gehören Wünsche und Bedürfnisse potenzieller Job-Anwärter, wie sie im Motto »Ich will was bewegen« zum Ausdruck kommen. Das ist gerade für die jüngere Generation ein wichtiges Kriterium bei der Jobauswahl. Leider macht es einem die Verwaltung besonders in diesem Punkt sehr schwer, weil man schnell an organisatorische und rechtliche Grenzen stößt. Die Strukturen sind oft recht unflexibel.

Natürlich gibt es diese Probleme oder diese Diskussionen auch bei anderen Organisationsformen und in der freien Wirtschaft. Aber dort können einige Hürden durch entsprechendes Kapital ausgeglichen werden und es gibt nicht dieses starre Regelwerk, das teilweise qua Gesetz vorgegeben wird. Dennoch geht es beim Personalmarketing in den Kommunen in Bezug auf den Wettbewerb und mit Blick auf die demografische Entwicklung um die wesentliche Frage, wie die Verwaltung ein attraktiver Arbeitgeber werden kann. Dieser Aspekt muss auch vor dem Hintergrund des Standortes diskutiert werden. Ein interessanter Standort – dazu gehört nicht nur ein sicherer Arbeitsplatz, sondern auch kurze Wege, gute Bildungseinrichtungen und vieles mehr. Aber auch allgemeine Sicherheit ist zum Beispiel schon für viele ein gewichtiges Argument bei der Jobsuche. All diese

Vorteile eines Verwaltungsjobs werden jedoch zu wenig in den Vordergrund gespielt. Zum einen liegt das natürlich daran, dass die finanziellen Mittel der Kommunen begrenzt sind. Zum anderen wird in der Verwaltung aber auch kaum innovativ um die Ecke gedacht. Nach meiner Erfahrung »verwaltet« der öffentliche Sektor seine Defizite lieber. Es ist eben so über Jahrzehnte gelernt. Verwaltung muss mit dem Geld auskommen, das ihr durch die Gesetzgebung zugeschrieben wird. Da wird der Satz »Für Marketing haben wir kein Geld« schnell zu einer logischen Folge. Von Unternehmen hört man ihn zwar durchaus auch, aber nicht in dieser deutlichen Form und das landauf, landab.

Die örtliche Politik bremst die Verwaltung aus

Wie kann man dieses schlechte Image nun ändern – selbst wenn nur Teilerfolge erreicht würden? Ein ursächliches Problem ist die Politik. Das habe ich auch in zahlreichen Projekten feststellen müssen, die ich für den öffentlichen Sektor realisierte. Sie entscheidet nicht im Sinne der Mitarbeiter und Führungskräfte innerhalb der Verwaltung und im Rahmen einer wirtschaftlichen, sinnvollen Effizienz, sondern handelt nach politischer Effizienz. Deutlicher ausgedrückt: Man handelt, um wiedergewählt zu werden. Also werden Projekte priorisiert, die publikumswirksam sind. Die Politik baut sich lieber kleine »Denkmäler«, obwohl die Kassen leer sind. Die Mittel dafür fehlen dann beispielsweise im Personalmarketing, um die Verwaltung als attraktiven Arbeitgeber darzustellen.

Eine schlechte Öffentlichkeitsdarstellung führt auch dazu, dass der Bürger die Meinung hat, Verwaltungsmitarbeiter säßen ohnehin nur herum und täten nichts. Nicht zuletzt dadurch entsteht der schlechte Ruf, das »negative Bankkonto« der Verwaltung. Das zieht seine Kreise, mittlerweile hat sich dieses Bild über die Jahre in den Köpfen festgesetzt. Im Prinzip müsste die Verwaltung gegensteuern und die positiven Leistungen, die sie für die Bürger erbringt, viel mehr nach außen hin darstellen. Das würde mit der Zeit für ein besseres Image sorgen.

Software als Hilfe bei Entscheidungen und Prozessen

Ich habe aber auch festgestellt, dass den Verantwortlichen in der Verwaltung die Herausforderung schon bewusst ist. Vieles wurde bereits in die Wege geleitet oder schon getan. So kann man z. B. Software gezielt einsetzen, um die demografische Entwicklung der Bevölkerung und die der Verwaltungsmitarbeiter auszuwerten. Mit solchen Tools ist zu ermitteln, wer aus der Verwaltung wohin wechselt und warum er das tut. Das ist besonders interessant, weil in den nächsten Jahren sehr viele Mitarbeiter in der Verwaltung in den Ruhestand gehen. So bekommt man einen Überblick und kann reagieren. Mit einer solchen Software kann man ebenfalls Berechnungen über die Bevölkerungsentwicklung einer Stadt anstellen und Fragen beantworten wie: Wenn eine Stadt prozentual um Faktor X in den nächsten Jahren wächst, wie viele Kindergärtenplätze werden dann benötigt? Welchen Personalaufwand erfordert das in der Verwaltung? Kurzum: Mit dem Demografie-Monitoring kann man einige wichtige Daten herausarbeiten und verdeutlichen, die in den kommenden Jahren für Kommunen wichtig werden. Durch die grafisch aufgearbeiteten Prognosen und Indikatoren ist die Verwaltung dann in der Lage, Bürgermeister, Kreis- und der Landtage mit der Nase auf die akuten Probleme zu stoßen und zu verdeutlichen, dass sie, die Politik, etwas verändern muss!

Klar habe ich in diesem Kontext auch wieder ein kurioses Beispiel: In einer Gemeinde im Saarland wurden ganz dringend Kitabetreuerinnen benötigt. Natürlich ist der Fachkräftemangel gerade in diesem Bereich auch im Saarland ein großes Thema. Der Bürgermeister erkannte den akuten Bedarf, handelte in Eigeninitiative und fand auch eine gute Kraft. Nur: Er durfte sie nicht einstellen. Der Stadtrat wollte die zukünftige Erzieherin nämlich persönlich in Augenschein nehmen und auch über die Einstellung entscheiden. Das hätte ein längeres Einstellungsverfahren nach sich gezogen. Der Bürgermeister teilte das der potenziellen Kitabetreuerin mit, woraufhin die sich entschied, in eine andere Stadt zu gehen. Das sind Befindlichkeiten, wie sie immer wieder geschehen und die die Prozesse ins Stocken geraten lassen. Hier kann man natürlich mit Software nichts machen. Ein gutes Personalmarketing wäre angebracht gewesen! Schließlich gehören die Mitarbeiter der Verwaltung auch zu der Zielgruppe der Stadt, die sie als Bevölkerung gewinnen möchte.

»Luxusdiskussionen« um Personal kann sich keiner mehr leisten!

Bedauerlicherweise herrscht in der Verwaltung in Bezug auf Personalbeschaffung häufig dieses Denken vor: »Wir schreiben einfach eine Stelle aus. Dann kommen die Leute schon von allein.« Das ist aber nicht die Realität, denn eigentlich muss sich Verwaltung bei potenziellen Mitarbeitern bewerben. So macht das beispielsweise schon die Deutsche Bahn. Einen Haken hat die Sache allerdings: Unter diesen Umständen muss man sich schon im Vorwege fragen, was sich die Zielgruppe eigentlich vorstellt. Was wollen die, wie können wir als Verwaltung auf deren Wünsche reagieren und was können wir bieten? Solche Themen werden aber oft nicht genau beleuchtet. Gerade hier bieten sich Demografie-Softwares als Entscheidungshilfe an – auch für strategische Entscheidungen. Schließlich geht es nicht zuletzt um Standortentwicklung. Da braucht man eine Grundlage, die besonders komplexe Themen einfach darstellt, damit die Entscheidungsträger schnell und ohne verwirrende Informationen einen Überblick bekommen, um zukunftsweisende, sinnvolle Beschlüsse fassen zu können.

Ob Verwaltung Personalmarketing machen will oder es lieber sein lassen möchte, darum dreht es sich nicht mehr! Das ist eine Luxusdiskussion, die sich der öffentliche Sektor nicht mehr leisten kann. Es gibt für Verwaltung nur noch einen Weg. Und der heißt »aktives Personalmarketing«, denn generell wird sich der Wettbewerb um Arbeitskräfte in den nächsten Jahren weiter verschärfen. Die Umwälzungen momentan auf diesem Gebiet sind nur der Auftakt. Die Verwaltung muss sich daher fragen, wie sie sich als attraktiver Arbeitgeber neben Handwerk, Industrie, Dienstleistung und Handel präsentieren will.

Personalmarketing ist kein Aktenvorgang – es ist ein stetiger Prozess

Es geht also nicht darum, *ob* ich mich als Arbeitgeber präsentieren möchte, sondern nur noch um das *wie!* Denn während ich als Kommune noch das »ob« diskutiere, habe ich im Wettbewerb um Arbeitskräfte bereits verloren. Sicherlich kann auch ein Unternehmer sich überlegen, ob er sich als attraktiver Arbeitgeber darstellen möchte. Nur verschlechtert er damit seine Position am Markt und wird aller Voraussicht nach Wettbewerbsnachteile einfahren, was sich irgendwann auch finanziell ausdrücken wird. Auch eine Stadt oder Gemeinde kann sich die Frage nach dem »ob« nicht leisten. Schließlich hat eine Kommune dem Bürger gegenüber eine gesetzlich auferlegte Verpflichtung, die sie bestmöglich zu erfüllen hat. Jeder Bürger kann landauf, landab Leistungen, die im zustehen, von jeder Gemeinde und Stadt in gleicher Qualität erwarten. Um das zu gewährleisten, braucht die Kommune qualifizierte Mitarbeiter, und die kommen von dem Markt, in dem sich auch andere Kommunen und die Privatwirtschaft bewegen. Also hat das Thema »Personalmarketing und -management« ganz oben auf der Agenda zu stehen.

Eines möchte ich vorausschicken, bevor ich auf das Thema Personalmarketing näher eingehe: Es ist kein Vorgang, der »beantragt« wird und irgendwann »abgeschlossen« ist. Personalmarketing ist ein kontinuierlicher Prozess, der von innen nach außen getragen wird. Damit will ich sagen: Das, was man nach außen vermittelt, muss innen gelebt werden. Daher habe ich mich als Kommune zuerst mit mir selber auseinanderzusetzen. Diese Grundsatzdiskussion sollte nicht nur vom Bürgermeister und den Personalverantwortlichen geführt werden. Es gehören auch Vertreter unterschiedlichster Abteilungen dazu. Diese interne Auseinandersetzung sollte auf folgenden Aspekten basieren:

- Wer sind wir: Wofür steht unsere Kommune? Wer wollen wir sein?
- Was bieten wir als kommunaler Arbeitgeber – tatsächlich?
- Gibt es Punkte, in denen wir uns positiv von der Privatwirtschaft in unserer Region oder gar allgemein absetzen?
- Warum sollte sich ein potenzieller Arbeitnehmer gerade für eine Stellung im öffentlichen Sektor interessieren?
- Welche Vorteile bringt ein Job in unserer Gemeinde oder Stadt?
- Welchen Sinn stiften wir mit unserer täglichen Arbeit? (Dieser Aspekt spielt gerade bei den jüngeren Generationen eine Rolle, da gerade diese vermehrt nach der Sinnhaftigkeit einer Tätigkeit fragt!)
- Wie wollen wir potenzielle Arbeitnehmer ansprechen und mit welchen Instrumenten?

Diese Fragen klingen, als seien sie auf den ersten Blick leicht zu beantworten, doch aus meiner Erfahrung herrscht schon bei der ersten Fragestellung oft große Ratlosigkeit. Wenn dieser Punkt nicht eindeutig beantwortet werden kann, sind alle anderen Antworten so stabil wie ein Kartenhaus. Wenn man entschlossen ist, sich auf den Weg zu machen, ist es ratsam, dass solche Diskussionsrunden oder gar Arbeitskreise von einem externen Berater geführt werden. Externe stehen der Aufgabenstellung unvoreingenommen gegenüber und sorgen dafür, dass die Diskussionen zielführend sind und nicht ins Endlose ausufern. Gerade wenn man im Marketing nur bedingt Erfahrungen hat, ist eine Hilfestellung von außen zu empfehlen. Unternehmen in der Privatwirtschaft verfahren häufig so. Gerade wenn es um die Neuausrichtung einer Firma oder eines Produkts geht, holt man sich externe Hilfe. Zwar kennen die Unternehmen ihre Produkte, die Branche und teilweise auch den Wettbewerb, aber durch diese speziellen Kenntnisse verfallen sie auch der sogenannten »Branchenblindheit«. Und wie der Begriff »blind« schon sagt, werden in so einem Fall wichtige Aspekte einfach nicht gesehen oder falsch eingeschätzt, was sich auf lange Sicht negativ auswirkt.

Die Zielgruppe potenzieller Mitarbeiter dort ansprechen, wo sie zu finden sind

Also sollte das Anwerben von qualifizierten Mitarbeitern fundiert aufgebaut und geplant und nicht dem Zufall überlassen werden. Ziel ist es, als Arbeitgeber zur Marke zu werden – also eine Arbeitgebermarke zu schaffen. Und: Hat man das geschafft, ist es wenig hilfreich, wenn die Erkenntnisse als Arbeitgebermarke in irgendeiner Schublade verschwinden. Man sollte diese Arbeitgebermarke fortan aktiv und gezielt kommunizieren, und zwar dort, wo sich die jeweilige Zielgruppe »aufhält«. Benötigt eine Gemeinde also beispielsweise einen Amtsarzt, hat sie dafür alle Punkte als Arbeitgebermarke abgearbeitet und stellt sie sich und die Region positiv dar, dann werden alle Anstrengungen vergebens sein, wenn das betreffende Stelleninserat im falschen Medium erscheint – beispielsweise im Fachmagazin für Gärtner, weil man zufällig auch einen Gärtner sucht und beim Schalten von zwei Anzeigen einen guten Rabatt bekommt. Zugegeben – das Beispiel ist etwas überzogen. Dennoch unterlaufen eben solche Fehler, dass Stellen in für die Zielgruppe nicht relevanten Medien ausgeschrieben werden. Man muss sich also auch damit genau befassen, wo sich potenzielles Personal bewegt.

Das bezieht sich nicht nur auf Printmedien, sondern natürlich auch auf das Internet. Wie bei den Offline-Medien gilt auch im Internet: Portal ist nicht gleich Portal. Facebook ist nicht gleichzusetzen mit einem Jobportal wie »Stepstone«. Vielleicht ist es sinnvoller, etwas in der Rubrik »Stellenmarkt« auf www.oeffentliche-verwaltung.de auszuschreiben als allgemein auf LinkedIn oder Xing. Jedoch sollte man schon bei der Stellenausschreibung darauf achten, dass diese im Einklang mit dem gesamten Auftritt der Kommune steht. Das stärkt den gesamten Markenauftritt und den als Arbeitgebermarke.

Gehen Sie doch mal neue Wege statt des klassischen Inserats

Nicht nur die Medien sind lebendiger geworden, auch die Darstellungsmöglichkeiten haben an Vielfalt dazugewonnen. Diesen Aspekt sollte man ebenfalls berücksichtigen und aktiv nutzen! Das verstaubte Image von Berufen im öffentlichen Sektor wird auch zu einem gewissen Teil durch die klassischen Stellenanzeigen bestärkt, wie sie oft am Wochenende in der Tagespresse erscheinen: Schwarzer Kasten, rechts oben das Gemeindewappen, »Wir brauchen, wir bieten und bitte bis zum Tag x bei xy bewerben.« Da springen wenig Emotionen rüber und in der Regel sagt das alles nur Menschen etwas, die in dem Tätigkeitsbereich schon Erfahrungen haben. Dabei ist das Feld von Personen, die für eine ausgeschriebene Stelle infrage kämen, wesentlich größer. Nur fühlen sich etliche potenzielle Bewerber davon nicht angesprochen.

Die KGSt, Kommunale Gemeinschaftsstelle für Verwaltungsmanagement, der von Städten, Gemeinden und Landkreisen gemeinsam getragene Fachverband für kommunales Management, ist sich dieser gesamten Problematik bewusst und entschied sich deshalb, aus dem klassischen Bewerbungsmuster auszubrechen. Schließlich weiß die KGSt um ihre Vorreiterrolle in vielen Bereichen, so auch beim Personalmanagement. Gemeinsam mit der KGSt und der Videoproduktionsfirma »camgula« entwickelte ich das Format »Mitarbeiter-Stories«. Hier beschreiben Mitarbeiter der KGSt in einem kleinen Videoclip ihr Aufgabengebiet und erzählen, wie ihr Arbeitsalltag aussieht. So wird beispielsweise durch ein Video aus der nüchternen Berufsbezeichnung »Referentin aus dem Programmbereich Organisations- und Informationsmanagement« ein lebendiger, sehr vielseitiger und interessanter Job. Und nicht nur das. Nebenbei wird auch vermittelt, wie es bei der KGSt insgesamt aussieht, welche Kolleginnen und Kollegen dort arbeiten und in welcher Atmosphäre. Dadurch, dass eine Mitarbeiterin oder ein Mitarbeiter sein Aufgabenfeld, die Möglichkeiten am Arbeitsplatz und die Vorzüge mit eigenen Worten schildert, entsteht beim Betrachter ein ganz anderer Bezug als bei einem Inserat. Durch das Medium »Film / Video« wird automatisch eine emotionale Bindung aufgebaut. Es bleibt eigentlich keine andere Wahl, als die KGSt gleich im ersten Augenblick als sympathischen Arbeitgeber zu empfinden.

»Mitarbeiter-Stories« machen einen Arbeitsplatz plastisch und authentisch

Genau das ist das Ziel: Ein potenzieller Bewerber soll sich für den Arbeitgeber KGSt interessieren. Das macht er nur, wenn ihm dieser sympathisch erscheint oder zumindest positiv auf ihn wirkt. Ist das nicht der Fall, wird ein potenzieller Arbeitnehmer gleich weiter nach einem Job suchen, der gefühlt besser passt. Will heißen: Dieser Kandidat ist weg. Wird aber durch das Video das Interesse geweckt, wird sich ein potenzieller Arbeitnehmer näher mit der KGSt als Arbeitgeber befassen. Durch die umfangreiche Aufgabenbeschreibung in »Mitarbeiter-Stories« wollten wir auch Leute erreichen, die sich eventuell durch ihren beruflichen Hintergrund zunächst gar nicht angesprochen fühlten. Das Medium Video eröffnet also viele Möglichkeiten, die auf klassischem Wege gar nicht auszuschöpfen sind. Hinzu kommt, dass ein Videofile unterschiedlich eingesetzt werden kann. Sehr unterschiedliche Kommunikationskanäle können damit bespielt werden, folgerichtig ist eine wesentlich größere Zielgruppe damit zu erreichen. Die einzelnen Clips, die Storys werden nicht nur im Internet eingesetzt und sind auf diversen Kanälen wie YouTube oder Vimeo abrufbar, man kann sie auch beispielsweise auf Jobmessen einsetzen. Immer wird ein lebendiges, aktuelles Bild vermittelt. Darauf kommt es an.

Jetzt sagt bestimmt der eine oder andere: »Das ist ja alles schön und gut, aber wir haben kein Geld.« Die Tatsache, dass etliche Kommunen einen sehr angespannten Haushalt haben, ist mir bewusst. Allerdings lautet eine ebenso wichtige Frage: Was kostet es Sie (indirekt), wenn Sie nichts unternehmen? Fangen Sie vor diesem Hintergrund an, Ihren Bewerbungsprozess zu hinterfragen.

Ich weiß aus der Erfahrung meiner Arbeit heraus, dass es in jeder Gemeinde einen gewissen Etat für Marketingmaßnahmen gibt. Zum Trost sei gesagt: Auch in der Privatwirtschaft ist es nicht so, dass Werbung und Marketing unendlich große Summen zur Verfügung stehen. Die Budgets schwanken und werden oft der wirtschaftlichen Situation angepasst. Außerdem werden die Ausgaben besonders bei großen Firmen ständig kontrolliert und hinterfragt: Was stecke ich rein und was bekomme ich dafür? Um sich eben beim Marketing nicht zu verzetteln, Ziele nicht aus den Augen zu verlieren, Gelder nicht zu verschwenden und eine Übersicht über die diversen Maßnahmen zu behalten, werden vielfach Marketingpläne erstellt. Das ist auch Kommunen anzuraten, die sich als Marke insgesamt und als Arbeitgebermarke im Speziellen aufstellen wollen. Das Know-how dafür dürfte überall vorhanden sein, denn Haushalts- und Projektpläne werden regelmäßig erstellt. Ein Marketingplan ist im Prinzip nichts anderes. Durch so einen Plan kann man im Auge behalten, wie viel Geld man wofür ausgibt. Ein solcher Plan lässt aber auch zu, dass man geplante Kommunikationsmaßnahmen unterschiedlich aussteuern kann oder Schwerpunkte von Zeit zu Zeit und nach Bedarf anders setzt.

Wer untätig bleibt, wird abgestraft

Für alle Schritte und Aspekte, die ich hier angesprochen habe, gilt Folgendes: Werden Sie sich bewusst, dass Sie sich auch auf dem Arbeitsmarkt in einem Wettbewerb befinden, der wesentlich schärfer ist als der um den Standort. Der Druck auf dem Arbeitsmarkt wird sich noch verstärken, und das binnen der nächsten fünf Jahre. Allein rechnerisch ist das Fakt. Und genau weil das so ist, wird bereits jetzt um die qualifizierten Arbeitskräfte buchstäblich gekämpft. Der Ausspruch »War for Talents« ist kein Witz und keine rhetorische Übertreibung. Jeder ist ein Konkurrent – nicht nur Industrie, Handel oder Dienstleistung, sondern auch jede Kommune und jede Region. Machen Sie sich das bewusst. Zwar ist »Personal« Chefsache, aber es ist die Aufgabe aller, sich als attraktiver Arbeitgeber darzustellen und zu vermarkten! Auch wenn Ihnen das als kommunaler Arbeitgeber schwerfällt, müssen Sie das künftig machen, wollen Sie Ihre Aufgaben erfüllen. Denken Sie an McDonald's oder Siemens oder sonst eine Marke. Noch vor Jahren haben die rein für ihre Produkte geworben. Stellenausschreibungen standen klassisch in der Wochenendausgabe der Tageszeitungen, in Fachmagazinen und erst nach und nach im Internet. Das hat sich geändert. Jetzt wird offensiv auf allen Kanälen um Mitarbeiter geworben.

Gar nichts zu machen und zu hoffen, dass es nicht so schlimm kommt, wie es überall propagiert wird, ist das Schlimmste, was Sie machen können. Damit finden Sie in der Wahrnehmung der Menschen nicht statt und verstärken zudem negative Schlagzeilen, die andere über »Sie« schreiben. Das muss gar nicht Ihre Stadt oder Gemeinde betreffen. Es reicht, wenn zu lesen ist: »Der Amtsschimmel hat wieder zugeschlagen.« Automatisch heißt es: »Typisch öffentliche Verwaltung, die bekommen nichts auf die Reihe!« Wirken Sie dem aktiv entgegen! Machen Sie von sich reden, und das im positiven Sinn. Machen Sie das aber bitte nicht planlos. Überlegen Sie, wofür Sie stehen, wofür Sie stehen wollen, was Sie bieten und was an Plus Sie noch obendrauf setzen können oder was Sie besonders macht. Vergleichen Sie sich mit Arbeitgebern aus der »freien Wirtschaft« in Ihrem Umfeld: Womit werben die und wodurch können Sie sich als Kommune davon differenzieren?

Setzen Sie auf Emotionen statt auf bürokratische Sachlichkeit

Bevor Sie auf klassische Kommunikationsmittel setzen, überlegen Sie Alternativen wie beispielsweise Videos. Die sind vielseitig einsetzbar und transportieren Emotionen – sie wecken Gefühle. Videos sind das stärkste Mittel, mit dem sich Botschaften verankern lassen. Denken Sie an das Bild der öffentlichen Verwaltung: Allgemein gesehen, haftet der öffentlichen Verwaltung ein eher negatives Image an, doch die persönliche Erfahrung des Bürgers zeigt ein anderes, positives Bild, das aufgrund von Erfahrungen und Emotionen entstanden ist.

Wenn Sie Mitarbeiter suchen, stellen Sie sich aktiv als Arbeitgeber vor. Damit meine ich, dass Sie sich selbst beschreiben und nicht nur die neu zu besetzende Stelle und an wen man sich dafür wenden kann. Dazu gehört neben dem Arbeitsplatz in der Kommune auch, was Ihre Gemeinde oder Ihre Stadt zu bieten hat. Diese Karte können Sie besser spielen als irgendwelche Unternehmen, denn Sie sind das kommunale Leben. Werden Sie also in Ihren Aussagen lebendiger, authentischer und zeigen Sie neben den Produkten, die Sie dem Bürger anbieten, dass in der Verwaltung Menschen für Menschen arbeiten. Trauen Sie sich, emotional zu werden. Schon allein dadurch werden Sie attraktiver – denn Emotionen berühren Menschen, und nicht »Paragraphen«.

Wir müssen über Kunden sprechen – denn die Kommune hat Kunden

In den 1990er-Jahren machte sich die öffentliche Verwaltung auf, neue Wege zu gehen. Von »Verwaltungsmodernisierung« war die Rede. Das bezog sich nicht nur auf die technische Ausstattung und den Abschied von den Großrechnern, sondern im Wesentlichen auf die Dienstleistungen, Strukturen und letztlich das Personal. Diverse große Beratungsfirmen wurden damit beauftragt, kommunale Verwaltungen zu analysieren, damit aus den gewonnenen Erkenntnissen Konzepte entwickelt werden könnten, die die Verwaltung fit für das kommende Jahrtausend machen sollten.

Dazu wurde von den Beratungsfirmen die »freie Wirtschaft« als Benchmark genommen. Diese »freie Wirtschaft« diente auch bei der Entwicklung von Konzepten als Orientierung. Service, also der Dienst am Kunden, rückte in den Mittelpunkt. Man entfernte sich vom Bild des bittstellenden Bürgers. Kurz: Die Wege zum und im Amt sollten durch strukturelle Veränderungen verkürzt und verbessert werden – und zwar durch Flexibilität, Schnelligkeit und Kundenorientierung. Aufgrund dieser Überlegungen und in Folge dieser Zielsetzung wurde der Bürger zum Kunden.

Zumindest war das auf dem Papier so.

Sicherlich lässt sich diese Aussage nicht pauschalisieren. Es hat sich einiges in den letzten 20 Jahren getan; es gibt veränderte Öffnungszeiten, die es den Berufstätigen ermöglichen, ihre Amtsgeschäfte zu erledigen. Viele Internetseiten von Städten und Gemeinden sind nutzerfreundlich geworden, immer gibt es Services, die online erledigt werden können. Einige Kommunen halten Zeitschriften und Getränke aus dem Automaten im Wartebereich bereit, um die Wartezeiten angenehmer zu gestalten. Daneben gibt es jedoch etliche Städte und Gemeinden, da hat man das Gefühl, da sei einfach nur das Schild »Bürger« gegen das Schild »Kunde« ausgetauscht worden: steril wirkende Flure, in denen sich lange Warteschlangen bilden, teilweise brennt nur für kurze Zeit Licht, wenn der Lichtschalter betätigt wird, gefühlt lange Amtswege – »Gehen Sie bitte erst zu Zimmer 08/15, dann zum Kollegen im Zimmer gegenüber, füllen das Formular aus, das er Ihnen gibt, und schließlich kommen Sie wieder zu mir!« –, Bearbeitungszeiten, die sogar das Handeln der Verwaltung selbst behindern, und, und, und.

Ich sehe das so: Die Bürger und Firmen zahlen Geld – Steuern und Abgaben. Dafür erhalten sie eine Leistung. Also sind sie Kunden. Sie brauchen guten Service, ein gutes Produkt, und sie müssen optimal betreut werden. Ansonsten gehen sie irgendwann woanders hin. Das führt automatisch zu Umsatzrückgängen.

Haben Sie das schon einmal so betrachtet? Außerdem: Kunden wollen es immer einfach; schließlich zahlen sie Geld. Sie würde es auch ärgern, wenn Sie niemand bei Ihrem Friseur erreichen und dieser sich erst nach zehn Tagen bei Ihnen meldet.

Hilfe, ich muss zum Rathaus!

Wenn ich nur in meinem Bekanntenkreis fragen würde, was zu verbessern sei, wäre die Liste lang. Unter meinen Freunden sind einige, auch Geschäftsleute, die ganz offen sagen, dass ihnen vor jedem Amtgang graut. Wenn es ginge, würden sie Behördenbesuche vermeiden. Leider ist es aber nun einmal so, dass nur die Verwaltung bestimmte Dienstleistungen erbringen kann, und kein anderer. Es gibt nicht wie in der Wirtschaft einen Wettbewerb, wo man bei Unzufriedenheit die Marke oder den Anbieter von heute auf morgen wechselt, aber wenn eine Entscheidung gefallen ist – dann langfristig. Theoretisch könnte man das natürlich auch bei kommunalen Dienstleistungen machen. Bin ich mit der Leistung meiner Verwaltung nicht zufrieden, könnte ich in eine Stadt oder Gemeinde ziehen, deren Bürgerservice einen guten Ruf hat. Nur – macht das einer? Wohl kaum. Dafür ist mit einem Umzug einfach viel zu viel verbunden, als dass man aufgrund eines langwierigen und dann abgelehnten Ansuchens seinen Wohnort wechselt. Man stelle sich das aber mal vor: Es wäre reichlich Bewegung im Staate Deutschland! Sehr rasch würden Kommunen bemerken, dass sie im Wettbewerb stehen und dass sie es mit Kunden zu tun haben, von denen sie abhängig sind.

Mal ehrlich, wie kann es sein, dass der Bürger zu seiner Verwaltung ein teilweise so gespaltenes Verhältnis hat, dass er das Amt meiden würde, wenn die Möglichkeit bestünde? Da läuft doch etwas schief! Bei solchen Aussagen wie denen meiner Bekannten sollten bei den Verantwortlichen sämtliche Alarmglocken schrillen. Eigentlich müsste jeder im öffentlichen Sektor doch verstehen, was ein Kunde ist. Denn auch ein Verwaltungsangestellter wird zum Kunden, wenn er sich etwas bestellt, direkt einkauft oder eine Reise bucht. Frau oder Herr Verwaltungsangestellte / -angestellter erwartet dann zu Recht kundenorientierten Service zu seiner oder ihrer Zufriedenheit: schnelle und pünktliche Lieferung, freundliches und kompetentes Verkaufspersonal und einen reibungslosen Traumurlaub.

Normal, oder?

Servicewüste Deutschland: Dauerthema in den Medien

Ohne Frage läuft die Sache mit der Kundenzufriedenheit auch in der Privatwirtschaft nicht immer rund. In dem Zusammenhang fällt immer wieder das Stichwort »Servicewüste Deutschland«. Damit scheinen wir ein echtes Problem zu haben. Firmen geben viel Geld aus, um ihren Service zu verbessern oder auszubauen. Neben technischem Support wird auch in Schulungen investiert, sei es für den allgemeinen Umgang mit Kunden, spezielle Verkaufs- und Beratungstechniken oder das Verhalten in Stresssituationen, wie z. B. bei Reklamationen. Ständig gilt es etwas zu optimieren oder anzupassen, weil sich das Kundenverhalten durch viele Faktoren wie neue Technologien, Angebote und auch durch eine immer größer werdende Erfahrungstiefe ändert. Was Kundenorientierung im Einzelfall bedeutet, muss jedes Unternehmen anhand von Zielgruppen, Partnern, Firmenphilosophie und -strategie für sich selber definieren. Dennoch lässt sich generell sagen: Der Kunde mit seinen Bedürfnissen und Wünschen steht im Mittelpunkt. Ohne ihn würde kein Geschäft laufen. Daher dreht sich alles um den Kunden.

Was ist aber nun der Kunde?

Laut allgemeiner Definition aus dem Marketing- und Wirtschaftsbereich ist ein Kunde ein Nachfrager eines Produkts oder einer Dienstleistung. Dabei kann der Kunde eine natürliche oder auch juristische Person sein, wie ein Unternehmen, eine Organisation oder Institution. Er kann von Herstellern, Einzel- und Großhändlern oder Serviceanbietern Leistungen oder Waren beziehen.

Nach dieser Definition ist der Bürger ein Kunde, denn er bezieht Dienstleistungen eines Anbieters, die es im Wesentlichen nur bei ihm gibt. Dennoch gibt es zur Privatwirtschaft Unterschiede. Die speziellen, von Kommunen angebotenen Dienstleistungen dürfen nach Gesetz und durch hoheitsrechtliche Befugnisse nur staatliche Verwaltungen oder Behörden erbringen. Diese Dienstleistungen sind zudem in vielen Fällen im Vergleich zu einem Privatunternehmen kostenlos oder konkurrenzlos günstig. Dem Bürger steht das verbriefte Recht zu, diese Leistungen in Anspruch zu nehmen – hauptsächlich an seinem Wohnort, aber es gibt auch Fälle, wo jede Verwaltung weiterhelfen muss. Dafür bezahlt der Bürger Abgaben in Form von diversen Steuern. Es gibt noch einen weiteren Unterschied zur Privatwirtschaft: Alle kommunalen oder staatlichen Dienstleistungen müssen dauerhaft vorgehalten werden, unabhängig von Nachfragen und Marktsituationen.

Der Bürger ist Kunde und Wähler in einer Person

Und es gibt noch einen weiteren Punkt, der den Bürger im erheblichen Maße von einem Kunden im klassischen Wirtschaftsverständnis unterscheidet: Der Bürger ist nach dem Grundgesetz der Souverän. Er hat mit seiner (Wahl-)Stimme direkten Einfluss auf den Bundestag, den Landtag und auch auf seine Kommune, wählt er doch den Bürgermeister und den Gemeinderat. Er entscheidet also, wer ihn vertritt und, ja, wer in gewisser Weise seinem Leben einen Rahmen geben soll. Das ist ein elementares Recht. Der Bürger kann mit seiner Stimme aktiv die Demokratie dieses Landes gestalten. Diese Aspekte gehen über die Definition des Kunden hinaus. Dieser kann trotz eines Autokaufs keinen Einfluss auf die Zusammensetzung des Vorstands eines Automobilkonzerns nehmen. Zwar hat der Kunde auch im Falle der »freien Wirtschaft« Anspruch auf gewisse Leistungen, aber ein Unternehmen muss im Gegensatz zur Verwaltung Leistungen nicht dauerhaft vorhalten. Es darf und muss auf Marktsituationen reagieren, um sich wirtschaftlich nicht in Gefahr zu bringen. Ebenso muss ein Unternehmen nicht überall die gleichen Waren anbieten. So kann zum Beispiel eine Lebensmittelkette das Sortiment je nach Nachfrage und Region variieren. Der Kunde kann bei einem Discounter nicht darauf bestehen, dass in Hamburg der gleiche Artikel zu kaufen ist, wie er in Stuttgart angeboten wird.

Bürger als Kunden zu sehen wird nicht nur in der öffentlichen Verwaltung diskutiert, sondern auch ab und an in den Medien. Hier geht es vorrangig um die Kritik, dass im Zuge der Verwaltungsmodernisierung lediglich Begriffe wie »öffentliche Verwaltung« gegen »Dienstleistungsunternehmen« und »Bürger« gegen »Kunden« ausgetauscht wurden, sich aber der »alte Verwaltungsgeist« kaum verändert hat. Es wird auch in einigen Medien die Frage gestellt, ob man sich angesichts der Rechte und Pflichten eines Bürgers zum Kunden »degradieren« lassen möchte.

Die öffentliche Verwaltung hingegen äußert Bedenken in die Richtung, dass der Begriff »Kunde« auf beiden Seiten – also der der Verwaltung und der des Bürgers – Erwartungen weckt, die einfach nicht erfüllt werden können. Beim Bürger könnte sich ein falsches Verständnis bilden, was eine öffentliche Verwaltung ist. In der Verwaltung dagegen entsteht der Druck, etwas erfüllen zu müssen, das schon aus rechtlichen Gründen gar nicht erfüllt werden kann. So gibt es für die Verwaltung durchaus Vorgänge, die unter den Begriff »Dienstleistung« fallen können. Daneben gibt es »unverhandelbare« Maßnahmen oder Anordnungen. Ein Beispiel dazu: Das Wunschkennzeichen kann als Dienstleistung verstanden werden. Hier kann der Bürger nicht nur Standard oder Individualisierung wählen, er kann im gesetzlichen Rahmen sein Wunschkennzeichen definieren. Anders sieht es bei einem Verstoß gegen die Bauverordnung aus. Die daraus auferlegten hoheitlichen Maßnahmen oder gar Strafen stehen außerhalb jeglicher Diskussion, und denen ist Folge zu leisten, ohne Wenn und Aber – dennoch sollte man an einer zeitnahen, nachvollziehbaren Klärung im Sinne des Bürgers interessiert sein.

Auf dem Amt gibt es kein Umtauschrecht

Auf einer Konferenz mit kommunalen Vertretern diskutierte ich auch dieses Thema. Ein Teilnehmer erwähnte in dem Zusammenhang, dass das Wort »Kunde« beim Bürger zu Missverständnissen führt, immerhin gebe es bei der öffentlichen Verwaltung kein Umtausch- und Widerrufsrecht. Zwar könne einer Anordnung oder einem Bescheid innerhalb einer Frist widersprochen werden. Das sei aber nicht mit dem Zurückziehen aus einer vertraglichen Verpflichtung gleichzusetzen. Für ihn stand fest, dass die öffentliche Verwaltung in einigen Bereichen bürgernah agieren könne, aber in erster Linie hoheitliche Aufgaben erfülle – quasi als der verlängerte Arm des Gesetzes. Aus diesem Grund könne man gar nicht auf Augenhöhe im Sinne eines Kunden mit dem Bürger agieren. Der kommunale Vertreter, es war ein Amtsleiter, fügte das Beispiel einer Alkoholkontrolle durch die Polizei an. Ist die gesetzlich erlaubte Grenze des Alkoholkonsums überschritten, gibt es Konsequenzen. Diese werden festgelegt und sind nicht diskutierbar, obwohl es zahlreiche Autofahrer immer wieder versuchen. Schließlich ist den Anordnungen der Polizei Folge zu leisten, ob es dem »Kunden« passt oder nicht.

In diesem Punkt widersprach ich dem Amtsleiter auch nicht. Aber die Beantragung eines Personalausweises, einer Gewerbegenehmigung oder eines staatlichen Zuschusses ist auch nicht mit einer polizeilichen Verkehrskontrolle zu vergleichen. Hier bin ich sehr wohl der klaren Auffassung, dass der Bürger als Kunde zu sehen und zu verstehen ist. Der Bürger ist sowohl Souverän als auch Kunde, und das in einer Person. Und weil das so ist, er also noch »mehr« ist als »nur« Kunde, müsste gerade die Verwaltung eben kundenorientiert handeln. Das setzt jedoch voraus, dass bestimmte Prozesse wie der Umgang mit dem Bürger aus Kunden- bzw. Dienstleistersicht betrachtet werden müsste.

Was braucht der Bürger, was hilft ihm, wie kommt er schnell und unkompliziert an Informationen, welche Dienstleistungen – nicht Maßnahmen! – können erweitert und angeboten werden? Dabei ist der Blick nicht nur auf Herrn Maier, Frau Schmidt oder Familie Krüger zu richten, sondern auch auf das Unternehmen »Maschinenbau Schröder«, »Telekommunikationsanbieter Pink« oder die »Internationale Spedition Huber«.

Kundenorientierung ist heutzutage eng mit der Digitalisierung verbunden

Das Thema »Kunden« im Allgemeinen und »kundenorientiertes Handeln« im Besonderen ist heutzutage eng mit der Thematik der Digitalisierung verbunden. Die Digitalisierung hat zahlreiche Geschäftsprozesse radikal verändert und wird es weiterhin tun. Der Service ist davon betroffen. Ohne Digitalisierung geht bei vielen Unternehmen gar nichts. Man braucht nicht groß zu überlegen, was für ein Beispiel einem dazu einfallen könnte. Dieses hier dürfte jeder kennen: die Sprachbots oder Sprachroboter bei den Servicehotlines. Hörten sie sich noch vor ein paar Jahren schräg an und waren oft mit Fehlern behaftet, klingen diese Bots heute fast schon menschlich und funktionieren durch permanente Weiterentwicklung weitestgehend einwandfrei. Wir haben uns an sie gewöhnt, sie sind Alltag geworden. Dank intelligenter Software lenken uns diese Bots dorthin, wo wir Informationen bekommen, und verbinden uns auch mit einem menschlichen Sachbearbeiter, der unsere speziellen Anliegen beantwortet. Sie sind nicht nur bei Versandhäusern oder Telekommunikationsanbietern im Einsatz, sondern auch in Jobcentern oder auch schon in vielen Stadtverwaltungen. Warteschleifen werden dadurch verkürzt, Anrufe werden effizient gelenkt und Mitarbeiter werden entlastet, da sich auf diesem Wege Fragen teilweise schon automatisch beantworten lassen.

Gerade weil das eigentlich so einfach ist, frage ich mich immer wieder, wieso Kommunen Websites erstellen, auf denen ich keine Supportstelle mit den 20 häufigsten Fragen an die Verwaltung finde. Solche Fragen könnten problemlos per Kurzvideo erklärt werden. Kein Mensch will heute auf Websites lange Texte lesen. Der »Kunde« könnte sich rund um die Uhr selbst helfen und die Verwaltung bei Standardanfragen entlasten.

Eine Funktion, die sich bereits im Versandhandel etabliert hat, aber auch von anderen Branchen zunehmend in der Kundenkommunikation genutzt wird, ist das »Chatten«. Dafür gibt es auf der Homepage einen Button. Beim Anklicken öffnet sich ein kleines Dialogfenster und jemand stellt sich vor: »Hallo, ich bin Sophie. Wie kann ich dir helfen?« Dann gibt man einfach seine Frage ein und bekommt im Handumdrehen eine Antwort. Meistens mit einer Nachfrage, ob das Anliegen gelöst werden konnte. Ist das nicht der Fall oder man hat das Gefühl, doch noch genauer ins Detail gehen zu müssen, gibt es auch die Möglichkeit zu telefonieren. Alles ist einfach, intuitiv und schnell.

Ähnlich funktioniert das »Ticketing«. Auf eine Mailanfrage erhält man umgehend die Antwort, dass die Anfrage unter der Nummer XYZ eingegangen ist, darunter bearbeitet wird und man sich demnächst meldet. Das geschieht in der Regel innerhalb von 24 Stunden. Der Vorteil dabei ist, dass sich jeder auf diese Ticketnummer beziehen kann – gleich von welchem Sachbearbeiter geantwortet wird.

Online ist vieles heute schon möglich – wenn man denn will!

Eine der Städte, die die Digitalisierung zur Verbesserung des Bürgerservices einsetzt, ist die Stadt Ludwigsburg in Baden-Württemberg. Sie grenzt unmittelbar an die Landeshauptstadt Stuttgart, Sitz von namhaften Firmen wie Porsche, Bosch oder Mercedes, um nur einige zu nennen. Ob nun durch diese Firmen, von denen viele Mitarbeiter in Ludwigsburg wohnen, ob durch die Nähe zu Stuttgart motiviert (Stichwort »Wettbewerb«) oder durch eigene Weitsicht – Ludwigsburg setzt auf Digitalisierung. Vermutlich wird es eine Mischung aus vielen Faktoren sein. Grundlage ist aber ein genereller Mindshift in den Köpfen der Verantwortlichen in Ludwigsburg und der massive Ausbau der Breitbandinfrastruktur. Dadurch soll auch neben vielen anderen Projekten die Digitalisierung der Stadtverwaltung vorangetrieben werden. Ludwigsburg möchte seinen Bürgern künftig vermehrt Online-Services anbieten. Damit bekommt der Bürger die Möglichkeit, unabhängig von den Öffnungszeiten des Rathauses einfach und bequem von zu Hause aus so manche Dinge zu erledigen. Schon jetzt ist es möglich, einen Bewohnerparkausweis oder auch die Briefwahl online zu beantragen oder Fundsachen via Internet zu suchen. Außerdem hat Ludwigsburg eine App zur Meldung von Mängeln oder Schäden des öffentlichen Raums. Bürger können sich diese App auf ihr Smartphone laden und darüber die Stadtverwaltung direkt über Straßenschäden, defekte Straßenbeleuchtungen oder sonstige Schäden informieren. Außerdem besteht in Ludwigsburg die Möglichkeit, per Videochat Fragen zur Rentenversicherung an einen Berater zu richten, direkt »face to face«. Hinweise, wie das funktioniert, finden sich auf der Homepage der Stadt. Zwar steht dieser Service nicht rund um die Uhr zur Verfügung, man muss vorab telefonisch einen Termin vereinbaren; aber das Beispiel zeigt, dass durch die Digitalisierung kundenorientierter Service möglich ist.

Auch die Stadt Paderborn im östlichen Teil Nordrhein-Westfalens setzt auf Digitalisierung zur Verbesserung des Bürgerservices. Sie gehörte zu den ersten Modellkommunen in Nordrhein-Westfalen, die einen Förderbescheid zum Aufbau eines digitalen Bürgerbüros bekamen. Das war Ende 2018, und bis 2019 (als dieses Buch geschrieben wurde) wurde schon einiges umgesetzt, wie beispielsweise die Digitalisierung zahlreicher Anträge, die nun online bearbeitet werden können. Ferner können via Internet jetzt unter anderem Termine beim Standes- oder Einwohnermeldeamt vereinbart werden. Daneben ist auf dem Paderborner Serviceportal auch eine Paymentfunktion geplant, mit der künftig Geburtsurkunden oder Bewohnerparkausweise per Kreditkarte oder Giroüberweisung bezahlt werden können. Ferner wird das telefonische Servicecenter um eine Chatmöglichkeit erweitert. Mit diesem Service möchte die Stadtverwaltung die jüngeren Generationen ansprechen, die lieber kurz schreiben als telefonieren. In diesem Zusammenhang ist der Einsatz eines Chatbots geplant, der bestimmte Antworten automatisch generiert.

In Richtung Kundenservice kommt also Bewegung in Städten und Gemeinden auf.

Über dieses Thema unterhielt ich mich mit Geschäftsführer der PDV GmbH, Dirk Nerling. Er bewegt sich, wenn man so will, in zwei Welten: einerseits durch die Firma PDV GmbH in der Wirtschaft und anderseits durch seine Kunden in Kommunen & Ministerien. Wer kann also besser beurteilen, wie Städte und Gemeinden das Thema Kundenorientierung sehen?

■ Statement Dirk Nerling, Geschäftsführer von PDV GmbH, Erfurt

Dirk Nerling, geboren 1971 in Erfurt, interessierte sich bereits als Kind für die Softwareentwicklung und wurde frühzeitig gefördert. Nach dem Abitur absolvierte der heute zweifache Familienvater eine Ausbildung zum Datenverarbeitungskaufmann. 1994 begann er für die PDV zu arbeiten. Dirk Nerling verfügt durch seine operative Mitarbeit und spätere Leitung von Produktentwicklung, Projektmanagement und Vertrieb über ein profundes Know-how. Er unterstützte seit 2003 die Geschäftsleitung als Prokurist und ist seit 2013 Geschäftsführer.

Die PDV ist ein Software-Unternehmen mit Sitz in Erfurt und hat mehrere Niederlassungen. Derzeit sind dort knapp 200 Mitarbeiter beschäftigt. Das Unternehmen hat sich ausschließlich auf die öffentliche Verwaltung fokussiert, mit dem Schwerpunkt Digitalisierung von Akten, Dokumenten und Prozessen auf Basis einer eigens für die Öffentliche Verwaltung entwickelten Enterprise Content Management Plattform. Die PDV GmbH unterhält Entwicklungs- und Vertriebspartnerschaften u. a. mit EMC, Fujitsu Siemens, DXC Technology, Microsoft, Oracle und T-Systems. Sieben Bundesländer haben die Produkte des Erfurter Unternehmen zum Landesstandard erklärt. Neben Kommunen und Landesbehörden arbeiten auch Kirchen, Medienanstalten und auch der Bund mit dem IT-Spezialisten zusammen. Rund 90 000 Anwenderinnen und Anwender nutzen die Produkte der PDV GmbH.

❯❯ Wir müssen über Kunden sprechen – die Kommune hat Kunden

Aus meiner Sicht ist der Bürger ein Kunde der Kommunen, und immer mehr Kommunen rücken den Bürger auch in ihren Fokus, was aber noch nicht immer gelingt. Kürzlich war ich selber im Einwohnermeldeamt meiner Kommune, um einen neuen Reisepass zu beantragen. Mit in die Jahre gekommener Technik und viele Versuche später ist es der Mitarbeiterin und mir irgendwann doch gelungen, den notwendigen Fingerabdruck im System zu speichern. In der heutigen Zeit sollte es so sein, dass die öffentliche Verwaltung den Bürger als Kunden begreift und entsprechende Dienstleistungen angeboten werden. Dazu zählt auch ohne Frage die Beantragung eines Reisepasses. In einer Zeit, in der immer mehr digitalisiert wird, sollte der Bürger erwarten dürfen, dass auch die öffentliche Verwaltung sich in diese Richtung auf den Weg macht. Mir ist jedoch bewusst, dass dieser Weg in vielen Fällen nicht einfach ist.

Gerade in kleineren Verwaltungen ist es so, dass ein Mitarbeiter – bildlich gesprochen – immer wieder in verschiedene Rollen schlüpfen und mehrere Stellen ausfüllen muss, für die es bei größeren Kommunen, beim Land oder beim Bund vielleicht mehrere Mitarbeiter gibt. Das stellt kleine Verwaltungseinheiten vor enorme Herausforderungen. Die Politik hat das in Teilen erkannt und durch die Kommunalreform gehandelt. In Thüringen haben wir hier noch Potenzial. Es ist politisch nicht opportun, durch die Zusammenlegung mehrerer kleinerer Kommunen eine größere, wettbewerbsfähige Einheit zu schaffen. Das kann man nicht direkt der Verwaltung vorwerfen, weil das eher die zuständige Politik zu verantworten hat. Oft werden solche Entscheidungen von taktischen Überlegungen zu aktuell anstehenden politischen Themen oder Wahlen überlagert. Die Leidtragenden sind die kleinen Kommunen, denen dann kein Geld mehr für notwendige Innovationen bleibt. Sehr viele Menschen, mit denen ich in der Verwaltung, in Landkreisen, Städten und Gemeinden rede, wollen schon mehr tun, aber ihnen fehlen die Mittel dazu.

Die Frage stellt sich: Wie kann man da helfen? Wie kann man einen Service für den Bürger realisieren, der auch wirklich beim Bürger ankommt? Bestimmt muss man nicht bei dem Mitarbeiter im System anfangen, der drei Stellen auszufüllen hat. In der Kommune selbst kann man sicher schon einiges bewegen, aber vornehmlich liegt der Ball im Feld der Politik, die den gesetzlichen Rahmen schafft. Sie ist in der Verantwortung, die Ausgangssituation zu verbessern. Das könnte beispielsweise mit weiteren Reformen der Kommunen erfolgen, indem größere Einheiten gebildet werden, in denen dann mehr Mitarbeiter und mehr Mittel zur Verfügung stehen.

Die Digitalisierung bietet hier die Möglichkeit, Reform- und Strukturprozesse zu unterstützen. Die Basis dafür muss intern geschaffen werden, damit überhaupt digital gearbeitet werden kann. Das ist eine der zentralen Aufgaben. Das Bewusstsein dafür ist im Grunde schon vorhanden. Wir bei PDV sehen das auch an der hohen Nachfrage unserer

Produkte. Die Digitalisierung ist also eine wichtige Grundlage, um das anzubieten, was die Kunden wollen und zeitgemäß brauchen. Ich habe einige Portale gesehen, die nur vordergründig »digital« sind: Nach dem digitalen Eingang einer Anfrage oder eines Vorgangs wird dieser in gedruckter Form durch einen Boten zur jeweiligen Bearbeitungsstelle gebracht. Das kann es nicht sein und ist am Kunden vorbei. Der Bearbeitungsprozess wird dadurch weder besser noch effizienter.

Der Bund will ernsthaft etwas für seine Verwaltungseinheiten ändern, wie man es am Onlinezugangsverbesserungsgesetz (OZG) sehen kann, und hat dazu ein Programm im großen Maßstab aufgesetzt. Meine Hoffnung ist, dass es nicht zu groß ist und Quick-Wins für alle Beteiligten enthält. Verstärkt durch eine kollektive Haltung des Abwartens in der Vergangenheit haben die Probleme eher zugenommen. Das ist bedingt nachvollziehbar, weil die Mitarbeiter einer Verwaltung wissen, dass alle Jahre Wahlen anstehen. Dann kommen neue Parteien mit anderen Programmen und neuen Strategien für die anstehende Legislaturperiode. Also wartet man ab, was passiert, und ergreift die Eigeninitiative nur im Notfall, weil sich doch wieder alles schlagartig ändern kann. Das ist nicht nur ein Problem bei Kommunen, sondern betrifft die Verwaltungen auf Landes- und Bundesebenen genauso.

Es muss sich also generell etwas im Verständnis der Verwaltung ändern, und zwar im Hinblick auf langfristiges, strategisches und kundenorientiertes Handeln. Dabei ist es gleich, welchen Aspekt man betrachten möchte, gleich ob es sich um das Thema Schulen, Polizei oder Soziales handelt. Das alles sind Dienstleistungen, die erbracht werden und für die Unternehmen und der Bürger durch seine Steuern und Abgaben bezahlen. So gesehen sind Verwaltungen mit Unternehmen vergleichbar. Würden Unternehmen so handeln wie manche Verwaltungen, die Kunden würden ihnen weglaufen und zum Wettbewerb gehen. Sicherlich gibt es auch Beispiele in der freien Wirtschaft, wo der Kundenservice infrage zu stellen ist, aber die bekommen das relativ rasch durch sinkende Umsatzzahlen zu spüren. Im kommunalen

Bereich sieht das jedoch anders aus. Kommunen bekommen ihr Geld automatisch, egal wie sie wirtschaften. Außerdem sind die Kunden der Kommunen – die Unternehmen und Bürger – sowieso vorhanden. Da spielt die Kundenzufriedenheit in vielen Fällen keine Rolle, jedoch die Höhe der Gewerbesteuer vielleicht schon. Man muss aber auch sehen, dass Konzepte wie »Wettbewerb« und »Kundenzufriedenheit« Neuland für die Organisation von Verwaltungen sind. Sie sind sukzessive zu implementieren.

Würde man jetzt verstärkt Gelder in die Digitalisierung investieren, so verbesserte das zwar die Technik und die damit verbundenen Möglichkeiten. Aber man muss dabei darauf achten, dass auch das kundenorientierte Handeln und die damit verbundenen Möglichkeiten nicht zu kurz kommen. Das schafft die Technik allein nicht. Es reicht auch nicht, wenn sich nur die Kommunen die Kundenbrille aufsetzen. Das ist kein ausschließlich kommunales Thema. Hier müssen Bürger, Unternehmen, Kommunen, Landes- und Bundesbehörden zusammenarbeiten und gemeinsam Lösungen für die Zukunft finden. Aber natürlich tut sich auch jetzt schon vieles. Viele Städte und Gemeinden befassen sich bereits mit den Themen Wettbewerb, Marke, Bürgerservice und Steigerung der Attraktivität. Leipzig ist ein gutes Beispiel dafür. Die Stadt gehört zu den beliebtesten Städten Deutschlands. Hier haben die Verantwortlichen daran gearbeitet, die Stadt moderner zu machen und das Image zu verbessern. Die Stadt ist nicht nur bei Touristen beliebt, sondern sie ist für Unternehmen interessant, dafür sprechen Neuansiedlungen. Auch unter Studenten hat sie einen guten Ruf. In diesem Prozess spielt selbstverständlich auch die Verwaltung eine Rolle – sie muss sich um Fragen kümmern wie: »Was wollen die Investoren? Was brauchen Unternehmen? Was wünschen sich die Bürger? Und was kann man als Stadt Leipzig anbieten?« Leipzig hat für sich Antworten auf diese Fragen gefunden, und das ist von außen sichtbar. Diese Antworten sind wesentliche Grundlagen, ohne die Veränderungen aus Sicht der »Kundenbrille« nicht möglich sind.

Ich möchte Ihnen zum Schluss auch ein Beispiel geben, wie ein interner Prozess bei der Einführung einer neuen Software neu gedacht und zur Verbesserung der Digitalisierung geführt hat. Die Stadt Heilbronn nutzt unsere Produkte in der Fläche und hat auf unseren modernsten Client umgestellt. Zur Einführung hat die Stadtverwaltung extra einen großen Saal angemietet, um sowohl das Thema als auch den Umgang mit der Softwareunterstützung über zwei Stunden lang zu präsentieren. Ferner setzte die Stadt E-Learning-Videos für Mitarbeiter ein, die nicht an der Veranstaltung teilnahmen. Das hatte außerdem den Vorteil, dass jeder sich diese Schulung auch nach Wochen oder gar Monaten erneut ansehen konnte. So hatten alle Mitarbeiter den gleichen Zugang zum Thema und den gleichen Wissensstand. Ich fand sehr innovativ, wie hier vorgegangen wurde. Durch flächendeckende Einführung in der gesamten Verwaltung stand die neueste Software allen Mitarbeitern zur Verfügung, es konnte ergonomischer und einfacher gearbeitet werden und es war möglich, gut 1000 Mitarbeiter innerhalb kurzer Zeit auf den neuesten Stand einer Programmversion zu bringen. Die Folge war eine enorme Effizienzsteigerung. Davon profitierte nicht nur die Verwaltung selbst, sondern auch letztlich der Bürger. Das sind Maßnahmen, die der Bürger nicht sieht, aber das ist auch nicht entscheidend. Wesentlich sind die verbesserte Effizienz und Transparenz, und die spürt der Bürger schließlich in der Zusammenarbeit mit der Kommune. Darauf kommt es an.

Beim Kauf eines Produkts im Geschäft interessiert es den Kunden immer mehr, wie das Produkt geplant und produziert wird und schließlich in die Regale kommt. Am Ende ist aber immer ausschlaggebend, dass das Versprechen, das ein Produkt abgibt, gehalten wird. Und so muss Verwaltung in Zukunft ebenfalls denken: Die Leistung einer Verwaltung und deren Erbringung hat sich an den Gewohnheiten und den Bedürfnissen ihrer Kunden – im weitesten Sinne also an dem Bürger oder den Investoren oder Unternehmen – zu orientieren. Um das zu gewährleisten, müssen intern die politischen, finanziellen, rechtlichen und technischen Möglichkeiten geschaffen werden. Daher ist das Aufsetzen der Kundenbrille aller am Verwaltungsprozess beteiligten Personen unumgänglich. ■

Eben! Die reine Technik ist eine Seite, aber der entscheidende Schritt, die Technik zur Unterstützung, zur Steigerung der Effizienz und zur Vereinfachung sinnvoll einzusetzen und zu nutzen, kann nur erfolgen, wenn man es will, umdenkt und die Bedürfnisse aller Stakeholder im höchstmöglichen Maße einbezieht – also die Kundenbrille aufsetzt. Das ist eine Perspektive, die über Jahrzehnte gar nicht existierte. Warum auch? Der Bürger kam so oder so. Das ist heute auch noch so, denn es gibt Leistungen, die nur die Verwaltung anbieten kann und darf. Aber unser aller Verhalten, und damit auch unsere Denkweise, hat sich durch die Weiterentwicklung der technischen Möglichkeiten gravierend verändert. Wir können heute von jedem Ort der Welt eigentlich alles bestellen. Sogar Banking ist moderner und zeitgemäßer geworden. Die als konservativ geltenden Banken haben sich dem Kundenverhalten angepasst – die einen mehr und andere weniger. Letztlich hat sich jedoch vieles verändert. Wenn mir eine Ware nicht gefällt, schicke ich sie zurück.

Gut, ein Umtausch ist bei einer Verwaltung in der Regel nicht möglich. Ich kann mich allerdings beschweren, ich kann in bestimmten Fällen Widerspruch einlegen und es gibt die Möglichkeit, sich im Internet auszutauschen. Das ist neu! Früher traute man sich kaum, sich über das Handeln einer Behörde zu beschweren, und wenn, bekam das keiner mit. Man machte das einfach nicht. Jetzt, da sich das allgemeine Bewusstsein geändert hat, fällt diese Barriere. Der Bürger hat einen ganz anderen Blick auf seine Verwaltung, seine Stadt oder seine Gemeinde. Er ist vom passiven »Bittsteller« in die Rolle des aktiven Bürgers gewechselt, er will sich einbringen, erwartet Service und einen Dialog auf Augenhöhe. Diese veränderte Verhaltensweise des Bürgers erfordert ein generelles Umdenken in der Verwaltung. Dabei sollte das gar nicht so schwer sein, denn alle in der

Verwaltung sind auch Kunden. Sie kaufen beim stationären und im Online-Handel ein, beauftragen Handwerker, buchen Reisen oder gehen zum Arzt. Wie jeder andere Bürger auch erwarten sie Service, kundenorientiertes Handeln und einen Dialog auf Augenhöhe. Man müsste sich also nur fragen:»Was würde ich als Kunde allgemein erwarten?« und die Antwort auf das Dienstleistungsangebot einer Kommune transferieren. Warum kann ich beispielsweise für eine Feier keinen Gemeinderaum oder die Grillhütte des kommunalen Sportvereins online buchen? Es wäre so einfach: Reservierung anfragen, buchen, und die Abrechnung erfolgt ebenfalls online.

Die Macht der Netzwerke

Unternehmen, gerade wenn sie überregional, national und erst recht international tätig sind, haben dagegen eine ganz andere Erwartungshaltung an eine Kommune als der einzelne Bürger. Wollen sie sich irgendwo neu niederlassen, wird genau analysiert, welcher Standort für sie interessant ist. Darunter fallen auch solche Faktoren wie allgemeine Förderungen, spezielle Wirtschaftsunterstützung, Netzwerke und das Verhältnis zwischen Verwaltung und Wirtschaft: Wie gut wird beraten, wie rasch werden Anträge bearbeitet, wie kooperieren die behördlichen Stellen und Abteilungen untereinander oder wie weit wird die Wirtschaft bei der Gestaltung einer Kommune eingebunden. Spricht vor dem Hintergrund vieles gegen eine Gemeinde oder Stadt, so wird ein Unternehmen dahin gehen, wo es ein wirtschaftsfreundliches Klima findet.

So bekam ich am Rande eines Projekts in einer Gemeinde mit, wie es nicht laufen sollte. Während einer Gemeinderatssitzung – es tagte der Ausschluss für Finanzen und Planung – wurde diskutiert, wie man Investoren gewinnen könne. Schließlich brauche man diese angesichts des sehr angespannten Haushalts. Die Stimmung war gereizt und schlug vollends ins Negative um, als ein Gemeinderatsmitglied den Bürgermeister anfuhr:»Ihr habt doch selber Schuld, dass keiner hier investieren will. Wenn man potenziellen Investoren solche Probleme macht, dann darf man sich nicht wundern, wenn sich das bei Unternehmern rumspricht.« Es brach ein wilder Streit mit wüsten Beschimpfungen und Vorwürfen aus. Ich verstand gar nichts. Am nächsten Tag frage ich den Kämmerer, um was genau es bei der Diskussion am Vorabend gegangen war.

Auch bei Investoren sollte die Kundenbrille aufgesetzt werden

Im Prinzip drehte es sich um Folgendes: Im Ortskern direkt gegenüber dem Rathaus befand sich eine lieb- und leblos gestaltete große Fläche, die als Parkplatz genutzt wurde. Ab und an fanden auf dieser Fläche auch Veranstaltungen wie Wochenmarkt, Autoschau oder ein Weihnachtsmarkt statt. Ein örtlicher Bauunternehmer, der sich mit seiner Heimstadt verbunden fühlte, wollte durch ein Einkaufzentrum, das sich ins Stadtbild fügen sollte, diesen Platz nicht nur beleben. Das geplante Gebäude mit seinen Außenanlagen sollte auch die Attraktivität im Ortskern steigern. Der Bauunternehmer war überregional tätig, hatte gute Kontakte zu verschiedenen Wirtschaftsverbänden und zu einer Handelskette. Mit diesen Partnern wollte er das Projekt durchziehen. Dabei war es ihm besonders wichtig, dass die örtliche Kaufmannschaft einbezogen wurde. Diese war nach Vorstellung der ersten Pläne von dem Bauvorhaben überzeugt, weil sie sich dadurch eine Belebung der Innenstadt versprach.

Eine Kommune hat zig unterschiedliche Zielgruppen

Was dann aber auf der Seite des Rathauses folgte, war alles andere als projektunterstützend. Schon der Erwerb des Grundstücks gestaltete sich nicht einfach, weil es mehrere Eigentümer gab, darunter die

Stadt selbst. Der Kauf nahm also an sich viel Zeit in Anspruch. Das Bauantragsverfahren dann war ebenfalls langwierig. Ständig wurden Nachbesserungen gefordert. Die Stadt sprach neben der generellen Gebäudegestaltung auch bei Fensterrahmen, Dachziegeln und sogar der Dachrinne mit. Weil sich das Verfahren immer weiter hinzog, sprang dem Bauunternehmen schließlich die Handelskette ab. Auch die örtliche Kaufmannschaft glaubte nicht mehr an das Projekt, und letztlich gab der Bauunternehmer entnervt ganz auf. Da er keine Verwendung für den Grund mehr hatte, einigte er sich mit den ursprünglichen Eigentümern. Die Ironie ist, die Handelskette baute kurze Zeit später in der Nachbargemeinde einen Verbrauchermarkt, an dem sich der Bauunternehmer beteiligte. Es wird erzählt, dass der Bauunternehmer auf Wirtschaftsveranstaltungen kein gutes Haar an seiner Heimatstadt lässt.

Kommunen müssen verstehen, dass sie zahlreiche Zielgruppen und damit auch Kunden haben. Hier eine kleine Auswahl:

- Bürger
- Vereine
- Unternehmen unterschiedlicher Größen
- Investoren
- Hundebesitzer
- Rentner
- Bauherren
- Autofahrer
- Heiratswillige

Und so weiter. Die Liste ist lang!

Kurz zurück zu dem oben angeführten Fall. Hier hätten die Verantwortlichen eine doppelte Kundenbrille aufsetzen müssen: Was kann man machen, um den Investor auf dem Weg durch die notwendigen Verfahren zu unterstützen, und was bringt die geplante Investition den Bürgern? Wovon profitieren der Bürger und schließlich die Kommune als Ganzes? Um zu verstehen, wie Wirtschaft tickt, wie vielfältig sie ist und welche Bedürfnisse sie hat, ist der Austausch zwischen Verwaltung und Wirtschaft unumgänglich. In der Regel wird schon darauf geachtet, jedoch ist die Qualität sehr unterschiedlich. Es hilft wenig, wenn sich der Austausch zwischen Wirtschaft und Kommune auf Jahresempfänge oder allgemeine Tagungen beschränkt. Das Einbinden der Wirtschaft in Planungen oder Workshops, wie etwas gestaltet werden soll, ist entscheidend. Auch die Bürgerbeteiligungen tragen dazu bei, das Verständnis für Bedürfnisse und Entwicklungen aus Kundensichtweise auf- und auszubauen.

Um jeden Preis zu digitalisieren ist auch keine Lösung!

Damit es klar ist: Es soll kein privatwirtschaftliches Verhältnis aufgebaut werden. Die Rolle von Städten und Gemeinden ist eine ganz andere. Aber Kommunen können sehr wohl im Bereich der Dienstleistungen kundenorientiert handeln. Die Technik hilft dabei, es geht um ihren sinnhaften Einsatz. Es bringt nichts, eine App zur Verfügung zu stellen, die am Bedarf des Bürgers vorbeigeht, nur um sagen zu können: »Wir betreiben jetzt auch Digitalisierung, um serviceorientiert zu handeln!«

Oder um es mit den Worten des ehemaligen CEO von Telefónica Deutschland, Thorsten Dirks, auszudrücken: »Wenn Sie einen Scheißprozess digitalisieren, dann haben Sie einen scheißdigitalen Prozess.«

Recht hat er. Ich muss mir also vor dem Einsatz der Technik überlegen: Was will ich kundenfreundlicher machen, wo kann ich Prozesse zwischen Bürgern und Verwaltung für beide Seiten vereinfachen, welche Verfahren, von denen letztendlich auch der Bürger profitiert, könnten innerhalb der Verwaltung effizienter werden? Ich brauche eine Strategie, die den kundenorientierten Service in den Mittelunkt stellt. Dazu ist in Arbeitskreisen aus den unterschiedlichen Fachbereichen zu ermitteln: Wo kann man ansetzen, wo liegt der Bedarf und wer ist davon betroffen – intern wie extern. Schon früh sollte hier der IT-Beauftragte oder die entsprechende Abteilung eingebunden werden. Sie haben das technische Verständnis und können zu einer einfachen und notwendigen Lösung beitragen. Kundenorientierter Service ist eine Aufgabe, die jeden innerhalb der Verwaltung etwas angeht, und jeder kann mitwirken.

Nun kommt von kleineren Gemeinden oft der Einwand, man sei viel zu klein und habe gar nicht die Mittel, um Prozesse zu digitalisieren. Das stimmt. Allerdings können sich mehrere Kommunen zusammenschließen, um gemeinsam ein System zu betreiben, das es den Bürgern ermöglicht, unabhängig von Öffnungszeiten Formulare herunterzuladen, bestimmte Anträge zu stellen, Termine zu vereinbaren, Kalender zur Müllentsorgung downzuloaden oder sich als besonderen Service nach Hinterlegung einer E-Mail-Adresse über straßenbauliche Maßnahmen zu informieren.

Den Bürger aktiv einbinden

Natürlich können auch Städte und Gemeinden durch die Digitalisierung von ihren Bürgern profitieren. Die »Mängel-App« aus Ludwigsburg ist so ein Tool. Das Straßenbauamt und die Mitarbeiter der Stadt können nicht überall sein. Statt sich aufzuregen, die Stadt tue nichts, wenn ein Mangel wie ein Loch in der Fahrbahndecke gesehen wird, meldet man es einfach und bequem mit ein paar wenigen Klicks. Die Stadt kann diese Schäden sammeln, koordinieren und priorisieren. Das spart Zeit und Ressourcen. Für den Bürger hat es den Vorteil, dass der Mangel schneller behoben wird. Das ist auch eine Art von Service und kundenorientiertem Handeln. Außerdem fördert es die Kommune-Bürger-Beziehung: Meine Stadt, meine Gemeinde.

Es lässt sich zusammenfassend also sagen: Im Bereich der Dienstleistungen einer Kommune steht der Bürger – gleich ob er als Person, Unternehmen oder Investor auftritt – im Mittelpunkt. Er macht schließlich das Leben einer Stadt und einer Gemeinde aus. Keine Bürger – keine Stadt. Daher hat sich die Erbringung und das Angebot der kommunalen Dienstleistung an den Bedürfnissen und Gewohnheiten der Bürger zu orientieren. Dabei geht es nicht um den Aufbau eines privatwirtschaftlichen Verhältnisses. Allerdings spielen sehr wohl einzelne Elemente aus diesem Verhältnis eine Rolle, die schließlich zum kundenorientierten Handeln führen. Damit das nicht nur regional oder von der Größe einer Kommune abhängig geschieht, sondern flächendeckend über das Land, ist in den Kommunen dafür sorgen, dass die politischen, rechtlichen, finanziellen und technischen Voraussetzungen entweder geschaffen oder weiter ausgebaut werden. Das kann nur unter Einbeziehung aller Stakeholder geschehen. Und der Bürger ist ein solcher Stakeholder! Er ist nicht länger der »Bittsteller« aus früheren Tagen. Er ist Kunde und Souverän in einer Person.

Digitalisierung ist die Aufgabe aller Beteiligten – nicht nur der IT

Es gibt keinen Bereich des Lebens mehr, der nicht von der Digitalisierung betroffen ist. Jedenfalls fällt mir keiner ein. Ob Arbeitsplatz, Verkehr, Gesundheit, Politik, Wirtschaft, der tägliche Einkauf oder die allgemeine Kommunikation, ja selbst die Gesundheit – überall hat die Digitalisierung Einzug gehalten. Ohne sie stünde die Wirtschaft in den USA, Kanada, Europa, in vielen Teilen Asiens und in anderen Ländern still. Unser Lebensstil, der ja auf hohem Niveau stattfindet, wäre nicht möglich. Vielen ist aber nicht bewusst, wie sehr wir die Digitalisierung in unseren Alltag bereits integriert haben. Es ist wohl diese Unklarheit darüber, wie nachhaltig die Digitalisierung in unser Leben bereits implementiert ist (und wenn ja, wie weit), dass dieses Thema für die einen ein Reizwort, für etliche erforderliche Notwendigkeit, gerade für die jüngeren Generationen aber Normalität und für manche sogar die Verheißung der Zukunft ist. Immerhin hat jeder eine andere Vorstellung davon, wie nötig oder wie nützlich diese Digitalisierung eigentlich ist.

Die Digitalisierung ist ein Entwicklungsprozess, der nicht mehr aufzuhalten ist!

Obwohl wir erst am Anfang der Digitalisierung stehen, sagt so mancher schon: »Ich kann das Thema nicht mehr hören!« Andere lehnen es gleich ganz pauschal ab, sich damit zu beschäftigen. So wie die Gesellschaft tickt, so ähnlich spiegelt sich das auch in der kommunalen Verwaltung wider. Es gibt Befürworter und Bremser. Für alle sei aber gesagt: Die Digitalisierung wird man nicht aufhalten können. Mit diesem technischen Fortschritt tut man sich nur leichter, wenn man sich damit befasst. Dagegen anzuarbeiten oder das Thema beiseitezuschieben, hilft dabei nicht! Deshalb ist es so wichtig, es immer wieder ins Bewusstsein zu rücken und von verschiedensten Seiten zu betrachten.

Zu allen Zeiten hat es bei technischen Neuerungen Widerstände gegeben. Sei es bei der Einführung der Eisenbahn, des Autos, des Telefons, bei neuen Medikamenten, dem Radio und, und, und. Die Liste ist endlos. Bei jeder Einführung einer solchen Neuerung wurde vor gesundheitlichen Problemen gewarnt, wie geistige Verwirrtheit (bei der ungeheuren Geschwindigkeit der Eisenbahn – 35 km/h!), Verlust von Gliedmaßen oder Fieber, aber auch vor gesellschaftlichen Umwälzungen, deren Ausmaß man nicht abschätzen könne. Und? Heute benutzen wir die Bahn, ohne uns darüber Gedanken zu machen, ob wir wegen der Geschwindigkeit den Verstand verlieren könnten. Wir benutzen das Radio, den Fernseher und das Telefon so selbstverständlich und ohne dass wir fürchten, uns könnte das Ohr abfallen oder die Augen aus dem Kopf kugeln, so als hätte es all diese Diskussionen zu ihrer Markteinführung nicht gegeben. Im Gegenteil, wir lachen darüber, welche Gedanken sich schon unsere Ururgroßeltern bei »neuen« Dingen gemacht haben, die für uns heute selbstverständlich sind. Richtigerweise muss ich hinzufügen, dass wir natürlich auch heute bei etlichen Produkteinführungen gesundheitliche, gesellschaftliche oder umweltpolitische Aspekte diskutieren. Diesen Punkt will ich hier gar nicht vertiefen. Worauf ich hinauswill, ist, dass wir technische Dinge, wenn wir sie akzeptiert haben, ganz einfach benutzen.

Kommunen brauchen einen digitalen Masterplan

Grundlage für die Digitalisierung von Prozessen ist ein digitaler Masterplan. Sicherlich ist es Arbeit, einen solchen zu erstellen, aber er ist der Fahrplan und stellt die Weichen für die Zukunft, denn er sagt allen, was sie wann zu tun haben. Alle können sich daran halten.

Einen solchen Masterplan hat die Multerer Public kürzlich für eine Verbandsgemeinde mit rund 90 000 Einwohnern erstellt. Der Verwaltungsspitze ging es um zwei wesentliche Kernpunkte: Effektivität und Effizienz. Mit der Digitalisierung von Verwaltungs- und Ablaufprozessen wollten die Verantwortlichen der Verbandsgemeinde eine Vereinfachung erreichen und sowohl Zeit als auch Geld sparen. Neben nur bedingtem Know-how lagen die Hürden auch bei einer veralteten Hardware und Software. So wurde beispielsweise der Friedhof noch per Karteikarten verwaltet. Für Anfragen wurden die gewünschten Informationen herausgesucht und dann per Mail beantwortet. Mit einer entsprechenden Software geht das wesentlich schneller und effizienter.

Auch in diesem Fall wurde zunächst der Status quo ermittelt, damit ein genereller Überblick vorlag. Anhand dieser Informationen entwickelten wir eine Strategie, die auf fünf Jahre ausgerichtet war. Schließlich lässt sich eine tiefgreifende Digitalisierung nicht von heute auf morgen umsetzen, zumal auch die Hardware eine große Rolle dabei spielt. Es war auch klar: Ohne eine Fort- und Weiterbildung der Mitarbeiter würde es nicht gehen. Auch das wurde bei der Erstellung des Masterplans berücksichtigt. Da so viele Punkte zusammenkamen, erstellten wir eine Prioritätenliste und legten diese in einer Roadmap fest – in kleinen, aber effektiven Schritten zum Ziel.

Auf diesem Weg begleiteten wir die Verwaltung und führten entsprechende Workshops durch, damit alle den gleichen Wissens- und Informationsstand hatten. Hier spielte aktive Kommunikationspolitik also eine große Rolle. Dazu entwickelten wir einen parallelen Kommunikationsplan, der die Einbindung aller vorsah – also nicht nur von Mitarbeitern und Führung, sondern auch von Politik und Bürgern! Es ist bei solch tiefgreifenden Prozessen elementar, dass alle abgeholt werden, um Ängste und Vorbehalte abzubauen. Das wird häufig vergessen. Und wenn es vergessen wird, sind die Erfolge bei der Umsetzung natürlich nur suboptimal bis gering. Die Verbandsgemeinde ist also auf dem Weg, aber noch nicht am Ziel. Aber es ist schon viel erreicht und erste Erfolge sind sichtbar. Das motiviert alle Akteure.

Im Privatleben läuft vieles schon digital – warum nicht in der Verwaltung?

Stellen wir uns einmal folgendes Szenario vor: Ein Verwaltungsfachwirt fährt morgens in seinem Mittelklasse-SUV ganz selbstverständlich zur Arbeit. Über das Lenkrad benutzt er den Sprachassistenten für Telefon und Multimedia, umgeht dank des Navis einen Stau, hält durch Sensoren genügend Abstand zum Vordermann und benutzt beim Einparken die Rückfahrkamera. Auf dem Weg zum Büro checkt er mit dem Smartphone der neuesten Generation rasch noch ein paar Nachrichten und telefoniert mit seiner Frau. Das Smartphone hat er sich erst kürzlich zugelegt, weil er sonst nicht in der Lage wäre, modernes Online-Banking mit Face-ID zu tätigen. Alles ganz normal also.

Vom Schalterbetrieb zur App

Überhaupt ist die Bank oder das Banking ein plakatives Beispiel, wie sich die Technik in unseren Alltag eingeschlichen hat. Früher war der Gang zu Bank ein hochoffizielles Ereignis. Der Bankangestellte hatte die »Macht« über das Geld, die Einzahlung, die Auszahlung und sonstige Geldangelegenheiten. Man konnte seine Bankgeschäfte nur zu bestimmten Öffnungszeiten erledigen.

Ich erinnere mich, wie mein Opa damals, also in meinem Kindesalter, die Überweisungen noch von dem Bankmitarbeiter ausfüllen ließ. Dann kamen langsam die Bankmaschinen und Terminals auf. Man konnte also außerhalb der Schalterzeiten Geld abheben, später dann auch Kontoauszüge ausdrucken lassen und schließlich sogar Überweisungen tätigen. Aber es hagelte auch Kritik. Von schleichendem Stellenabbau und einer Reduzierung des Service war die Rede. Es wurde den Bankverantwortlichen vorgeworfen, sie würden gerade ältere Menschen ausschließen, weil diese Probleme mit der neuen Technik hätten. Die Banken waren bemüht, diese Vorwürfe zu entkräften, und zeigten (und zeigen) denjenigen, die Hilfe benötigten, während der Schalterstunden, wie die Terminals zu bedienen waren. Das ist wie Internetbanking mittlerweile Alltag geworden. Durch die Digitalisierung wurde es möglich, die Abwicklung unserer Bankgeschäfte ohne Bankangestellte vorzunehmen, und das rund um die Uhr von jedem Ort der Welt aus. Auch erweiterte Bankgeschäfte, wie Aktienkauf, Kreditkartenbeantragung oder die Verwaltung von Anlagefonds, sind durch Software und Internettechnologie keine Hürde mehr.

Mit den Möglichkeiten nehmen natürlich auch die Gefahren zu. Da hat sich beim Banking auch viel getan: von der einfachen Unterschrift über die PIN-Nummer zu TAN-Listen, TAN- oder Code-Verifizierungsgeneratoren, Push-TAN bis hin zu Face-ID und kryptischen Verschlüsselungsverfahren gibt es alles an digitalen Sicherheitsmaßnahmen. All das setzt sich langsam durch und ist weitestgehend ohne Aufschrei akzeptiert worden. Wer sich nicht auskennt, fragt entweder seinen Bankberater, einen Freund oder ein Familienmitglied – und mit etwas Übung wird Online-Banking zum Kinderspiel. Aber warum genau habe ich Ihnen das alles erzählt?

Warum habe ich diesen geistigen Ausflug mit Ihnen gemacht? Das erkläre ich Ihnen sofort.

Der Digitalisierungsgrad der Verwaltung ist deutschlandweit sehr unterschiedlich

Also zurück zu unserem Verwaltungsangestellten, der sich nun mittlerweile auf seiner Dienstelle digital eingecheckt und seinen PC hochgefahren hat. Aber so einfach er im privaten Leben viele Dinge digital erledigen kann, so ganz anders zeigt sich sein Arbeitsalltag! Viele Formulare werden tatsächlich noch mit der Hand ausgefüllt oder kommentiert, manchmal werden sie noch eingescannt, damit sie überhaupt bearbeitet werden können; es werden Exceltabellen geführt, die dann wirklich und wahrhaftig ausgedruckt werden, um sie per Fax an eine andere Behörde zu schicken – kein Witz! –; es müssen Zwischenschritte gemacht werden, weil die zur Bearbeitung verwendeten Programme unter verschiedenen Abteilungen nicht kompatibel sind. So können Daten manchmal gar nicht auf direktem Wege zwischen verschiedenen Referaten oder Dienststellen ausgetauscht werden. Um es kurz zu machen: Die Verwaltung hängt dem realen Leben hinterher.

Nun sieht die Situation bei Städten und Gemeinden in der Tat sehr unterschiedlich aus. Die Zeiten der Großrechenanlagen sind wohl überall Vergangenheit. Dennoch sind die technischen Voraussetzungen sehr unterschiedlich. Während einige noch auf veralteten PCs arbeiten, sitzen andere an modernen, leistungsfähigen Rechnern. Entsprechend gestalten sich auch die Möglichkeiten, aktuelle Software einzusetzen oder auch eben nicht. Wie eine Kommune ausgestattet ist, hängt bestimmt auch von den zur Verfügung stehenden finanziellen Mitteln ab.

Aber: Die Bereitschaft der Mitarbeiter und auf den Führungsebenen, die unumgängliche Digitalisierung zuzulassen, ist mindestens genauso wichtig wie die richtige Software. Und Letzteres ist die wahre Herausforderung! So selbstverständlich wie das Smartphone der neuesten Generation für Face-ID-Banking benutzt wird, müssen auch digitalisierte Prozesse in der Verwaltung möglich sein, nicht nur im Sinne von Service für den Bürger und weil dieser das inzwischen auch von seinem Rathaus erwartet, sondern auch im Hinblick auf Arbeitseffizienz und Mitarbeiterentlastung.

Wer ist verantwortlich, wenn nicht die IT? Alle!
Und wer initiiert den Prozess? Die IT!

Wie die Implementierung einer effizienzsteigernden Software unter Einbindung verschiedener Abteilungen und Behörden aussehen kann, möchte ich am Beispiel einer rund 400 000 Einwohner großen Stadt zeigen. Da ich bei diesem Projekt nur am Rande involviert war, verzichte ich auf die namentliche Erwähnung. Es geht mir hier in erster Linie um den Sachverhalt und nicht um den Ort und die beteiligten Personen. In dieser Stadt wussten die Verantwortlichen bereits vor knapp 20 Jahren, dass ein System benötigt wird, mit dessen Hilfe man bei der Vielzahl von Anfragen und Vorgängen den Überblick behalten kann. Nachdem man verschiedene hausinterne Gespräche geführt hatte, um die unterschiedlichen Anforderungen und Wünsche zu eruieren, sah man sich am Markt nach einer geeigneten Software um. Das Angebot war zu dieser Zeit zu klein, als dass es die Anforderungen dieser Gemeinde hätte erfüllen können. Man entschied sich schließlich für ein System, das nun seit seiner Einführung ständig ausgebaut wird. Seit 2005 wird alles in dieser Stadt in elektronischen Akten erfasst. Das war ein enormer Sprung innerhalb der Verwaltung, da alle Fachabteilungen, die bei so weitreichenden Neuerungen generell zu Stellungnahmen verpflichtet sind, ebenfalls eingebunden werden mussten.

Heute sind lediglich die eingehenden Anfragen über die Antragskonferenz in der Software einzuscannen. Jede weitere Abwicklung geschieht innerhalb der regelmäßig aktualisierten Software vollständig digital – ohne ein externes Schriftstück und damit ohne lästigen Papierkram. Dazu gehören u. a. Verfügungen, Aktenvermerke, Anschreiben an die Bauherren oder Bescheide. Es ist ein geschlossenes System. Mit Blick in die Zukunft plante man bei der Implementierung der Software – also von Anfang an – die Einbindung der Feuerwehr mit einigen Lizenzen bereits ein. Mit der Zeit zeigte sich durch das stetig steigende Arbeitsvolumen, dass die Installation eines eigenen Mandanten, also ein eigenes, in sich geschlossenes IT-Systems, das auf dem für die Kommune basiert, für die Feuerwehr durchaus sinnvoll war. Da man von Anfang an vorausschauend geplant hatte, war das nun kein Problem. Wohlgemerkt: Dieser Schritt erfolgte vier Jahre nach Einführung der neuen Software. Seither führt die Feuerwehr dieser Stadt ihre wiederkehrenden Prüfungen mit diesem Programm durch. Gerade dadurch, dass das Programm zu Anfang eher skelettartig implementiert wurde, ermöglichte die dadurch gegebene vielseitige Einsetzbarkeit der Software die Abbildung jeglicher aktengebundener Verfahren – auch fachübergreifend. Und: Durch die digitale Behördenbeteiligung können auch Prozessschritte außerhalb der eigenen Verwaltung abgebildet werden. Die Voraussetzungen für ein referatsübergreifendes, barrierefreies und effizientes Arbeiten waren also von Anfang an gegeben.

Digitalisierung ist ein Prozess, der kontinuierlich weiterläuft

Derzeit sind ca. 100 Lizenzen – also 100 Abteilungen oder sogenannte »Mandanten« – für das System in dieser Kommune vergeben, von denen durchschnittlich zwei Drittel regelmäßig in Benutzung über alle eingebundenen Fachbereiche sind. Der Bauantrag mit rund 3500 Vorgängen pro Jahr ist das Hauptverfahren, das über die

Verwaltungssoftware abgewickelt wird. Hinzu kommen Fotokopien, Statistiken oder Rechnungen, die ebenfalls darüber generiert werden, was schließlich mehr als 10 000 Vorgänge in Summe ausmacht. Ferner wird die Option der Sammelauskunft sehr stark genutzt. Auch andere Fachämter haben über das System die Möglichkeit, auf die Daten der Bauaufsicht zurückzugreifen. Das System sorgt also nicht nur für eine gute Übersichtlichkeit, da der Status der Vorgänge jederzeit einsehbar ist, sondern bringt allen Beteiligten nachweisbare Arbeitserleichterung, da effektiv Zeit eingespart wird. Laufwege oder aufwendige Recherchen fallen weg, weil alles »per Knopfdruck« eingesehen werden kann.

Das System wird ständig auf den neuesten Stand gebracht, weil nicht nur die Anforderungen steigen, sondern sich diese natürlich auch ändern. Die Abstimmung, in welcher Form die Software angepasst oder durch Module ergänzt wird, erfolgt in Zusammenarbeit mit den verschiedenen Referaten und der IT-Abteilung, die zum Teil durch eine externe IT-Firma unterstützt wird. Entscheidend ist: Allen Beteiligten ist klar, dass die Software nur das Mittel ist. Ohne das Mitwirken aller und den regelmäßigen Austausch untereinander würde die Software nur halb so effizient sein. Es kommt also auf die innere Bereitschaft und das Mitwirken aller an – vom Entscheidungsträger über den Sachbearbeiter und den hauseigenen IT-Spezialisten bis hin zur externen Hilfe.

Natürlich gab es auch innerhalb des Prozesses in der Verwaltung Diskussionen und Meinungsverschiedenheiten. Die Implementierung verlief nicht ohne die eine oder andere Panne. Dennoch zogen alle mit! Daher ist dieser Fall ein gutes Beispiel, wie es laufen sollte. Dass es auch anders aussehen kann und vor welchen Herausforderungen ein IT-Abteilungsleiter stehen kann, erfuhr ich durch ein Interview, das ich mit dem IT-Verantwortlichen der Verbandsgemeinde Vallendar führte.

■ Statement Georg Beuler, IT-Koordinator der Stadt Vallendar

Nach dem Fachabitur absolvierte Georg Beuler, Jahrgang 1962, in der Verbandsgemeinde Vallendar eine Ausbildung zum Verwaltungsbeamten. Als sich ein Wechsel in die interne IT-Abteilung anbot, nahm der Rheinland-Pfälzer diese Möglichkeit wahr. Parallel dazu erfolgte eine Ausbildung im Siemens-Fortbildungszentrum in München. Durch ein Aufbaustudium zum Verwaltungsinformatiker an der Hochschule für öffentliche Verwaltung in Mayen qualifizierte sich Beuler zusätzlich. Seit 1995 ist der Spezialist für Verwaltungsinformatik in der EDV der Verbandsgemeinde Vallendar tätig. Er ist Systemadministrator und verantwortet die IT-Koordination. Georg Beuler ist außerdem im Vorstand der Vereinigung kommunaler Datenverarbeitungsanwender (VKDA).

Die Verbandsgemeinde Vallendar besteht aus den Städten Vallendar, Niederwerth, Urbar und Weitersburg. Sie gehört dem Landkreis Mayen-Koblenz an und hat rund 15 500 Einwohner. Zum Aufgabenbereich der IT-Abteilung der Verbandsgemeinde Vallendar gehören u. a. Beschaffung, Ausschreibung, Schulung, Programmierung und Support.

❯❯ Digitalisierung ist die Aufgabe aller, nicht nur der IT

Die Verwaltung steckt in einem internen Dilemma: In einer Zeit, in der sich alles um die Verwaltung verändert, gilt es aus dem alten Grundsatz »Das haben wir immer schon so gemacht« auszubrechen. Hier muss Akzeptanz geschaffen werden, um neue Wege zu gehen. Prozesswege, Strukturen, Arbeitsweisen: Das alles dauert bei Behörden verhältnismäßig lange. Das hängt zum einen mit den rechtlichen Vorgaben zusammen, aber auch daran, dass sich über Jahrzehnte bestimmte

Verhaltens- und Denkmuster gebildet und verfestigt haben. Auch hier gilt also: Neues braucht »Macher«, die entweder Dinge anschieben oder weiter vorantreiben. Diese Denkweise bedarf Unterstützung aus allen Bereichen der Verwaltung und der Kommunalpolitik, will man sich ebenfalls in Richtung Zukunft bewegen – gerade im Hinblick auf die Digitalisierung.

Es wäre also wichtig, der Verwaltung die Angst vor Veränderungen zu nehmen. Themen wie die Digitalisierung und elektronische Verwaltungsabläufe sollten positiv vermittelt und dafür gesorgt werden, dass sämtliche Mitarbeiter allgemein motiviert sind, zu verändern und zu gestalten. Wenn man so will, müssten die Personen auf den entscheidenden Positionen praktisch zum »Helden der Digitalisierung« gemacht werden. Das ist aber unter den beschriebenen Voraussetzungen schwierig. Digitalisierung kann nicht nur die Aufgabe von Entscheidern und der IT sein, es ist eine Aufgabe, die alle etwas angeht. Das betrifft also die gesamte Organisation, weil die Umsetzung als Querschnitt durch die Verwaltung gehen muss und alle Verwaltungsprozesse entsprechend zu verändern sind. Denn: Digitale Verwaltungsprozesse zerstören keine Arbeitsplätze, sondern schaffen Raum für qualifiziertes Arbeiten im öffentlichen Bereich.

Bei einem konsequenten Start der Digitalisierung kann die IT nur die Rahmenbedingungen stellen, Denkanstöße geben und bei der Umsetzung helfen. Aber die Anforderungen, das »Was« und das »Wie« der Inhalte samt Zuständigkeiten und Organisation muss von den jeweiligen Fachbereichen ausgehen. Diese müssten dazu aber ihre festen Strukturen und Prozesswege aufbrechen und an digitale Formen anpassen. Die IT kann dabei als interner Dienstleister Hilfestellungen bieten. Doch die Realität zeigt, dass hier ein enges und gleichberechtigtes Zusammenspiel von Organisation und IT erforderlich ist.

Deutschland befindet sich auf den hinteren Plätzen in puncto Digitalisierung. Hier ist Handlungsbedarf gefordert. Die Verwaltung ist ein

Dienstleister für die Bürger und muss einfache Lösungen für den Verwaltungsablauf anbieten. Das ist nicht nur meine Sichtweise, so sehen es auch die Kollegen von der Vereinigung kommunaler Datenverarbeitungsanwender (VKDA). Ideen oder Vorschläge zum Vorantreiben der Digitalisierung beanspruchen lange Umsetzungszeiten. Prozessstrukturen und Projekte stehen seitens der IT in der Pipeline und warten auf ihre Realisierung. Hier gilt es, die Umsetzung organisatorisch anzugehen.

Natürlich ist es nicht so, dass die Digitalisierung verhindert wird. Es gibt viele gute Beispiele, wo man schon jetzt auf einem erfolgreichen Weg ist. In unserer Verwaltung wird die digitale Archivierung von Steuerbescheiden sowie Rechnungen erfolgreich umgesetzt. Letzteres funktioniert so hervorragend, dass die Kommunalpolitiker die jährliche Rechnungsprüfung ohne Schulung und vorherige Einweisung in die Software durchführen können. Für die IT-Abteilung bedeutet das, wir haben durch die Vereinfachung von Prozessen unser Ziel erreicht. Möglich war das, weil wir im Haus gemeinsam eine Lösung gesucht und gefunden haben. Die Ergebnisse wurden konsequent umgesetzt und weiterentwickelt. Einfache und intuitive Bedienbarkeit steht im Vordergrund. Die benötigte Technik interessiert den User in der Regel nicht, auf lange Sicht funktioniert da nur das Einfache. Schließlich muss der Wurm dem Fisch schmecken und nicht dem Angler. Für den Anwender müssen die Vorteile schnell erkennbar und die Anwendung leicht zu erlernen sein. Weitere Beispiele aus unserem Bereich sind u. a. die Online-Buchung von VHS-Kursen und Gewerbeanmeldungen.

In diesem Prozess von der Idee über die Abstimmung mit allen Beteiligten und die Umsetzung bis zur Implementierung wäre es hilfreich, die IT als Stabsstelle zu sehen. Eine klare Definition der Zuständigkeiten ist vonnöten. Organisatorische Anforderungen und digitale Umsetzbarkeiten müssen gleichberechtigt und zielführend zusammengeführt werden. In der öffentlichen Verwaltung sind diese häufig schwierig und die IT ist der Orga zugeordnet. Die EDV nimmt jedoch Querschnittsaufgaben für die gesamte Einheit wahr und kann als Motor der Digitalisierung angesehen werden. Das bedeutet, gemeinsam mit der Orga erarbeitete Lösungen können mit dem entsprechenden Nachdruck durch die Behördenleitung (Bürgermeister) umgesetzt werden. Das EDV-Know-how liegt fachlich bedingt im Bereich der IT, die den Prozess entsprechend realisieren kann. Hier zeigt sich bereits, dass das Thema »Digitalisierung« auf höchster Ebene angesiedelt sein muss. Eine Veränderung des Leitbildes ist angebracht, damit eine klare Ausrichtung der Verwaltung auf digitale Verfahren erfolgen kann.

Bei kleineren Verwaltungen ist dies bestimmt nicht einfach zu realisieren. Jedoch zeigt sich aus meiner Erfahrung, dass eine beharrliche Ausrichtung auf neue und zeitgemäße Abläufe zum Erfolg führen kann, auch wenn das mit erheblichem Zeitaufwand verbunden ist. An dieser Stelle kann ich mich noch gut an die Einführung von E-Mail erinnern. Das ist natürlich schon lange her. Die Reaktionen darauf waren: »Du mit deinem E-Mail-Kram, das braucht kein Mensch.« Die Realität zeigte, innerhalb von wenigen Wochen war kein Verzicht auf das Mailverfahren mehr möglich.

Eine interkommunale Zusammenarbeit von kleinen Verwaltungen kann hier hilfreich sein und den Prozess beschleunigen, wenn gute Prozessstrukturen geteilt werden können. »Das Rad muss nicht neu erfunden werden.« Ein regelmäßiger Erfahrungsaustauch und Workshops können begleitend die Digitalisierung fördern. Seitens der IT besteht ganz sicher der Wille und der Reiz des Möglichen, um neue Wege zu beschreiten. Die Vielzahl von Online-Plattformen macht es der Verwaltung vor: einkaufen, bezahlen und buchen von Dienstleistungen. Zahlreiche Themen stehen also an: Portalverbund, E-Akte, E-Rechnung, Prozessmanagement und vieles mehr.

Bauen wir also eine Verwaltung um die Bürger. Viele ITler sehen das genauso wie ich. Vielleicht liegt es an unserem Beruf, der sich ständig mit neuen Entwicklungen und Techniken befassen muss, dass wir einen anderen Blick auf die traditionell gewachsenen Strukturen der Verwaltung haben. Daher kann die IT nach meiner Auffassung sogar der Hebel sein, um marktorientiertes Denken zu forcieren. Durch unsere Arbeit können wir verdeutlichen, dass wir erfolgreich in der Lage sind, für unsere Kunden, den Bürger, Prozesse zu vereinfachen. Im Endeffekt muss alles für die Zufriedenheit des Bürgers getan werden. Sind hier die Weichen gestellt, zeigt sich schnell, dass behördenübergreifende Prozesse umzusetzen sind und bewältigt werden müssen. All das hat natürlich unter Berücksichtigung der Vorgaben des Datenschutzes zu erfolgen.

Gute Ideen und Ansätze sind gegeben, es braucht »Macher«. Digitalisierung ist keine Aufgabe ausschließlich der IT – Digitalisierung geht alle in der Verwaltung und in deren Umfeld etwas an. Die IT steht in den Startlöchern. ■

Georg Beuler hat drei entscheidende Dinge gesagt: Erstens ist die Digitalisierung unumgänglich. Zweitens muss dieser Prozess als Chefsache angesehen werden und die IT-Abteilung als Koordinations- und Schlüsselstelle etabliert werden. Und drittens ist dieser Prozess zum Nutzen der Verwaltung und des Bürgers. Wie ich schon in Kapitel 3 ausführte: Es ist wichtig, zu verstehen, worum es bei der Digitalisierung geht. Daher wiederhole ich es an dieser Stelle erneut, weil es man gar nicht oft genug sagen kann: Bei der Digitalisierung dreht sich alles um Ressourceneffizienz, Schnelligkeit und Vereinfachung! Es geht also darum, Prozesse benutzerfreundlich zu gestalten, was schließlich zu einer Entlastung führt. Kein Mensch hat heute die Nerven oder die Zeit, sich lange mit komplexen Sachen zu befassen. Wenn solche Dinge wie der Arbeitsalltag dann nicht funktionieren, ist der Frust groß. Dazu möchte ich ein Beispiel geben, wie es schlechter nicht laufen kann.

Hilfe, der Bürger hat ein digitales Anliegen!

Ein Freund von mir war Opfer einer Cybercrime-Attacke geworden. Gott sei Dank war er aufmerksam genug gewesen, das zu erkennen, und hatte entsprechend gehandelt. Nun rufen die Polizei und diverse Wirtschaftsverbände ja regelmäßig dazu auf, solche Angriffe polizeilich erfassen zu lassen. Klar, die Täter werden nur selten ermittelt. Aber es geht eigentlich auch mehr darum, dass solche Verbrechen als solche überhaupt erfasst werden, die Daten dieser Attacken analysiert und für Präventionsmaßnahmen ausgewertet werden. Mein Freund lebt auf dem Land, muss ich dazu sagen. In weiser Voraussicht, dass die am Ort befindliche Polizeidienststelle wahrscheinlich bei Cybercrime-Angelegenheiten »überfordert« sein würde, rief er die Dienststelle seiner Kreisstadt an.

Nachdem er x-mal von einer »zuständigen« Stelle zur anderen verbunden worden war, sagte man ihm schließlich, er müsse diesen Vorfall persönlich bei seiner am Ort befindlichen Polizeidienststelle zur Anzeige gegen Unbekannt bringen. Auf der Wache befand sich dann nur ein Diensthabender, der schon im fortgeschrittenen Alter war. Der stieg schon bei der ersten Schilderung des Anliegens geistig aus. Über Funk rief er seine Kollegen, die auf Streife waren, zur Dienststelle zurück, damit einer von ihnen den Vorfall aufnehmen konnte. Aber auch die beiden Beamten, die nach einer gewissen Zeit auf der Wache eintrafen, waren nicht viel jünger als ihr Kollege. Wohlgemerkt der älteste Beamte, vermutlich der auch im Rang höchste, setzte sich nach einer kurzen Schilderung des Anliegens an den Schreibtisch und startete den PC.

Wie mein Freund mir erzählte, wollte der Polizist diesen Vorfall eigentlich auch nicht aufnehmen. Als dann mein Bekannter aber darauf bestand und erwähnte, er sei von der Kreisdienstelle gebeten worden, sich an die örtliche Polizei zu wenden, entschied sich der Beamte schließlich doch, die Anzeige aufzunehmen, hatte aber schon gleich am Anfang offenbar Mühe, das richtige Formular für solche Anzeigen zu finden. Laut überlegte er, welche Vorlage passen könnte. Schließlich fand er eines und begann im Zweifingersuchsystem die Personalien meines Freundes einzutippen. Als er sich zum wiederholten Male vertippte, ließ der Beamte dann seinem Unmut, den man ihm schon die ganze Zeit hatte ansehen können, freien Lauf: »Dieser ganze digitale Mist! Das braucht kein Mensch! Ständig funktioniert etwas nicht!« Hilfe bekäme man auch nicht, und jetzt auch noch dieser Cyberkram! Ob das nun wortwörtlich so gelaufen ist, weiß ich natürlich nicht. Ich war nicht dabei, aber ich kenne meinen Freund und ich kenne ähnliche Situationen, die ich in Kommunen erlebt habe.

Bürgerservice aus vergangen Amtsstubentagen

Warum habe ich diese kleine Geschichte als Beispiel ausgewählt? Sie zeigt eine vielschichtige Problematik auch im Zusammenhang mit digitalen Vorgängen:

1. Eine ungenügende Kommunikation führt immer wieder zu Problemen. Aber das gilt nicht nur für die kommunale Verwaltung, das passiert auch in der Privatwirtschaft. Werden Anweisungen, Regelungen oder neue Verfahrensweisen mitgeteilt, muss sichergestellt werden, dass sie jeder verstanden hat und jeder weiß, was zu tun ist – gerade wenn es alle innerhalb einer Organisation, Kommune oder Behörde betrifft. Wie in dem Beispiel offensichtlich wird, kann es nicht sein, dass eine allgemeine amtliche Empfehlung öffentlich kommuniziert wird, aber die Ebenen, die mit dem Bürger in direktem Kontakt stehen, nur wenig oder gar nichts davon wissen. Das ist ein allgemeines Problem, aber es zeigt auch: Wenn Digitalisierung von »oben« beschlossen wird, dann muss das bis »ganz unten« klar und deutlich kommuniziert werden – alle müssen eingebunden werden!

2. Je stärker die Digitalisierung unseren Alltag durchdringt, desto mehr neue Herausforderungen werden auftauchen und entstehen. Auch das gilt es klar zu kommunizieren und ein Bewusstsein dafür zu schaffen. Wenn man Dinge kennt, verfällt man nicht in Panik und schiebt sie auch nicht ungelöst auf die nächstbeste Stelle – nach dem Motto »Irgendeiner wird es schon richten«. Natürlich kann man nicht alles wissen oder behalten. Dann sollte es aber eine Anlaufstelle geben, die man in solchen Fällen fragen kann. Das gehört ebenfalls zu einer Kommunikation, die alle einbindet. Und mit der Einführung neuer Technologien werden Fragen auftauchen. Daher müssen vorab Zuständigkeiten geklärt werden.

3. Zur Einführung neuer Programme oder Erweiterungen durch Updates gehört ebenfalls die Einbindung aller – zumindest, dass eine Schulung in der neuen Software zu erfolgen hat. In der Regel wird das auch getan, jedoch sehen die Qualitäten solcher Schulungen sehr unterschiedlich aus. Das Spektrum reicht von einer einmaligen Einweisung eines Mitarbeiters mit der Bitte, auch die Kollegen zu informieren, bis hin zu mehren Schulungsterminen, damit alle Mitarbeiter den gleichen Wissenstand haben – plus Unterlagen zum Nachschlagen und erklärendes Videomaterial. Egal, für was Sie sich entscheiden, wichtig ist, dass es passiert. Nichts ist peinlicher als ein Beamter, der laut fluchend Formulare auf dem PC sucht, die er zur Bearbeitung eines Vorgangs braucht.

4. Was ebenfalls im Zuge der Digitalisierung gelöst werden kann, ist das »Abschieben« von Zuständigkeiten. Ich erwähnte in diesem Kapitel das Beispiel der Großstadt, die eine Software implementierte, damit die Abteilungen fachübergreifend zusammenarbeiten können, ja sogar mit der Überlegung, eine andere Behörde, in dem Fall war es die Feuerwehr, ebenfalls einzubinden. Es hätte also im Falle des Beispiels der Polizei theoretisch

möglich sein müssen, über den Computer zu ermitteln, wer innerhalb der Polizei für Cyberkriminalität zuständig ist, und damit auch zu erfragen, was zu tun ist.

5. Es mag Zufall gewesen sein, dass an dem Tag, als mein Freund die Anzeige erstatten wollte, nur ältere Beamte Dienst hatten. Dennoch ist es so, dass die Verwaltung im Allgemeinen einen hohen Altersdurchschnitt aufweist und diesen auch beklagt, weil langsam allen bewusst wird, was das bedeutet. Gerade ältere Mitarbeiter tun sich öfter schwer mit digitalen Neuerungen. Das bedeutet nicht, dass sie computergestützte Prozesse grundsätzlich ablehnen. Aber viele von ihnen brauchen etwas mehr Hilfe im Umgang damit als meine Generation, die damit aufgewachsen ist. Ist jemand verunsichert bei der Anwendung eines Programms, dann wird er die Software vielleicht nur widerwillig benutzen. Die Folge werden Fehler sein, und das endet in Frust – siehe den Emotionsausbruch des Polizisten. Auch aus diesem Gesichtspunkt ist eine Einbindung aller und nicht nur der IT-Abteilung notwendig. So können sich beispielsweise jüngere und ältere Mitarbeiter gegenseitig helfen, indem sie Erfahrungen austauschen. Das ist nicht immer einfach. Mir ist das bewusst. Oft ist in den Medien von einem Generationenkonflikt am Arbeitsplatz zu lesen. Der erfahrene Mitarbeiter lässt sich nichts vom jüngeren sagen, und umgekehrt genauso. Dieses Thema will ich hier gar nicht vertiefen, aber auf dem Weg zur Digitalisierung wird nun mal die Hilfe anderer gebraucht, und dieser Weg muss gemeinsam gegangen werden. Es bedarf daher auch einer neuen Kultur des Miteinanders vor dem digitalen Hintergrund – eine neue Form der Kommunikation, die einfach gepflegt werden muss.

Arbeitskreise und Schulungen sind ein Weg, alle auf die digitale Reise mitzunehmen

Ich sprach es sowohl in diesem Buch als auch in diesem Kapitel schon an: Eine Lösung auf dem Weg in die Digitalisierung sind Arbeitskreise. Durch das gemeinsame Erarbeiten von Anliegen oder geplanten IT-Projekten entsteht ein Austausch unterschiedlichster Standpunkte und Erfahrungen. Das hilft den IT-Spezialisten, Lösungen zu programmieren, die auf die Bedürfnisse der Sachbearbeiter zugeschnitten sind. Was für einen ITler selbstverständlich ist, ruft bei Anwendern Fragezeichen hervor. Die Wünsche eines Anwenders dagegen sind für die Computerfachleute oft eine echte Herausforderung. Hier gilt es nicht nur gegenseitiges Verständnis aufzubauen, sondern einen praktikablen, alltagstauglichen Nenner zu finden. Selbstverständlich ist es auch möglich, über Schulungen Know-how zu vermitteln. Nur besteht in diesem Fall die Gefahr darin, dass das nötige Wissen klassisch vermittelt wird: »Vorne« steht einer und hält einen Monolog. Spätestens nach 20 Minuten fällt der Erste in Tiefschlaf. Das bringt natürlich absolut nichts. Wird die Schulung allerdings dynamisch gehalten, sodass ein aktiver Meinungsaustausch entsteht und praktische Erfahrungen gemacht werden können, ist das wesentlich zielführender.

Gleich, ob Arbeitskreise oder Schulungen – der Prozess zur Digitalisierung, in den alle eingebunden werden müssen, fängt schon viel früher an. Grundlage dafür sind Entscheidungen. Das fängt damit an, dass festgelegt wird, welche Rolle die IT-Abteilung in diesem Prozess einnehmen soll. Ich bin der gleichen Auffassung wie Georg Beuler. Die IT hat eine zentrale Funktion und muss daher eine Stabsstelle sein, bei der alles zusammenläuft, die koordiniert, die auch eigenständig entscheiden und schließlich ein Produkt schaffen kann, das bei den Anwendern in einer Form ankommt, die tatsächlich benötigt wird. Mit anderen Worten: eine Form, die wirklich benutzerfreundlich ist. Kommunen, die keine IT-Abteilung haben, sondern vielleicht nur jemanden, der computeradministrative Aufgaben wahrnimmt, sollten überlegen, wie sie eine solche Position, eine solche Schnittstelle etablieren können. Das kann mit externer Unterstützung geschehen oder durch Kooperationen mit anderen Städten und Gemeinden, mit denen man quasi eine IT-ARGE bilden kann. Entscheidend ist aber, dass jemand innerhalb der Verwaltung dafür klar definiert und das dann entsprechend kommuniziert wird!

Die Frage ist: Wer sind »alle«?

Zu der Einbindung »aller« gehören auch die Entscheidungsträger in der Politik. Ihnen muss klargemacht werden, warum Digitalisierungsprozesse in der Verwaltung nötig sind. Auch ihre Vorstellungen sind in diesen Prozess einzubinden. Mir ist klar, dass dieses Thema für viele Neuland ist. Man kann sich aber zur Entscheidungsfindung oder rein zur allgemeinen Orientierung bei Städten und Gemeinden Rat holen, die bereits auf diesem Weg sind. Daneben gibt es auch Anlaufstellen wie den Deutsche Städte- und Gemeindebund, den Deutsche Städtetag, die Kommunale Gemeinschaftsstelle für Verwaltungsmanagement (KGSt) oder man tauscht sich auf der Bürgermeisterkonferenz aus. All das trägt dazu bei, schließlich eine Entscheidung zu fällen, wie die Implementierung der Digitalisierung aussehen soll. Dafür ist eine Strategie ratsam, die schon mit der IT ausgearbeitet werden muss, denn schließlich liegt dort das digitale Know-how.

Anhand dieser Strategie und einem Fahrplan – einer Roadmap – können Budget, Ressourcen, Meilensteine, zu wann was umgesetzt werden soll und direkt involvierte Personen oder Abteilungen festgelegt werden. Herrscht bei den Umsetzungsverantwortlichen – das werden in der Regel Vertreter der Politik, der Bürgermeister, die IT und vielleicht eine Lenkungsgruppe sein – Einigkeit darüber, welche IT-Projekte gestartet werden sollen, sind alle Mitarbeiter innerhalb der Kommune davon eingehend zu unterrichten; selbst wenn diese nicht direkt von einem Projekt betroffen sind. Je nach Größe des Projekts kann es zu Beeinträchtigungen kommen, wenn zum Beispiel für die Installation eines neuen Servers der Strom abgestellt werden muss oder wegen Wartungsarbeiten kein Zugriff auf den Server möglich ist. Es geht darum, nicht nur alle im Sinne von »da kommt etwas Neues« zu informieren, sondern es geht auch darum, innerhalb der Verwaltung ein Bewusstsein für einen komplexen Prozess zu schaffen, der Digitalisierung heißt und einiges verändern wird. Es geht auch darum, Ängsten vorzubeugen und Fragen zu beantworten. Diese Fragen müssen natürlich auch zugelassen werden. Wichtig ist dabei die Botschaft: Es geht um Vereinfachung, Entlastung, Kostenersparnis und Effizienzsteigerung – nicht um Wegrationalisierung. Dabei sollte man zum Ausdruck bringen, dass die Mithilfe aller nötig ist. Und wenn es nur Rücksichtnahme und Verständnis für Unwägbarkeiten im Zuge der digitalen Neustrukturierung sind – der Prozess muss von allen getragen werden. Die IT-Verantwortlichen können das nicht allein.

Die wichtigen Aspekte auf dem Weg zur Digitalisierung habe ich daher nochmals in einer 7-Punkte-Formel zusammengefasst:

◆ Digitalisierung ist Chefsache!

◆ Entwicklung einer digitalen Strategie mit realistischen Etappenzielen und einem entsprechenden Finanzierungsplan.

◆ Alle dafür notwendigen Kompetenzen bei der IT-Abteilung bzw. einem zu definierenden IT-Beauftragten bündeln. In der Privatwirtschaft werden solche Positionen Chief Digital Officer (CDO) genannt.

◆ Den Anwender, den User, in den Mittelpunkt aller Überlegungen stellen.

- Mit der Implementierung digitaler Prozesse ebenso eine »digitale« Kultur schaffen. Das bedeutet: Veränderungsprozesse ganzheitlich bewerten und steuern, voneinander lernen z. B. intern, durch kommunale Plattformen oder andere Informationsmöglichkeiten, sich gegenseitig helfen und unterstützen.

- Synergieeffekte nutzen.

- Regelmäßig über Erfolge und Fortschritte berichten – nicht nur intern, sondern auch extern, also nach außen hin.

Dadurch werden wiederum andere Kommunen aufmerksam und holen sich vielleicht Rat. Kommunaler Wissenstransfer wird aufgebaut und gewährleistet. Schließlich ist die Digitalisierung Aufgabe aller, und dazu gehört noch ein ganz wesentlicher »Player«: der Bürger. Auch der ist auf diesem Weg abzuholen und einzubinden. Die Vereinfachung der Prozesse dient ja nicht nur dem kommunalen Mitarbeiter, sondern der Bürger soll schließlich ebenso davon profitieren. In einer digitalen Welt darf er von seiner Gemeinde oder seiner Stadt ein passendes Online-Angebot erwarten. Schließlich kennt er zahllose Anwendungen schon aus der »freien Wirtschaft«. Warum soll es das also nicht auch bei seiner Kommune geben? Die Digitalisierung trägt zu einem bürgerfreundlichen Service bei, steigert damit die Lebensqualität und sorgt für Transparenz.

Der Bürger ist wie der Sachbearbeiter ein Anwender und steht damit genauso im Mittelpunkt des gesamten Digitalisierungsprozesses. Daher ist die Digitalisierung Aufgabe aller – ohne Ausnahmen!

Kommunen brauchen eine Vision für ihren Standort

Wer nur bis morgen denkt, hat keine Chance im Wettbewerb. Nur eine Vision zu haben, reicht nicht aus. Um die Entwicklung einer klaren Strategie mit deutlich definierten Zielen und die Erarbeitung einer Roadmap für die nächsten zehn Jahre für die eigene Kommune führt kein Weg herum. Allerdings ist eine »Man müsste mal«-Mentalität dabei nicht hilfreich. Erfahrungsgemäß passiert dann gar nichts. Vielleicht entflammt um Ideen wie »Man müsste mal eine Vision für unsere Gemeinde entwickeln« eine lebhafte Diskussion. Wenn sich aus dieser aber keine konkreten Schritte ergeben, die zudem schriftlich fixiert werden, bleibt nichts übrig als heiße Luft!

Welche Vision hat Ihre Kommune? Wohin wollen Sie sich entwickeln?

Glauben Sie nicht? Werfen Sie mal einen Blick auf Ihr Privatleben. Bestimmt haben Sie schon öfter entweder zu sich selber, zu Ihrer Familie oder zu Freunden einen der folgenden Sätze gesagt: »Ich müsste mal den Keller entrümpeln!« Oder: »Ich müsste mal den Garten grundlegend auf Vordermann bringen!« Oder: »Man müsste mal nach Vietnam, China oder Australien reisen!« (Um kein klassisches Urlaubsland zu nennen.) Und was ist in solchen Fällen passiert? Ich wette, es blieb bei dem Gedanken oder dem Vorsatz. Oder hat Sie das weitergebracht – wurde Ihr Garten schöner oder mehr Platz im Keller geschaffen? Nein, nicht wahr?

Genauso ist es im Berufsleben: Auf Sätze wie »Wir müssten mal über Digitalisierung nachdenken«, »Wir müssten mal mit der IT reden, wie wir das Thema umsetzen wollen« oder auch schon ganz generelle Vorsätze wie: »Wir müssten mal eine Strategie für die Zukunft entwickeln!« folgen, wenn überhaupt, Meetings, in denen Verantwortlichkeiten hin und her geschoben werden, man aber nur selten vom Fleck kommt. Da stehen sich Privatwirtschaft und kommunale Verwaltung in nichts nach. Aber nichts machen bedeutet Stillstand und keinen Fortschritt. Schlimmer noch, man überlässt das Spiel, die Gestaltung der Zukunft mit solch halbherzigen Ansätzen anderen Akteuren. In einem Markt, der von Wettbewerb gekennzeichnet ist, bedeutet eine solche Einstellung das sichere Aus. Nichts zu machen ist also keine Option!

Strategisches Denken ist vielerorts ein Fremdwort

Über Strategien und Zukunft brauchten sich Kommunen lange Zeit keine wirklichen Gedanken zu machen. Warum auch? Städte und Gemeinden sind über Jahrzehnte, ja Jahrhunderte einfach gewachsen. Visionen und Strategie sind vielerorts nach wie vor kein Thema und wurden nie ins Visier genommen. Zwar wurde im Hinblick auf Veränderungen und Bedürfnisse geplant, aber richtig strategisch ging man dabei nicht vor. Viele Kommunen fragen sich bis heute nicht, wie die Zukunft ihrer Stadt oder Gemeinde in zehn, 15 oder gar 20 Jahren aussehen kann. Sie machen sich keine Vorstellungen, entwickeln keine Vision, wofür ihre Kommune heute steht und wofür sie in Zukunft stehen soll. Es ist einfach nicht angekommen, dass man im Wettbewerb steht und man sich auch innerhalb von Gemeinden sehr wohl um eine Vision und eine Strategie, mit der man seine aus der Vision abgeleiteten Ziele erreichen will, Gedanken machen muss. Beide Begriffe sind kein »nice to have«, sondern sind zu einem »must do« geworden.

Ich rufe daher nochmals in Erinnerung: Durch die hohe Mobilität der Menschen, ihre zunehmende Flexibilität, den demografischen Wandel und durch die kontinuierliche Digitalisierung ändert sich vieles. Städte, Gemeinden und Regionen geraten auf einmal in einen knallharten Wettbewerb, den sie bisher nicht, Unternehmen aber schon lange kennen. Da tauchen auf einmal Fragen auf, die bisher für Kommunen keine Relevanz hatten. Ob eine Familie an einem Ort bleibt oder in eine andere Stadt zieht, wird von durch die Abwägung verschiedenster Aspekte entschieden: Gibt es einen Kindergarten, Einkaufsmöglichkeiten, Ärzte, wie weit ist es zum Arbeitsplatz – sprich: Wie hoch ist die Lebensqualität? Für Unternehmen gilt das gleiche Prinzip, nur lauten die Fragen anders: Wie hoch sind die Abgaben, gibt's ausreichend qualifizierte Arbeitskräfte, wie ist die Anbindung an die nächstgelegene Autobahn und wie schaut es mit dem Breitband aus? Dauert der Bauantrag gefühlte hundert Jahre oder kann ich ihn digital per Videoverfahren abwickeln? Darauf müssen Kommunen Antworten liefern. Und das fängt, wie ich ja schon erklärte, mit den Fragen »Wo wollen wir stehen?«, »Was können wir oder was wollen wir eigentlich bieten?« und »Wie setzen wir uns da von anderen Gemeinden ab?« an.

Wie das in der Privatwirtschaft aussieht, möchte ich an einem konkreten Beispiel eines Kunden zeigen, den ich lange Zeit begleitet habe.

Was hat ein Unternehmen mit dem Nordstern zu tun?

Das in Wuppertal ansässige Unternehmen »STAHLWILLE« stellt hochwertige Handwerkzeuge für namhafte Kunden aus Luftfahrt, Transport, Energie und Industrie her und vertreibt sie weltweit. Gut

600 Mitarbeiter sind bei STAHLWILLE beschäftigt. Aufgrund von Turbulenzen in der Führung, aber auch durch das Fehlen einer klaren Ausrichtung und Strategie hatte das Unternehmen im Jahr 2013 nur noch stagnierende Geschäftsverläufe zu verzeichnen. Wollte es weiter am Markt bleiben, musste also etwas geschehen. Für den Geschäftsführer Winfried Czilwa stand fest: Zur Lösung der Probleme musste eine neue Strategie her. Aber ihm war bewusst, dass etwas in den in den oberen Führungsebenen zu beschließen, was die gesamte Firma direkt betrifft – gerade wenn es um eine neue Strategie oder um Strukturierungsmaßnahmen geht – in so einem Fall nicht die beste Strategie ist. Wichtig ist bei solch tiefgreifenden Beschlüssen, dass alle Mitarbeiter einbezogen werden. Schließlich müssen die daraus folgenden Veränderungen von allen getragen werden, sonst verpuffen die besten Maßnahmen. Genau dieser Aspekt war schon Gegenstand der Kapitel 3 und 6. Und auch das Beispiel STAHL-WILLE unterstreicht noch einmal, wie wichtig das Einbeziehen von Mitarbeitern ist.

Die beim Anwender grundsätzlich bekannte und stabile Marke STAHLWILLE wurde nicht mehr durch Innovationen und Neuheiten nach vorne getragen. Die neue Geschäftsführung unter dem Vorsitz von Winfried Czilwa – ehemals Geschäftsführer bei Hailo – übernahm das Unternehmen 2014 in einer offensichtlich schwierigen Situation. Lösungen mussten gefunden werden. Nur welche? Man fand sie schließlich – und seither ist STAHLWILLE auf einem sagenhaften Erfolgskurs. Im Rahmen eines Strategieprozesses wurden grundsätzliche Fragen gestellt, die generell klar beantwortet werden müssen, um ein Unternehmen auf Kurs oder wieder auf Kurs zu bringen. Denn nur dann können alle auf ein gemeinsames Ziel hinarbeiten. Diese Grundsatzüberlegungen beinhalten die Fragen »wohin«, »was« und »wie«. Das klingt simpel, aber stellt oft die größten Hürden dar. Für STAHLWILLE bedeutete das:

- WOHIN wollen wir?
Die Antwort auf diese Frage stellte die künftige strategische Ausrichtung des Unternehmens dar. Intern wurde diese Strategie übrigens »Nordstern« getauft, denn sie sollte wie der Nordstern auf See allen Mitarbeitern als Orientierung dienen.

- WAS müssen wir tun?
Welche strategischen Ziele müssen wir erfüllen, um unserem Ziel gerecht zu werden? Aus dieser Antwort wurden fünf Stoßrichtungen und Handlungsempfehlungen entwickelt – von der Markenführung, der Organisation und über den Vertrieb bis zum Produkt und der Lieferkette.

- WIE müssen wir es tun?
Die operative Umsetzung ist immer entscheidend. In »Nordstern« wurde klar festgelegt, wie STAHLWILLE zum Marktführer und Innovationsführer in festgelegten Bereichen der Handwerkzeuge zu entwickeln sei. Dafür wurden in den jeweiligen Stoßrichtungen und Handlungsempfehlungen notwendige Zukunftsmaßnahmen mit Kennzahlen definiert, die angegangen werden müssen.

Schritt für Schritt wurden in den jeweiligen Stoßrichtungen die Zukunftsmaßnahmen umgesetzt, die vorher sauber definiert und durch Fachteams erst formuliert und dann ausgeführt wurden. In einigen Fällen wurden neue – teilweise zusätzliche – Fachleute verpflichtet, um beispielsweise die Stoßrichtungen »Produkt(-innovation)« sowie »Lieferkette« konsequent realisieren zu können. Durch die klare und transparente Vermittlung, die zur Unternehmenskultur erhoben wurde, weiß bis heute jeder im Unternehmen, wo das Ziel liegt, und kann so seinen Teil dazu beitragen.

Auf dem Weg zur Strategie ist die Analyse unumgänglich

Eines muss jedem klar sein: Zum Markt- und Innovationsführer wird man nicht über Nacht. Jeder Unternehmensbereich gehört zur anfänglichen und gründlichen Analyse dazu. In den jeweiligen Stoßrichtungen (Markenführung, Produkt, Vertrieb, Lieferkette und Organisation) wurden daher fein säuberlich alle strategischen Punkte für den jeweiligen Entwicklungsbereich definiert und von internen Kompetenzteams innerhalb einer bestimmten Frist erarbeitet, sodass jeder Mitarbeiter im Unternehmen von vornherein erkennen konnte, wohin die Reise gehen soll. Beispielsweise wurde im Bereich Vertrieb als einer von sechs Punkten festgelegt, dass STAHLWILLE sich im E-Commerce aufstellen muss, den man bis dato vernachlässigt hatte.

Das Unternehmen musste also (nicht nur) in Sachen E-Commerce ein klares Ziel ausrufen. Für den Internet-Vertrieb von STAHLWILLE lautete dieses Ziel: als Premiummarke im Internet aufgestellt und erkennbar zu sein; alle notwendigen Informationen rund um Produkt, Unternehmensleistungen und so weiter müssen schnell und einfach aufzufinden und verständlich sein. Ebenfalls wurde eingeschlossen, dass E-Procurement, also die elektronische Beschaffung, ein wichtiger Bestandteil dieses Prozesses ist. Es ergaben sich dann drei konkrete Zukunftsmaßnahmen, die operativ erarbeitet und umgesetzt werden mussten:

- Ein Konzept zur Zukunft von STAHLWILLE im E-Commerce erstellen
- Definition eines Markenshops (Listenpreise, Empfehlungen, Beschreibungen etc.)
- Festlegen und Einbinden eines Partners, der das Geschäft E-Commerce kompetent beherrscht

Insgesamt wurden vier große Themen (plus Organisation) in »Nordstern« definiert, was übergreifend 25 Stoßrichtungen mit insgesamt 91 Zukunftsmaßnahmen ausmachte. Dazu zählt beispielsweise: »Schonungsloses Aufdecken aller Stärken und Schwächen unserer Steckschlüssel-Werkzeuge« oder »Mögliche Sortimentslücken und fehlende Standardsortimente erkennen und Schließung definieren (was fehlt?)«. Diese Fragen werden bis heute intensiv bearbeitet und führen durchweg dazu, dass alle Mitarbeiter wissen, woran sie arbeiten müssen und welche Aspekte bei ihrer Routine Vorrang haben.

Das kann man ganz leicht auch auf Kommunen übertragen:

◆ Haben Sie einen klaren Plan, eine klare Strategie, wohin sich Ihre Kommune entwickeln soll?
◆ Wissen Sie, welche Teilschritte dafür notwendig sind?
◆ Was müssen Sie dafür umsetzen und können Sie heute schon anfangen?

Klartext-Kultur hilft bei der Entscheidungsfindung

Ergeben sich Fragestellungen, ob Investitionen getätigt werden sollen und / oder gewisse Dinge einen Sinn ergeben, können diese natürlich anhand der Vorgaben der Operation »Nordstern« gechallenged werden. So kann man prüfen, ob diese Maßnahmen dem Ziel dienen. Wenn ja, dann wird es gemacht. Wenn nicht, dann nicht! Mit Etablierung einer Klartext-Kultur bleiben den Beteiligten überflüssige Kommunikationswege und »Meetingorgien« erspart. Im direkten Wettbewerb sind die Produkte in vielen B2B-Segmenten nahezu vergleichbar geworden, sodass hier kaum ein differenzierender Vorteil kommuniziert werden kann. Ein Unternehmen muss sich aber differenzieren, Themen besetzen und gewisse Charakteristika verkörpern und kommunizieren, um nicht in der Masse unterzugehen und die gewünschte Zielgruppe berühren zu können.

Dieses Beispiel zeigt, dass auch in der Privatwirtschaft die Digitalisierung ein großes Thema ist, aber es verdeutlicht auch, was man erreichen kann, wenn eine sauber definierte Strategie zugrunde liegt.

Über die Themen »Vision« und »Strategie« in Bezug auf Kommunen unterhielt ich mich dem ehemaligen Vorstand der Kommunalen Gemeinschaftsstelle für Verwaltungsmanagement (KGSt), Christian Beutel. Im Verlauf seines langen Berufswegs hat er sich immer wieder mit Zukunftsgestaltung auseinandergesetzt und hatte natürlich als aktiver KGSt-Vorstand einen guten Einblick über die allgemeine Entwicklung in den deutschen Kommunen.

■ Statement Christian Beutel, ehemaliger Vorstand der KGSt, Köln

Rainer Christian Beutel begann nach dem Abitur 1971 und der anschließenden Bundeswehrzeit 1972 ein Jurastudium an der Westfälischen Wilhelms-Universität in Münster, das er mit dem ersten Staatsexamen 1977 abschloss. Anschließend war Beutel Rechtsreferendar beim Landgericht Münster. 1979 legte er erfolgreich die Prüfung zum zweiten Staatsexamen ab.

Von 1979 bis 1983 war Beutel Leiter des Rechtsamtes und persönlicher Referent des Oberkreisdirektors des Kreises Borken. Bis 2002 arbeitete er als Stadtkämmerer, Erster Beigeordneter, Stadtdirektor und hauptamtlicher Bürgermeister für die Kreisstädte Borken und Coesfeld. Von 2002 bis 2007 war der Jurist Gründungspräsident der Gemeindeprüfungsanstalt NRW. Rainer Christian Beutel leitete von 2007 bis 2020 die KGSt (Kommunale Gemeinschaftsstelle für Verwaltungsmanagement) in Köln.

⟩⟩ Kommunen brauchen eine Vision für ihren Standort

Zunächst möchte ich vorausschicken, dass ich, wie der verstorbene Alt-kanzler Helmut Schmidt, einige Probleme mit dem Wort »Vision« habe. Schmidt sagte: »Wer eine Vision hat, soll zum Arzt gehen.« Visionen waren ihm zu spekulativ, und deswegen bevorzugte Schmidt andere Begriffe wie »Strategien« oder »langfristige, zukunftsfähige Planungen«. Das sind auch die Begriffe, mit denen ich lieber arbeite.

In Bezug auf Kommunen ist Strategie eine Sache, die sehr unterschiedlich praktiziert wird. So gibt es nur wenige Städte, Kreise und Gemeinden, die ganzheitlich strategisch denken und handeln. Betrachtet man allerdings Teilbereiche, in denen es eine erkennbare Strategie gibt, so sind es schon wesentlich mehr Kommunen, die so arbeiten. Man muss jedoch sehen, dass das Tagesgeschäft viele Kommunen davon abbringt, überhaupt in diese Richtung zu denken, obwohl wir von der KGSt versuchen, dieses wichtige Thema in die kommunale Landschaft zu tragen. Das kenne ich nicht nur aus dem öffentlichen Sektor, sondern auch aus der Privatwirtschaft. Einige Zeit war ich bei einem international agierenden Maschinenbaukonzern tätig. Man sollte meinen, hier sähe es in puncto Strategien und langfristigen Planungen anders aus. Tatsache ist, selbst ein solcher Konzern hatte seine Schwierigkeiten damit. Die entwickelten Strategien brachen oft nach einem halben oder dreiviertel Jahr schon wieder in sich zusammen.

Die Rahmenbedingungen hatten sich verändert und die Annahmen, auf denen die Strategien fußten, stimmten plötzlich nicht mehr. Soll- und Istzustand differierten so sehr, dass neue Planungen erforderlich waren. Damit will ich verdeutlichen, dass Strategieentwicklung eben nicht nur ein Problem des öffentlichen Sektors ist. Das bedeutet aber nicht, dass man auf diesem Gebiet nicht tätig werden sollte! Wenn man auf der Internetseite des KGSt-Portals unter den Stichwörtern »Strategie« und »strategische Planung« nachschaut, wird man sofort sehen, dass wir Vorreiter in dieser Vorgehensweise sind. Allerdings stellt sich der Erfolg in der Praxis bislang nur begrenzt ein. Ein Grund dafür sind die Komplexität und der Abstraktionsgrad dieses Themas. Hinzu kommt die schon erwähnte Hektik im Tagesgeschäft, die noch durch Internet und Social Media befeuert wird. Wobei da für viele Kommunen noch die Frage im Raum steht, wie man mit Letzterem überhaupt umgeht.

Auch das Prioritätsproblem kenne ich aus eigener Erfahrung. Als ich 1999 Bürgermeister von Coesfeld war, nahmen wir an dem Projekt »Kompass«, einem Strategieinstrument der Bertelsmann-Stiftung für den öffentlichen Sektor, teil. Ich stieß damit vielfach auf Unverständnis. Scheinbar gäbe es in Coesfeld nicht viel tun, wenn man für so ein Projekt Zeit hätte, lautete die Kritik. Diese Haltung hatte ihren Grund im Tagesgeschäft, das als vorrangig behandelt wurde – und da bleiben auch langfristige Planungen eben oft auf der Strecke. Dabei sind genau diese Planungen immens wichtig. Schließlich können Kommunen nicht von der Hand in den Mund leben! Ich kenne viele Bürgermeister und Landräte, die wollen das Thema Strategie angehen, treffen aber spätestens, wenn sie damit zu den politischen Vertretern gehen, auf Unverständnis. Strategie ist eben mühsam und eine langfristige Sache. Der Politik geht es hingegen häufig um kurzfristige Erfolge.

Natürlich ist das Thema Strategie auch eine Kostenfrage. Das darf man nicht übersehen. Wie viel eine Strategieentwicklung kostet, hängt von der Größe und vom Entwicklungsstand einer Kommune ab. Zurzeit beraten wir gerade eine Großstadt, die in den Bereichen »kinderfreundliche Stadt«, »E-Mobilität« und sogar »autonomes Fahren« schon recht gut aufgestellt ist, aber in anderen Bereichen noch nicht. Hier ist der Aufwand bei der Strategieberatung natürlich geringer als bei einer Stadt, die bei »null« anfängt. Auch ein Stadtrat, der sich durch eine klare Mehrheit für das geplante Projekt auszeichnet, ist von Vorteil. Zu viele unterschiedliche politische Gruppierungen, die erst zu einer Entscheidungsmehrheit finden müssen, bremsen das Tempo aus.

Um ein Zahlenbeispiel zu geben: Bei einer Stadt mit 50 000 Einwohnern und bei guten Rahmenbedingungen liegen die Kosten für eine Strategieentwicklung zwischen 120 000 bis 150 000 Euro, plus dem Personalaufwand der Stadt, der dafür nötig ist und der natürlich auch berücksichtigt werden muss. Sind die Rahmenbedingungen ungünstig und die politischen Verhältnisse kompliziert, kann ein solches Projekt durchaus einen siebenstelligen Betrag verursachen. Andererseits lägen die Kosten bei einer Verbandsgemeinde in der Größenordnung von 12 000 Einwohnern im überschaubaren fünfstelligen Bereich. Die Bandbreite ist also groß und hängt von vielen Faktoren ab.

Die Diskussion, ob in Strategie investiert werden soll oder nicht, hängt außerdem ebenso von der Einsicht in deren Notwendigkeit ab. Was dabei oft verwechselt wird, ist der Unterschied zwischen Sparsamkeit und Wirtschaftlichkeit. Das versuchen wir von der KGSt zu verdeutlichen und den rentablen Aufwand von unrentablen Schritten zu trennen. Wenn man also eine strategische Planung macht, dann wird zwar richtigerweise ein Betrag »X« investiert, aber auf mittlere und lange Sicht wird damit die Summe »Y« eingespart – und »Y« ist auf jeden Fall größer als der eingesetzte Betrag »X«. Einige können der Argumentation folgen, aber andere sehen das als Blödsinn an. Es gibt also in Sachen Argumentation noch viel zu tun – und das, wo sich der Wettbewerb zwischen den Kommunen verschärft.

Dass es einen Wettbewerb unter den Städten und Gemeinden gibt, wird mittlerweile immer mehr Leuten bewusst. Das war zu den Zeiten, als ich noch ein junger Stadtdirektor war, anders. Ich wurde damals, Ende der 80er-Jahre, belächelt, weil ich mich intensiv mit Stadtmarketing beschäftigte und argumentierte, die Kommunen stünden im Wettbewerb. Ich setzte auf eine starke Priorisierung der kommunalen Wirtschaftsförderung. Stadtmarketing war zu der Zeit nicht weit verbreitet. Als ich 1989 in Borken als Rathauschef das Thema Stadtmarketing forcieren wollte, scheiterte ich mit meinen Vorschlägen an der Politik. Es wurde argumentiert, man benötige kein Stadtmarketing, weil man nicht im Wettbewerb stünde. Das hat sich inzwischen grundlegend geändert. Man weiß, dass die Kommunen als Wirtschafts- und Bildungsstandort im Wettbewerb um Einwohner, um junge und kreative Arbeitskräfte oder um Unternehmen stehen.

Man muss auch sehen, dass die Kommunalverwaltungen sich in den letzten Jahrzehnten stark verändert haben und durchaus in vielen Dingen mit der Zeit gegangen sind. Als ich Ende der 70er-Jahre in der Kommunalverwaltung angefangen habe, glichen die Verwaltungen »einer Veranstaltung im preußischen Sinne« – gegenüber dem Bürger von oben nach unten. Mittlerweile ist das Augenhöhe- und Wettbewerbsprinzip vorherrschend. Natürlich ist das noch nicht ganz flächendeckend, aber es hat sich schon viel im Bewusstsein der Verwaltung getan. Warum würden sich so viele Kommunen sonst darum bemühen, ihre Bürgerservices möglichst optimal aufzustellen, wenn ihnen nicht bewusst wäre, dass das die Voraussetzungen sind, um Unternehmen, Investoren und Einwohner zu gewinnen oder zu halten? Der Punkt ist wichtig!

Wie verzerrt das Bild einer Verwaltung in der Öffentlichkeit sein kann, zeigt das Beispiel der Stadt Köln. Aus verwaltungstechnischer Sicht ist Köln in vielen Bereichen gut aufgestellt, aber die Stadt hat hier zu Unrecht einen schlechten Ruf. Köln ist, was den Bürgerservice angeht, unglaublich aktiv. Das ist im 262-seitigen Modernisierungsbericht der Stadt nachzulesen. Dabei geht es neben der Flächenverfügbarkeit oder dem One-Stop-Shop-Government auch um allgemeine digitale Fragen, zum Beispiel kostengünstige, schnelle und von Öffnungszeiten unabhängige Services beispielsweise zu Online-Gewerbean- und -ummeldungen. Ferner werden in dem Bericht Aspekte wie die Beschleunigung von Baugenehmigungsverfahren aufgeführt, was besonders für die Wirtschaft wichtig ist. Es wurde nicht nur die digitale Bauakte geschaffen, sondern auch Beteiligungsverfahren der Fachabteilungen wie Stadtplanung, Stadtentwicklung oder Landschaftsschutz digitalisiert und parallel geschaltet. Die Durchlaufzeiten haben sich dadurch enorm verkürzt. Das sind nur einige Punkte der umfangreichen Maßnahmen, die Köln in Richtung Zukunft unternommen hat.

Wenn ich nur den Aspekt der Wohnraumsituation in den Ballungszentren betrachte, so ergibt sich allein daraus die Notwendigkeit zum Handeln. Der Druck auf die großen Städte wird immer stärker. Auf dem Land sieht es teilweise anders aus. Die Bundesregierung hat per Kabinettsbeschluss vom 18. Juli 2018 die Kommission »Gleichwertige Lebensverhältnisse« eingesetzt, die dem Bundesministerium des Inneren, für Bauen und Heimat unterstellt ist. Auf der Basis eines gemeinsamen Verständnisses gleichwertiger Lebensverhältnisse sollte die Kommission Handlungsempfehlungen mit Blick auf unterschiedliche regionale Entwicklungen und den demografischen Wandel in Deutschland erarbeiten. Die Kommission kam u. a. zu folgender Erkenntnis: Wenn die teilweise sehr starke Nachfrage nach Wohnraum in den Ballungsräumen anhält, dann ist Wohnraum für viele Menschen nicht mehr bezahlbar. Wie kann man also dieser Herausforderung entgegenwirken? Digitalisierung ist sicher richtig, aber in diesem Zusammenhang nur ein Ansatz neben besserer Mobilität.

Die 14 000 Einwohner große Gemeinde Wennigsen in Niedersachen bietet Co-Working-Spaces an. Das sind Büroräume mit entsprechender Infrastruktur, die in Zusammenarbeit mit Firmen aus Ballungszentren entstanden sind. Arbeitnehmer können von hier aus bequem für Firmen arbeiten, die in Hannover, Köln oder Dortmund sitzen, ohne gleich ein Homeoffice einrichten zu müssen. Das Pendeln entfällt, die Wohnraumsituation in den großen Städten wird entlastet und im ländlichen Raum verbessert sich das Arbeitsangebot. Das sind selbstverständlich Konzepte, die momentan noch in den Kinderschuhen stecken und Pilotcharakter haben, aber ich halte sie für zukunftsfähig.

Ich möchte noch ein anderes Beispiel erwähnen – die Region westliches Münsterland. Durch die Textilkrise gingen dort in den Achtzigern rund 50 000 Arbeitsplätze verloren. In Relation gesetzt war das für die

Region genauso dramatisch wie die Kohle- und Stahlkrise in meiner Heimatstadt Dortmund und im ganzen Ruhrgebiet. Die 42 000 Einwohner zählende Stadt Borken und ihr Umland galten zwar als landschaftlich schön, wurden aber als etwas abgehängte Region bezeichnet. Zu dieser Zeit war ich Stadtdirektor, denn einen hauptamtlichen Bürgermeister gab es damals in NRW noch nicht. Borken hatte eine Arbeitslosenquote von 15,8 Prozent. Um das zu reduzieren, beschlossen wir ein Bündel von Maßnahmen. Sie betrafen zunächst unmittelbar unternehmerische Ansiedlungsmöglichkeiten. Dazu gehörten u. a. Flächen, Stromversorgung, Löschwasserversorgung, Brandschutz, schnelle Baugenehmigungen oder auch infrastrukturelle Maßnahmen.

So haben wir die Verkehrsanbindung in Ballungszentren wie Essen verbessert. Daneben haben wir auch gezeigt, wie gut es sich rund um Borken leben lässt – mit Anreizen wie Freizeitangebot oder kostengünstige Möglichkeiten für den Bau von Familieneigenheimen. Diesem umfangreichen Handlungspaket lag natürlich eine Strategie zugrunde, die das Ziel hatte, die Region wieder stark zu machen. Das wurde auch erreicht. Die Region rund um Borken und Coesfeld kann sich heute, was ihre Finanzstärke angeht, mit vielen Topregionen messen. Die Arbeitslosenquote bewegt sich um die drei Prozent herum. Wichtig bei diesem Prozess war, dass wir alle daran geglaubt haben, das Ruder wieder rumreißen zu können. Man muss auch an die Strategie glauben, die man entwickelt hat, sonst ist sie das Papier, auf dem sie steht, nicht wert.

Um im Wettbewerb zu bestehen, müssen Kommunen ihre Stärken und Schwächen analysieren. Sie haben sich zu fragen, wofür sie stehen und ob es möglich ist, Schwächen in Stärken zu verwandeln, was ich mit den Beispielen Wennigsen und Borken verdeutlicht habe. Daraus ist eine mittel- und langfristige Strategie zu entwickeln. Es lohnt sich, sich hierbei Hilfe zu holen. Wir von der KGSt tun das gern. Entscheidend ist aber, dass man nicht beim Status quo stehen bleibt, dass man ein klar formuliertes Ziel hat und dass man auch daran glaubt – kurzum: dass man hinter der Strategie steht, die man entwickelt hat! ■

Entscheidend ist, dass man sich zunächst die richtigen Fragen stellt. Nur – was sind die richtigen Fragen? Als »Gemischtwarenladen« können gerade kleinere Kommunen nicht mehr überzeugen. Auch wenn es wehtut, es ist so: Sie sind austauschbar.

Was macht also eine Kommune aus? Sicherlich sind es viele Punkte; wie Infrastruktur, Bildungseinrichtungen oder Freizeitangebote. Aber eine der Grundvoraussetzungen für Lebensqualität, wirtschaftliches Leben und sogar Bildung ist der Zugang zum Internet. Spätestens mit dem Grundsatzurteil vom Januar 2013 des Bundesgerichtshofs, nach dem der Internetzugang bei Privatpersonen zur Lebensgrundlage gehört, ist das verbrieftes Recht. Und hier zeigen sich deutschlandweit große Unterschiede. Auf der einen Seite gibt es Kommunen, die sind auf diesem Gebiet ausgezeichnet ausgebaut. Auf der anderen Seite wird in einigen Gemeinden sogar noch diskutiert, wie nötig Internet überhaupt ist. Selbst wenn man sich dafür entschieden hat: Für den geordneten Ausbau einer Internetstruktur braucht es ebenfalls eine Strategie. Mit Absichtserklärungen à la »Man müsste sich mal mit Digitalisierung befassen« kommt man nicht mehr weit. »Wir bauen das Breitband aus« ist definitiv auch keine Strategie, die die Zukunft einer Stadt oder Gemeinde sichern kann. Der Beschluss »Wir verlegen Glasfaserkabel« ist ebenfalls keine Strategie, wie tatsächlich manche meinen. Die Digitalisierung aller Bereiche, die eine Gemeinde oder Stadt ausmachen, um Prozesse zu vereinfachen, Mitarbeiter zu entlasten und Bürgern einen besseren Service zu bieten und effizienter zu werden – das wäre eine Strategie.

Metropolen haben per se eine Sogwirkung

Wie so ein Prozess auf kommunaler Ebene aussehen kann, möchte ich stellvertretend für etliche Kommunen, die sich auf den Weg in die digitale Zukunft gemacht haben, am Beispiel des Landkreises

Cochem-Zell zeigen. Ein Beispiel, das ich schon bei vielen Gelegenheiten erwähnt habe. Cochem-Zell ist der fünftkleinste Landkreis Deutschlands und liegt im nördlichen Rheinland-Pfalz. Verwaltungssitz: Cochem selbst. Wie alle Kommunen steht dieser Landkreis im Wettbewerb zu anderen Gemeinden und Städten, er liegt im größeren Einzugsgebiet von Koblenz, Bonn, Trier und Kaiserslautern. Allein aus dieser Perspektive ist für den knapp 62 000 Einwohner großen Bezirk der Druck beim Stichwort »Jobmöglichkeiten« enorm. Was diese großen Städte zu bieten haben, braucht wohl keine besondere Erwähnung.

Das vielfältige Angebot größerer Städte sorgt bekanntermaßen für eine Sogwirkung. Die Menschen verlassen den ländlichen Raum, wenn dieser ihnen keine Alternativen bietet. Zumindest Grundbedürfnisse müssen gedeckt sein, will man Bürger »auf dem Land« halten. Und dazu gehört der Zugang zum Internet, denn dieser ist heute einfach ein K.-o.-Kriterium, wenn es um die Ansiedlung eines Unternehmens oder den Kauf einer privaten Immobilie geht.

Gutes Internet ist ein klarer Standortvorteil

Um die Attraktivität des Landkreises Cochem-Zell als Wirtschaftsstandort und als Wohnort zu steigern, wurde im Rahmen einer Strategie ein Glasfasernetz für alle 92 kreisangehörigen Gemeinden mit einer Gesamtstrecke von über 340 Kilometern errichtet. Das war die Grundlage, damit der Landkreis viele Prozesse und Projekte, die nur durch diese technische Voraussetzung möglich sind, in Angriff nehmen kann. Es bringt relativ wenig, wenn beispielsweise in der Verwaltung neueste Software eingesetzt wird, um bei gleichem oder gar weniger Personalbestand gleich leistungsfähig zu bleiben, wenn die Datenübertragung aufgrund einer schlechten Netzanbindung dann doch scheitert. Gleiches gilt ebenso für Bürgerservices, die internetbasiert sind. »E-Government« lautet das Stichwort in diesem

Zusammenhang. Was dabei ebenfalls zu beachten ist: Ein effizientes Internet bildet die Grundlage für eine thematische Sensibilisierung der Bevölkerung, damit Kommunen sinnvoll und für alle Bürger in die Digitalisierung investieren können.

Die Voraussetzung für das Gelingen des Projekts »Schnelles Internet im Landkreis Cochem-Zell« war der Gemeinsinn aller beteiligten Gemeinden und Partner. Allein hätte Cochem-Zell diese Mammutaufgabe nie stemmen können. Also überlegte man sich: »Wie kommen wir zum Ziel; was ist die Lösung?« Man ging hier den Weg des Public-Private-Partnership. Dabei geht es im Wesentlichen immer um die Kernfrage, mit welchen strategischen Partnern es gelingen kann, die Herausforderungen eines Standorts umzusetzen. Die Aspekte Zeit, Geld und Ressourcen sind ausschlaggebend für das Zusammengehen in Kooperationen. Der Landkreis Cochem-Zell profitierte neben anderen Partnerschaften auch von der Zusammenarbeit mit der damaligen RWE – heute iNNOGY SE.

Lösungen sind zur Umsetzung einer Strategie gefragt – nicht Diskussionen

Zum einen beteiligte sich der Konzern finanziell am Ausbau, zum anderen gehören ihm Leerrohre in der Region. Diese wurden für die Verlegung der Glasfaserkabel genutzt. Aufwendige Erdarbeiten konnten dadurch reduziert werden, was sich schließlich positiv auf die Investitionssumme auswirkte. Außerdem verkürzte sich die Bauphase. Cochem-Zell sparte Geld und bekam in kurzer Zeit schnelles Internet. Die Digitalisierung in der Kommune konnte ausgebaut werden. Durch das neue leistungsstarke Netz wurde ein großer Standortvorteil geschaffen, denn nicht nur Familien, sondern auch Selbstständige und Unternehmen profitieren vom Ausbau der Internetinfrastruktur und haben nun dank der Bemühungen Breitband-Internet.

Nun war ich an diesem Prozess nicht direkt beteiligt, ich habe ihn aber durch ein anderes kommunales Projekt beobachten können. Daher weiß ich nicht, wie sich genau der Prozess in Cochem-Zell gestaltete. Aufgrund der Erfahrung aus anderen kommunalen Projekten kann ich jedoch recht gut einschätzen, wie es gelaufen sein könnte:

Die Standortdebatte unter den Kommunen ist groß. In den Gemeinderatsitzungen, Stadtparlamenten und Bürgermeisterzimmern wird lebhaft diskutiert, wie die Abwanderung gestoppt und die Attraktivität oder noch besser: die Zuwanderung – gleich ob Einwohner oder Firmen – gesteigert werden kann. Schließlich stehen diese Punkte auch mit Einnahmen aus Steuergeldern in Verbindung und damit auch mit dem Haushaltsbudget. Ich gehe davon aus, dass all das in Cochem-Zell diskutiert wurde. Vermutlich wurde auch durch einen Eigen-/Fremdabgleich eine Analyse durchgeführt, die Antworten auf die Fragen »Wo stehen wir, wo stehen die anderen?« liefern sollte. Solche Debatten über den Standort basieren oft auf eigenen Eindrücken, aber auch auf verfügbaren Daten oder medialer Berichterstattung. Durch diesen Vergleich zwischen sich und anderen Kommunen wächst die Einsicht, etwas zu ändern. Entscheidend ist aber nun, nicht in Aktionismus zu verfallen (was nicht nur in Kommunen auch häufig passiert), sondern systematisch vom ersten Schritt ausgehend anzufangen.

Grundsatzentscheidungen machen den Weg für eine Strategie frei

Gutachten und diverse Gespräche mit z. B. Experten, Wirtschaftsvertretern und natürlich dem Bürger führen schließlich zu einer Entscheidungsgrundlage, ob die Digitalisierung gewollt ist oder nicht. Aber Vorsicht: Die Absichtserklärung selbst ist noch immer keine Strategie! Mit dieser Grundsatzentscheidung wird erst einmal festgelegt, dass eine solche Strategie ausgearbeitet werden soll; manchmal wird auch schon entschieden, wer mit den umsetzenden Maßnahmen beauftragt wird. Entweder macht das ein Ausschuss, beispielsweise der für Wirtschaft, oder es wird einer für diese Aufgabe ins Leben gerufen, der mit Fachleuten aus der Verwaltung oder gar Externen zusammenarbeitet. Im Falle des Beispiels Cochem-Zell hat das die Breitband-Infrastrukturgesellschaft Cochem-Zell (BIG) übernommen: Es wurde eine Public-Private-Partnership gebildet. Die BIG ist ein Zusammenschluss aus dem Landkreis Cochem-Zell, fünf Verbandsgemeinden, einem Telekommunikationsunternehmen, der schon erwähnten damaligen RWE Deutschland AG, einem Energieversorger aus der Nähe und einem Hersteller für Software.

Letztendlich spielt keine Rolle, wie diese Ausschüsse genannt werden oder sich zusammensetzen, sie erarbeiten eine Strategie, die einzelne Ziele und Maßnahmen zu deren Umsetzung beinhaltet. Wie ich schon bemerkte, ist das Thema Strategie bei vielen Kommunen noch nicht Alltag. Die Gemeinden, mit denen ich arbeitete, dachten nur in einzelnen Sparten, seien die nun aufgaben- oder fachbezogen. Das Verständnis für eine Gesamtstrategie kommt erst jetzt langsam flächendeckend auf. Hier müssen alle Aspekte einer Kommune einbezogen werden: Was bedeutet »Digitalisierung der Gemeinde« für beispielsweise den Bauhof, den Friedhof, den Kindergarten, die Kirche, den Sportverein, die Gewerbetreibenden, die Infrastruktur, die Kernverwaltung, den Bürger? Und in welchen Zeitrahmen soll diese erfolgen? Mögliche Prozesse müssen auf diese Stichpunkte hin durchleuchtet werden.

Weg vom verwaltungstechnischen Blickwinkel hin zur ganzheitlichen Betrachtung

Es ist für die meisten Kommunen Zeit, eine digitale Agenda zu entwickeln – sprich: eine Digitalisierungsstrategie samt Umsetzungsplan festzuschreiben. Denn, wie gesagt, ohne Internet und IT funktionieren weder Stadtreinigung, Energieversorgung, Bildung, Verkehr, Wasserversorgung noch die allgemeine Verwaltung. Im Kern geht es dabei um ganzheitliche Kommunalentwicklungs- und Infrastrukturpolitik. Erforderlich hierfür ist ein Paradigmenwechsel, weg von einem rein verwaltungstechnischen Blickwinkel hin zu einer ganzheitlichen Betrachtung der Digitalisierung des Lebens innerhalb einer Kommune mit den Teilbereichen E-Government und Verwaltungsmodernisierung. Kurz gesagt: Wo will ich als Kommune oder Stadt eigentlich hin?

Denken Sie dabei an STAHLWILLE und die Strategie »Nordstern«. Um beim Thema Digitalisierung zu bleiben, müssen Sie sich die folgenden Fragen beantworten:

◆ Will ich die digitalste Stadt der Region werden? Wenn die Antwort »Ja« lautet, sind die nächsten Schritte klar.

◆ Was müssen wir tun?
Die Gemeinde von der Verwaltung über die Betriebe bis zum öffentlichen Leben ins Zeitalter der Digitalisierung führen.

◆ Wie müssen wir es tun?
Prozesse analysieren, Verantwortlichkeiten bestimmen, Budget- und Zeitrahmen definieren usw.

Das sind die Fragen, die für eine Strategie zu beantworten sind, vorausgesetzt, Sie wollen das. Wenn die Antwort bereits zu Beginn »Nein« lautet, bleibt alles so, wie es ist. Nur wird der Wettbewerb Sie dann abstrafen. Auch aus diesem Grund habe ich das Beispiel STAHLWILLE gewählt, weil es gut verdeutlicht, welche Folgen ein »Nichtstun« nach sich zieht und was für ein Aufwand zu betreiben ist, will man wieder Anschluss an den Markt haben – mehr noch: Marktführer werden.

Die Vorstellung oder die Vision, wie Ihre Kommune im Idealfall aussehen könnte, müssen Sie entwickeln. Das kann Ihnen keiner abnehmen. Sie können sich aber auf diesem Weg durch externe Hilfe begleiten lassen. Das hat den einleuchtenden Vorteil, dass ein Außenstehender einen anderen, ungetrübten Blick auf die Dinge hat. Das beginnt schon bei der Auswahl der richtigen Fragen für eine Strategieentwicklung. Außerdem kann ein Externer dafür sorgen, dass gerade beim Eigenabgleich die Analyse möglichst objektiv verläuft und dass bei der Umsetzung die vereinbarten Etappenziele auf dem Weg zur Realisierung der Vision eingehalten werden. Im Prinzip kennen wir das alle aus dem privaten Bereich. Mit einem guten Freund oder einem Coach erreichen wir unsere Ziele einfacher und effektiver. Machen wir uns allein auf den Weg, tun wir uns manchmal schwer. Ob Privat, freie Wirtschaft oder Kommune – ohne eine Vision verschwinden wir in der Bedeutungslosigkeit. Wir werden unattraktiv. Haben wir eine Vorstellung von dem, was wir sein wollen, dann geht es darum, den Weg zu finden, um das Ziel zu erreichen. Und dieser Weg zahlt sich aus – für jeden!

Kommunen müssen denken wie Unternehmen

Im Prinzip unterscheiden sich Kommunen in ihrer Arbeitsweise kaum von Unternehmen. Wie in der Wirtschaft gibt es eine Chefetage, zu der der Bürgermeister gehört; dann sind da auch immer eine Personalabteilung, reine Verwaltungs- und Abrechnungseinheiten, Projektgruppen, Servicebereiche und Entwicklungsabteilungen. Sogar eine »Produktion« oder »Logistik« ist in der Regel vorhanden. Man denke an den Straßenbau, die Wasserversorgung, die Gärtnerei oder den Tischler, den es in größeren Kommunen durchaus gibt. Durch einen Auftrag, der hausintern oder durch den Bürger – den Kunden – erteilt werden kann, werden Prozesse über diverse Abteilungen ausgelöst. Diese haben das Ziel, den Auftrag umzusetzen.

Am Ende entsteht ein Dienstleistungs- oder ein physikalisches Produkt: das Blumenbeet vor dem Rathaus, der Reisepass oder ein Stück Straßenbelag. Es gibt ein Budget, mit dem gewirtschaftet werden muss, es werden Rechnungen gestellt und Gelder eingenommen.

Sogar Kontroll- und Steuerungsorgane, wie es sie in der freien Wirtschaft auch gibt, sind vorhanden. Neben den klassischen Verwaltungsberufen gibt es auch Quereinsteiger aus der Privatwirtschaft, die bei Städten und Gemeinden arbeiten. Nicht zu vergessen ist der Gemeinderat, der sich gerade in kleineren Kommunen dadurch auszeichnet, dass keine Berufspolitiker dort sitzen. In der Regel besteht er aus Bürgern, die unter anderem selber Unternehmer oder Kaufleute sind. Auf den ersten Blick scheint es so, als sei bei Städten und Gemeinden unternehmerisches Denken, das dem in der Privatwirtschaft ähnelt, hinreichend etabliert. Doch ich habe während meiner Projekte, die ich für Städte und Gemeinden abgewickelt habe, den Eindruck gewonnen, dass sich Kommunen mit Zähnen und Klauen an ihrer Rolle als verwaltendes Organ festhalten wollen. Sie entwickeln sich dadurch nicht weiter und wollen das auch gar nicht. Wieder der Vergleich mit der Privatwirtschaft: Betriebe, die nicht ständig an sich arbeiten, sind relativ schnell weg vom Markt. Da ist der stationäre Handel ein gutes Beispiel. Wer sich hier nicht mit dem Online-Handel auseinandersetzt, der gerät unter Druck. Das bedeutet nicht, dass ein Ladengeschäft auch automatisch einen Online-Shop betreiben muss. Aber angesichts des sich ständig verändernden Konsumverhaltens muss sich der Inhaber des Geschäftes überlegen, welche Antworten er darauf geben will.

Kommunen gefallen sich in der Rolle des Verwalters

Genau das aber ist in sehr vielen Kommunen noch nicht angekommen. Dabei besteht bei Städten und Gemeinden sehr wohl Handlungsbedarf – sei es nun aus dem Aspekt der Globalisierung, dem allgemeinen wirtschaftlichen Druck oder den verschiedensten mittel- und langfristigen Entwicklungstrends heraus. Ich greife das Beispiel Digitalisierung noch mal auf. Der Bürger kennt und nutzt mittlerweile diverse Online-Angebote. Ob es nun die Bestellung bei Amazon, der Ticketkauf bei der Deutschen Bahn oder die Reservierung des Mietwagens sind – all das übers Internet zu bestellen und zu bezahlen ist Alltag. Und die Kommune?

Etliche Städte und Gemeinden haben darauf keine Antwort, so als würde dieser Megatrend, der schon kein Trend mehr ist, sondern Alltag, gar nicht stattfinden. Es wird so getan, als befände man sich mit einem eigenen Mikrokosmos unter einer Käseglocke. Damit muss jetzt Schluss sein, will man die Zukunft seiner Gemeinde oder Stadt sichern. Das ist nicht nur meine Auffassung. Der Vorstandsvorsitzende der Bertelsmann Stiftung, Prof. Dr. Dr. h.c. mult. Heribert Meffert, schrieb in seinem Vorwort zu »Kommunen schaffen Zukunft«: »Aus diesem Dilemma finden nur diejenigen Kommunen einen Ausweg, die bereit sind, eingefahrene Bahnen zu verlassen und Neues zu wagen.«*

Natürlich sehen das auch etliche Städte und Gemeinden so, machen sich Gedanken, wie man den Anforderungen von heute und morgen gerecht werden kann, und handeln entsprechend. Und man muss sich nichts vormachen: So wie es Kommunen gibt, die im traditionellen Verwaltungsdenken verhaftet sind, so gibt es auch in der Privatwirtschaft Betriebe, die sich schwertun oder es gar verweigern, über neue Möglichkeiten nachzudenken. Die Debatte über die Digitalisierung in der Wirtschaft zeigt es. Wie unterschiedlich unternehmerisches Denken in Verbindung mit der Digitalisierung auch in der Privatwirtschaft aufgefasst wird, möchte ich an zwei Beispielen verdeutlichen.

Auch in der Privatwirtschaft gibt es Licht und Schatten

Zunächst schildere ich Ihnen den Fall eines kleinen, mittelständischen Traditionsbetriebs. Die Firma wurde 1923 gegründet und handelte zunächst nur mit Tee. Später wurde das Sortiment auf Kaffee und Kakao ausgeweitet. Bis in die 50er-Jahre verlief die Firmenentwicklung relativ unspektakulär. Der Betrieb bestand aus einem Ladengeschäft, einem Lager, einem Raum für die Produktion und einer kleinen Rösterei. Nach Erzählung des heutigen Geschäfts-

---

* Bertelsmann Stiftung. 2008. Kommunen schaffen Zukunft, Reformimpulse für Entscheider, 1. Auflage, Gütersloh: Bertelsmann Stiftung, Seite 6.

inhabers arbeiteten in dem Betrieb neben dem Inhaberehepaar noch acht weitere Angestellte. Mit Beginn der 60er-Jahre begann die Firma langsam zu wachsen. Die Nachfrage nach Kaffee wuchs und so wurden Rösterei und Produktion an einen anderen Ort verlegt, da größere Maschinen und Lagerkapazitäten benötigt wurden. In den 70er-Jahren verschärfte sich der Wettbewerb auf dem Kaffeemarkt. Der Betrieb geriet unter Druck, konnte aber den Preiskampf im Kaffeebereich durch den Tee und den Kakao kompensieren. In dieser Zeit gab es auch einen Inhaberwechsel. Der Senior zog sich zurück und übergab das Geschäft seinem Sohn. Mittlerweile hatte die Firma rund 45 Mitarbeiter.

Bis Anfang der 90er-Jahre liefen die Geschäfte konstant auf einem Niveau. Durch den anhaltenden Druck auf den Kaffeepreis konnte dieser Bereich nicht mehr ausgebaut, sondern höchstens stabilisiert werden. Der Kakao- und Teeverkauf allerdings brach komplett ein. Darum wurde das Sortiment um exklusive Schokoladen und Pralinen erweitert. Die Firma hatte inzwischen nur noch 13 Mitarbeiter inklusive Chef. Davon waren drei im Büro tätig, weil die Buchhaltung noch klassisch analog mit Listen, Karteikarten und Zetteln erledigt wurde. Inzwischen setzten andere Betriebe schon längst auf EDV. Weil das Sortiment mit den Süßwaren sehr kleinteilig war und die Personalkosten die Gewinne auffraßen, entschied sich der Inhaber, in Computer und in entsprechende Software zu investieren. Zwar verschaffte das von der Übersicht, vom Arbeitsablauf und auch in puncto Personalkosten her etwas Luft. Die reichte aber nicht lange aus, mehr Kapital zu generieren. Die wirtschaftliche Schraube des Betriebes drehte sich weiter nach unten.

Keine Digitalisierung? Anschluss verpasst!

Mittlerweile hat die Firma komplett den Anschluss verpasst. Von einst rund 45 Mitarbeitern sind heute nur vier geblieben. Die Geschäfte sind massiv eingebrochen. Die Rösterei und die Produktion befinden sich wieder im Stammhaus. Es hat sich weder etwas am Sortiment noch an der Firmenstruktur, noch am technischen Support geändert. Das ist kein Witz, die Firma arbeitet noch immer auf den gleichen Computern aus den 90er-Jahren und verwendet das aus dieser Zeit stammende FiBu-Programm. Zugegeben: Es gab darauf einige Updates. Aber Internet? Fehlanzeige. Dem Firmeninhaber legte ich bei einem Beratungsgespräch dringend ans Herz, einen Internetauftritt inklusive Online-Shop programmieren zu lassen. Natürlich hätte er dafür erst mal in Hard- und Software investieren müssen, aber das kostet heute nicht die Welt. Über die Internetpräsenz hätte er ein viel größeres Publikum angesprochen. Die Leute suchen heute das Besondere und Exklusive, und über den Online-Shop hätte er seine Ware direkt verkaufen können. Das ist heute gang und gäbe.

Aber nein, er weigerte sich – »... weil das nichts für ihn sei«. Für mich war das ein eindeutiges Zeichen, dass der Mann in der Zeit stehengeblieben und vom Kopf her nicht bereit war, sich auf die Anforderungen der Zeit einzulassen. Das ist ein klassischer Fall von »Das war so, haben wir immer so gemacht und ändern wir deshalb auch nicht«. Es ist nur eine Frage der Zeit, wann in dem Betrieb ganz die Lichter ausgehen.

Amazon: Ein Gigant mit 1000 Gesichtern

Wie anders es laufen kann, wenn man unternehmerisch denkt und die Zeichen der Zeit nicht nur erkennt, sondern aktiv für sich nutzt und gar Standards definiert, zeigt der Online-Handelsriese und IT-

Konzern Amazon. Die Geschichte des US-amerikanischen Unternehmens ist den meisten wohl bekannt. Trotzdem gehe ich kurz auf die Geschichte von Amazon ein: Der Gründer von Amazon hatte die Idee eines elektronischen Buchgeschäftes. 1994 gründete sich das Unternehmen als Online-Buchhandlung. Diese Idee setzte sich rasant weltweit durch. Durch internationale Zukäufe von Buchhändlern baute der Konzern sich konsequent weiter aus, bis er den Markt schließlich beherrschte. Im Zuge des Erfolgs wurde auch die weltweite Logistik durch Zukäufe gestärkt und verbessert. Durch Tochterfirmen wie AWS (Amazon Web Services) engagierte sich Amazon auch auf anderen Geschäftsfeldern. Mit AWS beispielsweise entwickelte Amazon Infrastrukturdienstleistungen, die sie zunächst für andere Unternehmen tätigten. Durch die Zukäufe wuchs auch das Know-how im Unternehmen und ermöglichte es dem US-Konzern, weitere Angebote wie die Selbstpublikation von Büchern, Cloudcomputing für private Nutzer oder auch die Ausweitung des Sortiments von A wie Abendgarderobe bis Z wie Zylinderdichtungen für Autos auszubauen und anzubieten.

Heute bietet das Unternehmen neben dem klassischen Buch- und Warenhandel auch eigene Entwicklungen wie das Kindle-Tablet oder den Sprachassistenten »Alexa« an. Hinzu kommen internetbasierte Dienste wie Gaming, Audio- und Filmstreamings, Handelsplattformen oder Logistikdienstleistungen wie der begonnene Drohnenauslieferungsdienst. Kurz gesagt: Amazon ist vom Buchhändler zu einem Multidienstleistungsanbieter geworden, der immer neue Leistungsversprechen gibt. Aufgrund seiner konzerninternen Möglichkeiten entwickelte das Unternehmen auch einen eigenen Suchalgorithmus. Amazon kann durchaus als einer der Treiber von IT-Technologie bezeichnet werden, der neue Trends und Konsumentenverhalten auslöst. Mit jeder neuen Entwicklung oder einem Zukauf verfeinert der Online-Handelsriese nicht nur seine Geschäftsfelder, sondern auch sein Serviceangebot. Er nutzt die technischen Möglichkeiten, die auf der Digitalisierung basieren, und verbindet diese mit sehr konsequentem, unternehmerischem Denken und Handeln. Amazon hat dazu beigetragen, dass sich unser Konsumentenverhalten verändert hat und wir digitale Services wie selbstverständlich nutzen. Sein Handeln setzt die gesamte Wirtschaft unter Druck, mit Amazon gleichzuziehen oder gar ebenfalls Neues zu entwickeln, um einen Wettbewerbsvorteil zu haben.

Es gilt, die Zeichen des Marktes und der Zeit zu verstehen

Natürlich ist Amazon nicht mit dem kleinen Kaffeehändler zu vergleichen. Aber beide Beispiele gegenübergestellt zeigen: Der IT-Konzern, der 1994 startete, hat es in knapp 25 Jahren geschafft, zu einem der »Big Player« weltweit zu werden. Das Management um den Firmengründer Jeff Bezos hat es verstanden, Entwicklungen rechtzeitig zu verstehen und diese sogar selbst auszulösen. Der kleine Kaffeehändler kann auf eine über 90-jährige Firmengeschichte zurückblicken. Er hat es aber nicht verstanden, seinen Handel, seine Angebote und seine Services dem veränderten Verbraucherverhalten anzupassen. Seine konservative Denk- und Sichtweise wird ihm nun zum Verhängnis. Unternehmerisches Denken beinhaltet nicht nur Erfahrung aufgrund einer langen Firmengeschichte, sondern verlangt gerade heute mehr als noch vor 30 Jahren Weitsicht, Reaktion auf die Bedürfnisse des Markts, Offenheit für Entwicklungen und den Mut zu Veränderungen. Dazu gehört die permanente Analyse des aktuellen wirtschaftlichen und gesellschaftlichen Geschehens, verbunden mit Fragen wie: Wofür stehe ich, wofür steht mein Angebot, was sind die Bedürfnisse meiner Kunden, was hebt mich vom Wettbewerb ab, was kann ich besser und was sollte ich ändern, damit sich Schwächen nicht nachteilig auswirken?

Mir ist klar, dass Gemeinden und Städte sich nicht zu Unternehmen wie Amazon entwickeln können. Das sollen sie auch nicht, denn sie haben eine ganz andere Aufgabe. Ich habe diesen kleinen Ausflug in die Privatwirtschaft gemacht, um zu verdeutlichen, wie unternehmerisch gedacht wird, wie unterschiedlich das verstanden wird und welche gedanklichen Gegensätze es auch dort gibt. Sicher handelt es sich bei den beiden Beispielen um Extreme. Aber nur daran wird deutlich, was eine progressive und was eine konservative Einstellung bewirken kann. Dennoch gibt es Parallelen zum öffentlichen Sektor. Es gibt fortschrittliche Städte und Gemeinden, die mit der Zeit gehen und sich an den Bedürfnissen der Bürger orientieren. Es gibt allerdings auch Kommunen, die provokant gesagt so verfahren, als stünde die Einführung der Großrechner im öffentlichen Bereich erst jetzt kurz bevor. Das ist definitiv an der Zeit und letztlich am Bürger vorbei.

Der Blick über den Tellerrand hilft bekanntlich, die eigene Situation zu reflektieren und zu schauen, wie andere so etwas handhaben. Daher habe ich mich mit dem Geschäftsführer der GemNova DienstleistungsGmbH, Alois Rathgeb, die im kommunalen Bereich tätig ist, über die Situation in Tirol / Österreich unterhalten.

■ Statement Alois Rathgeb, Geschäftsführer von GemNova, Innsbruck

Alois Rathgeb, Jahrgang 1969, ist in Ranggen im Bezirk Innsbruck Land / Tirol geboren. Nach der Schule machte er eine Ausbildung zum Bankkaufmann und blieb fünf Jahre im Unternehmen. Danach wurde der Tiroler Vertriebsleiter einer Bausparkasse. Wieder nach fünf Jahren entschloss sich Rathgeb, in die Unternehmensberatung zu wechseln, und gründete als Miteigentümer eine Unternehmensberatungsgesellschaft mit Fokus auf Strategie, Marketing und Personalentwicklung. In den Folgejahren wurde er auch Gesellschafter eines Einkaufsunternehmens für Busunternehmen in Österreich und einer Einkaufsgemeinschaft in Deutschland, ebenfalls für Busunternehmen. Schließlich verantwortete der Unternehmer 2010 die Gründung der GemNova DienstleistungsGmbH, einer hundertprozentigen Tochter des Tiroler Gemeindeverbandes. Bis heute ist er dort Geschäftsführer.

Ziel der GemNova ist es, die Tiroler Gemeinden durch die Erbringung von Service- und Dienstleistungen zeitlich, rechtlich und finanziell zu entlasten und sie in der Vielfalt ihrer Herausforderungen zu unterstützen und zu begleiten. Ferner ist die GemNova in den Bereichen Beschaffung, IKT, Infrastruktur, Pflege, Deutsch und Integration, Bildungspool, Fuhrparkmanagement, Personalmanagement und Recht tätig. Aktuell arbeiten 420 Mitarbeiter für die Dienstleistungsgesellschaft und betreuen öffentliche Projekte in der Größenordnung von jährlich 350 bis 400 Mio. Euro. Dabei verbleiben über 95 % der Wertschöpfung in Tirol. Nahezu alle Tiroler Gemeinden arbeiten mit der GemNova in unterschiedlichsten Themenbereichen zusammen.

❭❭ Kommunen müssen denken wie Unternehmen

Angespannte Haushaltslagen, personelle Engpässe, demografischer Wandel, Digitalisierung und allgemeine gesellschaftliche Veränderungen betreffen Tiroler Kommunen genauso wie deutsche. Landflucht ist ebenfalls ein akutes Thema. Die Städte wachsen stetig, und je weiter die Gemeinden von Zentralräumen entfernt sind, desto größer werden Herausforderungen durch Abwanderungen. Demografische Studien belegen einerseits, dass die Bezirke Landeck, Reutte und Osttirol in den nächsten Jahren massiv an Bevölkerung verlieren werden. Auf der anderen Seite erlebt Innsbruck mit seinen direkt angrenzenden Gemeinden schon jetzt erhebliche Einwohnerzuwächse. Es wird sogar davon gesprochen, dass der »Raum« zwischen Telfs und Wörgl (die beiden Städte sind rund 90 Kilometer voneinander entfernt) irgendwann eine Gemeinde wird. Die zunehmende Verbauung des Inntals spielt dabei eine wesentliche Rolle. Durch die Topografie Tirols stehen nur wenige nutzbare Flächen zur Verfügung. Daraus ergibt sich zusammen mit dem Zuwachs an Einwohnern ein Raumordnungsproblem. Das soll hier aber nicht Gegenstand der Betrachtung sein, sondern vielmehr die Entwicklung in den ländlichen Regionen.

Der Bevölkerungsverlust in den Tälern und ländlichen Räumen fängt beim klassischen »Brain Drain« an. Junge Menschen gehen zum Studieren nach Innsbruck, Wien oder München. Danach bleiben sie dort oder gehen aufgrund besserer Arbeitsplatzangebote und beruflicher Perspektiven in andere Ballungsräume. Damit wird auch wichtiges intellektuelles Potenzial aus den ländlichen Räumen abgezogen, was weitere Probleme nach sich zieht, wovon ebenso Handwerk und Handel betroffen sind. Dieses Manko kann in Tirol durch den Tourismus abgefedert werden, weil dieser für Arbeitsplätze sorgt. Man muss an dieser Stelle ganz klar sagen: Gäbe es den Tourismus nicht, wären die Lichter in Regionen wie dem Kaunertal schon lange aus. Wie so etwas aussieht, kann man u. a. in Italien sehen. Dort gibt es entlegene Dörfer, die regelrecht geschlossen sind, in denen kein Mensch mehr wohnt.

In Tirol kommt noch ein Faktor hinzu, der all diese Veränderungen zu einer besonderen Herausforderung macht. Das Bundesland zeichnete sich durch eine sehr kleingliedrige Gemeindestruktur aus. In Tirol leben rund 750 000 Menschen, die sich auf 279 Gemeinden verteilen. Das entspricht einem Durchschnitt von unter 1500 Einwohnern pro Gemeinde. Das stellt die Kommunen speziell in der Verwaltung vor gewaltige Aufgaben. Schließlich haben 1500 Einwohner einer ländlichen Gemeinde den Anspruch auf die gleichen Leistungen wie die rund 130 000 Einwohner Innsbrucks. Gerade in den kleinen Gemeinden sind aber oft nur zwei bis drei Gemeindeangestellte vor Ort. Und die können die immer komplexer werdenden Anforderungen natürlich gar nicht mehr in der erforderlichen Qualität leisten, denn ein gestalterisches Agieren ist unter diesen Voraussetzungen nicht mehr möglich. Die wenigen Mitarbeiter können durch die große Menge Arbeit nur noch reagieren, aber nicht mehr kreativ sein.

Der Mangel an qualifizierten Arbeitskräften ist ein generelles Thema. Auch hier belegen Studien, dass sich die Entwicklung weiter verschärfen wird. Die Verwaltung steht im direkten Wettbewerb zu Handel und Industrie. Erschwerend kommt die geringere Bezahlung im öffentlichen Sektor hinzu. Der Markt der Kommunen kann durch seine Vorgaben leider nicht die Forderungen der Arbeitnehmer erfüllen, die sich dann lieber in Richtung Industrie oder Handel orientieren. Das bedeutet, die Verwaltung muss bei der Personalsuche andere motivierende Gründe finden, damit sich Menschen für die Arbeit im kommunalen Bereich begeistern. Daher hat die GemNova für Kommunen das Schlagwort »Einen Beitrag leisten« formuliert. Es geht über den monetären Aspekt hinaus und spricht die Motivation an, etwas für die Gemeinschaft zu tun und gestalterisch für eine Kommune tätig zu werden.

Dieses Schlagwort bezieht sich nicht nur auf Gemeindeangestellte, sondern auch auf die Bevölkerung. Sie ist ein Teil der Gemeinde und sollte ebenfalls bereit sein, aktiv am Gemeindeleben mitzuwirken. Das geschieht zum Teil schon beispielsweise im Bereich der Pflege, der Feuerwehr oder bei der Verschönerung der Gemeinde. Mit Blick auf die Zukunft wirft das die Fragen auf: Was ist Gemeinde? Was bedeutet Gemeinde für den Bürger? Ist Gemeinde nur das Amt oder ist damit das kommunale Leben gemeint? Und wie kann sich der Bürger einbringen? Wir von der GemNova streben eine tirolweite Studie zu diesem Thema an, in der wir solchen Fragen nachgehen wollen. Dadurch erhoffen wir uns, ein klares Bild über das zu bekommen, was der Bürger unter Gemeinde versteht. Das fehlt momentan. Aus den Erkenntnissen möchten wir anschließend Lösungsansätze entwickeln, damit sich die Kommunen den künftigen Aufgaben besserstellen können. Wir gehen jetzt schon davon aus, dass neben dem Wunschbild, wie Gemeinde sein soll, ebenfalls deutlich wird, dass bestimmte Leistungen – wie Buchhaltung oder Bearbeitung von Bauanträgen – gar nicht mehr dezentral erbracht werden müssen. Solche Aufgaben, wie eben genannt, könnten durch andere Gemeinden in Kooperation oder durch externe Dienstleister wie die GemNova effizienter erfüllt werden.

Auf Basis der gewonnenen Ergebnisse sollten Gemeinden in der Lage sein, klar zu beantworten, wer sie eigentlich sind und wer sie damit künftig sein wollen: eine Schlafgemeinde, eine Familiengemeinde oder eine Gemeinde, die hauptsächlich gewerblich ausgerichtet ist? Das schafft neue Handlungsspielräume, und eine Gemeinde kann sich auf Kernleistungen und -aufgaben konzentrieren, die von den Bürgern, Gewerbetreibenden oder Investoren unmittelbar gewünscht werden. Nach unserer Wahrnehmung geschieht diese zielgerichtete Reflexion zurzeit nur vereinzelt. Viele Gemeinden wollen nach wie vor »alles« sein und »alles« vorhalten. Das wird künftig nicht mehr gelingen. Eine klare Positionierung ist angesichts der bekannten Herausforderungen unausweichlich. Schon jetzt sehen wir, dass häufig weder die finanziellen Mittel noch das Personal, noch das erforderliche Know-how für die gestellten Anforderungen vorhanden sind.

Generell haben sich also Kommunen künftig darüber Gedanken zu machen: »Wer bin ich, was erwartet der Bürger und was sind die zentralen Anforderungen?« Aus dieser Bewusstseinsprägung erfolgt der nächste Schritt: die Bündelung von Leistungen, die als Kernaufgaben definiert werden. Alles, was nicht dazugehört, könnte an regionale Servicecenter ausgelagert werden, die von mehreren Gemeinden gemeinsam betrieben werden. Diese Servicecenter könnten sich zum Beispiel auf Buchhaltung, Abrechnungen oder die Abwicklung von Bauanfragen spezialisieren. Sie sind hochqualifiziert und arbeiten den Gemeinden direkt zu. Ferner können durch diese regionalen, zentralen Einheiten die Chancen der Digitalisierung wesentlich besser und effektiver genutzt werden. Das Thema Digitalisierung stellt ebenfalls eine Herausforderung für die Kommunen dar, sie wird aufgrund von Einzelaktionen oder mangels Know-how oftmals entweder falsch angegangen oder in eine Richtung gelenkt, die im Sinne regionalübergreifender Zusammenarbeit nicht zukunftsorientiert ist. Chancen und Einsparpotenziale werden dadurch verpasst.

Der Schlüssel liegt also in Kooperationsmöglichkeiten über das Gemeindegebiet hinaus. So sind Kommunen trotz Einsparungen in der Lage, hochwertige Leistungen anzubieten, und können freiwerdende Gelder für ihre Kernaufgaben oder andere Zwecke einsetzen. Durch unsere tägliche Arbeit bei GemNova wissen wir, dass es dem Bürger in vielen Bereichen gleich ist, wo und wie die Leistungen erbracht werden, die er von seiner Gemeinde erwartet. Wichtig für ihn ist, dass er vor Ort eine Anlaufstelle und einen Ansprechpartner hat. Geschehen solche Kooperationen freiwillig, so werden sie von den jeweiligen Partnergemeinden in aller Regel getragen und ein Scheitern ist nahezu ausgeschlossen. Die Gefahr des Scheiterns besteht eigentlich nur dann, wenn eine Zusammenarbeit oder gar eine Zusammenlegung von Gemeinden durch Verordnung – also per Gesetz – erfolgt. Es gibt Beispiele aus der Schweiz oder auch aus der Steiermark, in denen sich eine verordnete Zusammenlegung weder monetär auszahlte, noch förderlich für das Gemeindeleben war. Das Land Tirol hat sich zur Unterstützung von freiwilligen Kooperationen bekannt. Denn Freiwilligkeit ist ebenfalls der Erhalt der gewachsenen Identität und Tradition, zu denen auch ein Bürgermeister und ein Gemeinderat gehören. Das sind wichtige Elemente, die das Leben in einer Gemeinde ausmachen. Ohne Identifikation wird der Abwanderungsprozess zusätzlich beschleunigt.

Zusammenfassend lässt sich sagen: Eine aktive Gestaltung sichert die Freiheit der Kommunen. Dafür muss ein breites Bewusstsein darüber geschaffen werden, dass das Vorhalten aller Verwaltungsleistungen nicht mehr möglich ist. Eine Gemeinde sollte sich daher auf ihre Kernkompetenzen konzentrieren. Die daraus resultierenden Aufgaben können auch künftig von den Gemeindemitarbeitern mit Unterstützung einer sinnvollen und abgestimmten Software vor Ort erfüllt werden. Alle anderen Leistungen sollten gemeindeübergreifend in kooperativer Zusammenarbeit in Servicecentern erfolgen. Hier liegen auch die Kompetenzen für Digitalisierung. Bei der Gewinnung von neuem, qualifiziertem Personal geht es nicht nur um den monetären Aspekt. Der Sinn der Arbeit – welchen Beitrag man für die Gemeinschaft leisten kann – sollte stattdessen in den Vordergrund gerückt werden. Letzteres betrifft auch den Bürger und wie er sich in seiner Gemeinde aktiv einbringen kann. So können auch kleine Gemeinden erhalten bleiben und die Herausforderungen der Zukunft gemeinsam gelöst werden. ■

An diesem Statement wird deutlich, dass unser Nachbar vor ganz ähnlichen, wenn nicht gar gleichen Herausforderungen steht. Auch hier stehen die Kommunen unter dem Druck, sich den gesellschaftlichen Veränderungen anzupassen, und sie befinden sich im Wettbewerb, auch wenn es Alois Rathgeb nicht so deutlich ausgedrückt hat. Auch sie müssen sich fragen: Wofür stehe ich? Was kann ich anbieten – und wie bleibe ich marktfähig?

Was Rathgeb ebenfalls zum Ausdruck bringt, ist das Hinterfragen des Leistungsangebots im Zusammenhang mit den Kernkompetenzen. Das gehört für mich schon zum unternehmerischen Denken. Leistungen, die ich als Kommune nur noch bedingt erbringen kann oder bei denen meine Kompetenzen überschritten werden, sollten kompensiert werden. Entweder ich schließe mich mit anderen Kommunen zusammen, wie es in Kapitel 6 im Zusammenhang mit der Digitalisierung von kommunalen Prozessen angesprochen wurde – sprich Kooperationen –, oder ich lagere Services und Leistungen an Dienstleister aus. Auf diese Weise spare ich Ressourcen, kann mich auf meine Kernaufgaben konzentrieren und erbringe trotzdem die gesetzlich geforderten und dem Bürger zustehenden Leistungen. In der Privatwirtschaft ist das ein ganz alltägliches Verfahren. Auch ein Unternehmen kann aus Personal-, Platz- oder Kostengründen nicht alles vorhalten, was für die Abwicklung oder Organisation eines Geschäfts erforderlich ist. So lagern etliche Betriebe ihre Buchhaltung und steuerlichen Angelegenheiten an den Steuerberater aus. Produktionsbetriebe kooperieren häufig mit Speditionen, weil sich ein eigener Lkw-Fuhrpark nicht rechnet, und wieder andere Firmen lassen von Partnerbetrieben Dinge produzieren, weil sie sich auf ihr

Kerngeschäft, z. B. die Konstruktion von Maschinen, konzentrieren. Um wirtschaftlich zu bleiben und im Wettbewerb zu bestehen, ist es also völlig legitim, Leistungen auszulagern – also Outsourcing zu betreiben. Dieser Gedanke kommt langsam bei den Kommunen an und wird auch schon praktiziert, aber noch nicht in der Masse und nur selten als Gesamtstrategie.

Als Kommune nun aber als marktwirtschaftliches Unternehmen anzutreten und der Privatwirtschaft Konkurrenz zu machen, ist falsch verstandenes Handeln. Es gibt zahlreiche Fälle, wo staatliche Einrichtung oder kommunale Betriebe selber unternehmerisch tätig wurden; sei das nun im handwerklichen oder im Produktionsbereich. Ziel dieser Aktionen war, Gelder für die städtischen oder kommunalen Haushalte zu erwirtschaften. Das hat etliche rechtliche Verfahren nach sich gezogen. Rein erwerbswirtschaftlich-fiskalische Unternehmen sind den Kommunen laut Entscheidung des Bundesverfassungsgerichts untersagt. Unternehmerischen Aktivitäten von Städten, Gemeinden und Kommunen müssen einen »öffentlichen Zweck« erfüllen – und genau das unterscheidet sie von der Privatwirtschaft, deren vorrangiges Ziel es ist, Gewinne zu erwirtschaften. Städte, Gemeinden und ihre öffentlichen Betriebe haben hingegen die Daseinsvorsorge zu erfüllen und dürfen daher nicht auf die Gewinnerzielung ausgerichtet sein. Dennoch haben Kommunen vor dem Hintergrund der gesellschaftlichen, wirtschaftlichen und technologischen Entwicklungen marktwirtschaftlich und unternehmerisch zu denken – nur unter anderen Vorzeichen.

Aber wie soll das gehen?

Nichtstaatliche Organisationen als Benchmark?

NGOs (non-governmental organizations, nichtstaatliche Organisationen) und viele Verbände – keine Zwangsverbände – und Vereine machen es vor. Sie sind vom Staat unabhängig, haben eine gemeinwohlorientierte Aufgabe oder ein solches Ziel und dürfen ebenfalls nicht gewinnbringend arbeiten. Sie tragen sich hauptsächlich über Freiwilligenarbeit, Spenden und durchaus auch erwirtschaftete Gelder, aber diese Gelder dürfen nur dem Erhalt der Organisation dienen. Wie ein Unternehmen und eine Kommune verfügen Verbände und Vereine über formale Strukturen. Die Vorstände werden demokratisch von ihren Mitgliedern gewählt. Die großen NGOs wie Greenpeace, Amnesty International oder andere Hilfsorganisationen verfügen über Millionenbudgets. So ein Budget wird nicht nur durch Spenden erreicht, sondern, wie schon angesprochen, durch den Verkauf von Waren wie Merchandise-Artikel, Nutzung von Namensrechten (»powered bei WWF« beispielsweise), Beratungsdienstleistungen oder durch Honorare für Vorträge. Solche wirtschaftlichen Tätigkeiten sind nicht ganz unumstritten. Es wird immer wieder Kritik laut, dass es gemeinnützigen Organisationen wie Unternehmen letztendlich auch nur um das Erzielen von Gewinnen geht. Diesen Aspekt lasse ich hier allerdings unbeachtet. Mir geht es jetzt nur um das marktorientierte Denken und Handeln solcher Institutionen.

NGOs stehen ebenso im Wettbewerb wie Unternehmen und Kommunen

Um die selbstgestellten Aufgaben erfüllen zu können, brauchen sowohl NGOs als auch der öffentliche Sektor Finanzmittel, und das im großen Umfang, der sich durchaus mit den Budgets von Städten und Gemeinden vergleichen lässt. Sie müssen neben der Organisationsstruktur auch Dinge wie Verbrauchsmittel, technische Einrichtungen, Gebäude, Instandsetzungen, Öffentlichkeitsarbeit,

Informationsmaterialien, Fahrzeuge und manchmal Schiffe und Flugzeuge unterhalten. Dazu stehen die NGOs ebenfalls in einem harten Wettbewerb nicht nur untereinander. Sie konkurrieren mit privatwirtschaftlichen Unternehmen und ebenso mit staatlichen Institutionen. Um an Gelder zu kommen, gleich ob es sich um Spenden handelt oder um Erlöse aus Verkäufen, müssen NGOs wie ein Unternehmen denken: Was habe ich für Kosten, was nehme ich ein, was habe ich an Abgaben zu leisten und was brauche ich, um meine Organisation nicht nur zu erhalten, sondern zukunftsgerecht auszubauen? Das Ganze darf dann natürlich keine Gewinne erzielen.

Selbst Spenden wollen erwirtschaftet werden. Es liegt also im ureigensten Interesse von Vereinen und NGOs, so viele Spendengelder wie möglich zu erhalten. Dafür wird neben der freiwilligen Arbeit in Personal, Aufklärungskampagnen und Informationsmaterial investiert; und das in der Absicht, über das Maß der Investitionen hinaus ein Plus für die zu erfüllenden Aufgaben und entstehenden Kosten zu erhalten. Gleiches gilt für den Verkauf von Waren oder Dienstleistungen. In einem Finanzplan wird all das festgelegt; angefangen von Bedarf, Kosten, Investitionen bis hin zu erwartenden Gewinnen, die wieder die Grundlage für eine neue Budgetplanung sind. Die Finanzplanung muss also zum einen so erfolgen, dass die Organisation nicht ins finanzielle Minus abrutscht, sie dürfen aber über ein bestimmtes Maß hinaus kein markantes wirtschaftliches Plus ausweisen, das als Gewinn definiert werden kann. Es wird also auf einen ausbalancierten Haushalt geachtet und Gewinne werden sofort wieder reinvestiert, z. B. in die Vermarktung der Organisation und ihrer Ziele. Hier schließt sich der Kreislauf. Durch eine offensive Informations- und Vermarktungspolitik wird Interesse in der Öffentlichkeit geweckt. Dadurch fällt es wieder leichter, Spenden zu sammeln und Waren zu verkaufen.

Vor diesem Hintergrund lohnt es sich für Kommunen, einen Blick auf NGOs zu werfen zu dem Zweck, wie diese marktorientiertes

Denken verstehen und umsetzen. Jede Organisation hat ihre eigene Strategie und Umsetzung. Daher kann ich hier keine spezielle Empfehlung geben, welche Institution als Vorbild für eine Gemeinde oder Stadt genommen werden kann, weil eben auch jede Kommune individuell zu betrachten ist und ihre eigenen Herausforderungen hat. Auch nicht jedes Vermarktungsinstrument eines NGO kann von einer Kommune übernommen werden. Man denke da an die Kooperation zwischen dem Lebensmittelhändler »Edeka« und dem WWF. Edeka wirbt mit einer Initiative, die den WWF und seine Projekte unterstützt. Die Handelskette darf im Rahmen dieser Werbung das Logo des WWF verwenden. Auch Straßenkampagnen zur Generierung von (Spenden-)Geldern, wie sie u. a. Greenpeace zeitweilig durchführt, kommen für Kommunen nicht infrage. Für Kommunen ist immer der »öffentliche Zweck« entscheidend. Unproblematisch wäre also, wenn eine Stadt oder Gemeinde im Rahmen ihrer Öffentlichkeitsarbeit auf einem Markt oder in einer Einkaufszone das Engagement und aktuelle Projekte bürgernah präsentiert und das öffentliche Gespräch mit dem Bürger sucht. Das kann das Image fördern, die gewonnenen Erkenntnisse können wieder in die Planungen der Stadt einfließen. Die sollten dann wieder marktorientiert sein.

Zukunft und Trends sind nicht nur eine Sache der Privatwirtschaft

Um in die Richtung »unternehmerisches Denken« zu gehen, muss eine Kommune raus aus dem »Elfenbeinturm kommunale Verwaltung« und vom *Ver*walter zum aktiven *Ge*stalter werden. Das bedeutet, dass alle kommunalen Akteure durch Fortbildung auf den neuesten Stand der Entwicklungen gebracht werden. Wo steht die Gesellschaft, wohin entwickelt sie sich, was sind Themen, die Bürger, Touristen, Investoren oder Gewerbetreibende – die Wirtschaft im Allgemeinen – bewegen? Diese Entwicklungsthemen gilt es zu verinnerlichen, um darauf aufzubauen, Pläne für die Zukunft zu entwickeln, Maßnahmen zu definieren, wie diese Ziele zu wann erreicht werden sollen, und diese Maßnahmen auch zu budgetieren. Nicht ohne Grund besuchen Vertreter der Wirtschaft Kongresse, Messen oder Fachtagungen, bei denen es um Fragen der Zukunft geht. Was sind die entscheidenden Verbrauchertrends, welche technischen Entwicklungen kommen jetzt auf den Markt und mit welchen ist in den nächsten drei bis fünf Jahren zu rechnen und wie werden andere Faktoren beurteilt?

Natürlich macht man sich auch auf kommunaler und Verwaltungsebene Gedanken über die Zukunft. Ich habe aber bei vielen Veranstaltungen dieser Art den Eindruck gewonnen, dass sich die Verwaltung oft um die eigene Achse dreht. Darum sprach ich vom »Elfenbeinturm«. Städte und Gemeinden müssen sich viel mehr den Themen öffnen, die eben die Gesellschaft und die Wirtschaft betreffen. Ohne Frage gibt es Städte und Gemeinden, die das verstanden haben Sie erinnern sich sicher an das Statement von Mannheims Oberbürgermeister Dr. Peter Kurz. Mannheim hat sich auf den Weg gemacht, vom »Verwalter zum Gestalter« zu werden. Außerdem gehört zu den Aufgaben einer Kommune die Förderung der örtlichen Wirtschaft. Das bezieht sich nicht nur auf die Bearbeitung von Bau- und Gewerbeanträgen oder auf die Vermittlung von Fördergeldern! Um einen Wirtschaftsstandort attraktiv zu gestalten, muss konzeptionell gedacht werden, und zwar im Aufgabenkontext einer Kommune, die Lebensqualität der Bürger allgemein zu verbessern – beispielsweise die Umwelt dabei nicht zu vergessen.

Dazu gehören:
◆ der Ausbau der kommunalen Infrastruktur inklusive deren Erhaltung,
◆ die Stabilisierung des Haushaltes und Schaffung möglicher neuer Einnahmequellen,
◆ die Sicherung und Schaffung von Freizeit- und Erholungsmöglichkeiten,

- die Bereitstellung kommunaler Dienstleistungen,
- die Wahrung rechtlicher Rahmenbedingungen,
- und eben die Förderung der örtlichen Wirtschaft.

Das geschieht auch in der Regel, nur in unterschiedlicher Qualität. Einige Kommunen nutzen aktiv ihre Möglichkeiten zur Gestaltung und gehen damit in Richtung unternehmerisches Denken. Andere bewegen sich lediglich in den gesetzlichen Mindestanforderungen. Da kann nichts wachsen und sich entwickeln. Das ist ein lebendiger Prozess, der jeden Tag aufs Neue Impulse erfahren muss. Dies gehört mit zum unternehmerischen Denken, Prozesse anzustoßen, damit sich daraus positive Veränderungen ergeben. Voraussetzung dafür ist, dass man Ziele hat, die dem Unternehmen – hier der Kommune – maximal dienen.

Wer bremst oder gar nicht an den Start geht – verliert!

Diese Ziele ergeben sich nicht nur aus der allgemeinen Kenntnis des Marktes, denn dieser verändert sich laufend, sondern durch eine kontinuierliche und regelmäßige Marktanalyse. Das wird auf die eigenen Stärken und Schwächen reflektiert. Die Stärken werden in den Vordergrund gerückt, an den Schwächen wird gearbeitet, z. B. durch Fortbildung, Wissensaustausch, Networking oder Kooperationen. Auch die konsequente Umsetzung ist wichtig. Ebenso ist für eine Nachjustierung ein regelmäßiges Controlling erforderlich. Was nützt es, wenn man Ziele und Analysen in Endlosschleifen diskutiert, wenn am Ende die Erkenntnisse in einer Schublade landen oder schließlich ins Leere verlaufen? Nichts! Außerdem fängt unternehmerisches Denken bei der Führung an. Sie muss das alles vorleben und zulassen, damit es von den Mitarbeitern befolgt, übernommen und ebenfalls gelebt werden kann. Das kann man durch vier simple Schritte fördern:

- Empowerment (Übertragung von Verantwortung)
- Fehlerkultur
- Transparenz
- gutes Beispiel (Vorbildfunktion)

Empowerment beinhaltet, dass man sich vom traditionellen »Top-down-Prinzip« verabschiedet und den Mitarbeitern Verantwortung überträgt. Natürlich kann das nur in einem vorher festgelegten Rahmen und nach definierten Regeln geschehen – gerade in der öffentlichen Verwaltung ist das wichtig, denn hier geht es um Rechtssicherheiten, die nicht jeder so auslegen kann, wie er mag. Dennoch ist ein gewisser Handlungsspielraum auch hier möglich und die Mitarbeiter sollten entsprechend motiviert werden, diesen zu nutzen.

Thema *Fehlerkultur*: Menschen machen Fehler. Das liegt in der Natur der Sache. Man sollte ihnen daraus aber keinen Strick drehen, auch nicht mit öffentlichen Schuldzuweisungen arbeiten oder gar noch schlimmer sie in irgendeiner Form sanktionieren. Das gilt besonders dann, wenn man sie gerade ermutigt hat, auch eigene Entscheidungen zu treffen oder sich aktiv einzubringen. Daher ist es neben dem Empowerment unabdingbar, auch eine neue Fehlerkultur zu etablieren, die Fehler nicht nur zulässt, sondern in der auch konstruktiv über Fehler gesprochen werden kann. Die gesamte Organisation profitiert davon.

In diesen Kontext spielt die *Transparenz* mit rein. Zu Transparenz gehört nicht nur der offene Umgang mit Informationen. Es ist erforderlich, dass alle Mitarbeiter einer Organisation, Verwaltung oder eines Unternehmens die hauseigene Strategie kennen, um in diesem Sinne handeln zu können – sprich die Strategie, der Weg in die Zukunft muss von allen getragen werden. Eine Einbindung der Mitarbeiter ist also erforderlich. Damit hört es nicht auf. Über etwaige Änderungen oder Zielkorrekturen müssen alle und nicht nur die Führungsetagen informiert werden. Das wäre so, also würde ein

Fußballtrainer seinem Kapitän eine neue Anweisung geben, dieser die Anweisung jedoch für sich behalten und nicht an seine Mitspieler weitergeben. Wie soll unter diesen Bedingungen ein Spiel gewonnen werden?

Als Letztes bleibt noch das »gute Beispiel«, ein Vorbild also, das sich positiv auf alle Beteiligten auswirkt – und darüber hinaus. Ist es einem Mitarbeiter, einer Abteilung, ja auch einem Chef gelungen, einen Erfolg oder einen bemerkenswerten Fortschritt zu erzielen, kann das als »gutes Beispiel« zur Motivation und zur Inspiration genutzt werden, frei nach dem Motto: Tue Gutes und rede darüber. Auch der Bürger freut sich, positive Nachrichten von seiner Gemeinde oder Stadt zu hören; was der Verwaltung gelungen ist, wo sich Fortschritte zeigen oder gar andere sich die eigene Kommune zum Vorbild nehmen. So etwas gehört ins Marketing und in die Öffentlichkeitsarbeit.

Ja, ich bin davon überzeugt, dass Kommunen wie Unternehmen denken müssen. Angesichts der künftigen Aufgaben und des wachsenden Wettbewerbs kommen sie gar nicht um marktorientiertes Denken herum. Es müssen aber dafür alte, teilweise über Jahrzehnte gewachsene und gepflegte Zöpfe abgeschnitten werden. Zahlreiche Städte und Gemeinden haben damit schon begonnen. Das bedeutet, der Wettlauf um Bürger, Wirtschaft, Investoren und sonstige Interessensgruppen ist schon voll in Gange. Um in diesem Wettbewerb zu punkten, ist unternehmerisches Denken Voraussetzung. Wer das nicht versteht, ist bereits aus dem Rennen.

Wer denkt, man sei eine Verwaltung, will nicht gestalten

Sich zu verändern, sich weiterzuentwickeln, liegt in uns – eigentlich. Natürlich gibt es Menschen, die das nicht wollen oder sich schwer damit tun. Aber die meisten Menschen entwickeln sich weiter und gestalten ihr Leben. In den ersten Jahren bis ins Alter der beruflichen Ausbildung ist dieser Drang wohl am radikalsten. Ständig hat man neue Ansichten, folgt irgendwelchen Trends und probiert viel aus. Zum einen ist das biologisch bedingt, zum anderen tut man das, weil man seine Persönlichkeit erst finden muss. Danach werden die Schritte langsamer, aber das Gestalten des eigenen Lebens hört nicht auf. Der eine investiert Zeit in Fortbildung, der Nächste entdeckt den Sport für sich und wieder andere beschäftigen sich mit ihrem Eigenheim.

Menschen, die ihr Leben nicht aktiv gestalten, bleiben irgendwann stehen. Sie verwalten es nur noch. Die Gründe dafür sind vielfältig und unterschiedlich. Einige sind zufrieden mit dem, was sie erreicht haben, andere haben Angst vor Veränderungen, setzen auf Sicherheit, und wieder andere sind einfach nur bequem. Bei Klassentreffen kann man ganz gut beobachten, wie unterschiedlich sich die Freunde von einst gemacht haben – oder auch nicht. Die »Bequemeren« unter ihnen stehen meistens hilflos irgendwo rum oder bilden eine kleine Gruppe für sich. Viel zu sagen haben sie sich nicht. Es gibt schließlich nichts zu berichten. Anders sieht es bei denjenigen aus, die etwas aus sich gemacht haben, aktiv sind, in der Welt umherreisen – Macher eben. Sie haben etwas zu erzählen, faszinieren und ziehen andere an. Sie wirken attraktiv.

In Amtsstuben geht es stur und unflexibel zu

Und bei Städten und Gemeinden? Da ist es nicht anders, denn wir Menschen prägen sie und haben Einfluss auf die Entwicklung der Kommunen, in denen wir leben. Jedoch muss man dazu sagen, ganz so einfach lässt sich das individuelle Leben dann auch wieder nicht auf Kommunen übertragen. Wie sie entstanden sind, darauf bin ich zu Beginn des Buches eingegangen. Bis in die 1990er-Jahre war eine der wichtigsten Maximen der öffentlichen Verwaltung, sich an den Buchstaben des Gesetzes zu orientieren. Aus dieser Zeit stammt das Image der verstaubten Amtsstuben: unflexibel, stur und schon gar nicht innovativ. Aktive Gestaltung war ein Fremdwort. Das änderte sich in den 90er-Jahren langsam. Das allgemeine Leben wurde immer dynamischer. Der Mauerfall brachte eine gravierende Veränderung, immer mehr Computer hielten Einzug in den beruflichen und privaten Alltag, die Mobilität nahm zu und die Globalisierung nahm an Fahrt auf. Diesen Veränderungen musste auch die Verwaltung schließlich gerecht werden. Der Druck auf sie stieg an. Sie musste sich mit wirtschaftlichen Aspekten befassen und auch den Bürger anders verstehen – vom »Bittsteller« zum Kunden. In dieser Hinsicht sind schon etliche Fortschritte gemacht worden, aber es liegt noch einiges im Argen. Die Kommunen hinken dem realen Leben hinterher. Dabei gibt es große regionale Unterschiede. Während einige Kommunen sich auf den Weg gemacht haben und ihre Zukunft aktiv gestalten – siehe die Statements des Oberbürgermeisters von Mannheim, Dr. Peter Kurz, und des Bürgermeisters der Stadt Bergkamen und 1. Vizepräsident des Deutschen Städte- und Gemeindebunds, Roland Schäfer – beschränken sich andere Städte und Gemeinden auf das Verwalten, wie man es eben über Jahrzehnte gelernt hat.

Vielfach hat man verstanden, dass die kommunale Verwaltung kein Selbstzweck ist und sich nicht nur um die eigene Achse drehen kann. Eine Kommune ist ein lebender, lebendiger »Organismus«, zu der die Verwaltung zwar gehört, aber eben auch die örtliche Politik, die Wirtschaft, Interessensgruppen, Investoren und nicht zuletzt der Bürger. Ich habe öfter kommunale Vertreter angesprochen, warum sie sich nicht des Potenzials, des Wissens der vorhandenen Stakeholder bedienen, und warum sie es nicht in Gestaltungsprozesse einbinden. Die Antworten zielten in der Regel in eine Richtung: »Würden wir gern, aber für gestalterische Maßnahmen fehlen uns die Mittel.« Das ist ein Totschlagargument und gilt nur vordergründig! Wenn ich etwas will, dann findet sich auch ein Weg – zumal gemeinsam.

»Alles, was der Bürger von seiner Gemeinde will, sind Zuschüsse«

Viele engagierte Bürger wollen nicht nur irgendwo leben. Sie wollen sich mit einbringen, aktiv ihre Umgebung gestalten und für die Zukunft ihrer Kinder sorgen. Das bezieht sich keineswegs nur auf die Mitgliedschaft im örtlichen Fußballverein, den Heimatverschönerungs-Club oder die Veranstaltung von Dorffesten. Viele Bürger sind in der Ferienbetreuung von Kindern, der Flüchtlingshilfe oder der örtlichen Politik aktiv. Ich saß mit einem Bürgermeister einer 15 000 Einwohner großen Gemeinde auf einer kommunalen Konferenz zusammen und sprach mit ihm über dieses bürgerliche Engagement. Er war diesem Thema gegenüber überhaupt nicht aufgeschlossen. Er sagte mir, Bürger könne man gar nicht einbinden, da sie von den rechtlichen Grundlagen einer Verwaltung keine Ahnung hätten. Aber müssen Bürger das denn überhaupt haben? Man kann doch Ideen und Engagement aufnehmen und schauen, wie sich diese rechtlich korrekt umsetzen lassen. Zu den Vereinen sagte mir dieser Bürgermeister: »Wenn Bürger in Eigeninitiative ein Fest ausrichten, dann wollen die doch nur Geld von mir, und wenn ich einem Verein finanzielle Mittel zusage, dann kommt der nächste. Abgesehen davon geht das nicht, einfach Geld beizusteuern. Das muss doch alles genehmigt werden.«

Eigentlich hätte dieser Bürgermeister froh sein sollen, dass die Bürger seiner Gemeinde sich so engagieren. Wenn keine Gelder vorhanden sind, hätte er sich – gemeinsam mit ihnen – überlegen können, wie man das Engagement anders unterstützen kann. Wie gesagt: Das hätte er tun können, wenn er gewollt hätte.

Wie man einem expandierenden Unternehmen Steine in den Weg legt

Vielfach wird auch die Wirtschaft nicht als Partner einer Kommune begriffen. Ein Beispiel dazu: In einer mittelgroßen Kleinstadt im ländlichen Raum, wo es um größere Betriebe, also Arbeitgeber, ohnehin nicht so gut bestellt ist, gibt es eine Firma, die spezielle elektronische Komponenten für die Automobil- und Flugzeugindustrie herstellt. Das Unternehmen beschäftigt rund 150 Mitarbeiter, was in der Region viel ist. Aufgrund guter Nachfrage und neuer Kunden wollte der Inhaber des Unternehmens expandieren. Der Betrieb lag am Rande der Stadt, quasi auf der grünen Wiese, die an ein Naturschutzgebiet grenzte. Es bestand jedoch die Möglichkeit, von einem Bauern ein Stück Land zu erwerben, um darauf eine neue Lagerhalle zu errichten, damit in dem bisherigen Gebäude die Produktion ausgebaut werden konnte.

Der Unternehmer stellte einen Bauantrag, der mit der Begründung abgelehnt wurde, die Lagerhalle sei zu groß und passe nicht ins Landschaftsbild. Gemeinsam mit einem Architekten überlegte der Firmenchef eine Alternative. Sie fanden eine und reichten einen weiteren Entwurf ein. Das Genehmigungsverfahren zog sich in die Länge. Schließlich wurde auch der zweite Antrag abgelehnt. Um die

Aufträge termingerecht und generell abwickeln zu können, stellte der Unternehmer auf seinem Firmengelände Container als provisorisches Lager auf. Das ging eine Zeit lang gut, bis irgendjemandem in der Verwaltung diese Container ein Dorn im Auge waren. Die Situation spitzte sich zu. Schließlich drohte der Firmenchef damit, wenn keine einvernehmliche Lösung gefunden werde, dann müsse er den Betrieb an einen anderen Standort verlegen. Scheinbar war das ein Argument, denn der Kauf von Grund und der Bau der Lagerhalle darauf waren in der zweiten Variante auf einmal möglich.

Die Ironie der Geschichte ist: Gut ein Jahr nach Inbetriebnahme der Lagerhalle kam die Gemeinde auf den Unternehmer zu und wollte ein Stück Grund von ihm erwerben. Die Gemeinde plante einen natürlichen Rad- und Wanderweg durch das Naturschutzgebiet und eine kleine Passage musste über die Grundstücksgrenze der Firma führen. Es handelte sich um einen kleinen Streifen, den das Unternehmen hätte abtreten sollen, ohne dass es Auswirkungen auf den betrieblichen Ablauf gehabt hätte. Der Firmeninhaber willigte etwas verbittert ein und kommentierte mir gegenüber das Ganze so: »Wenn man als Unternehmer etwas von der Gemeinde will, dann ist das wie der Gang zum Papst – man weiß nie, womit man rechnen kann. Ist der Fall umgekehrt, dann weiß die Gemeinde sehr wohl, wo sie ihre Unternehmer findet und wie sie ihre Ziele erreicht. Das ist kein partnerschaftlicher Umgang.«

Das ist der Punkt! Partnerschaft bezieht sich nicht nur auf Bauanfragen oder sonstige Genehmigungen. Es betrifft auch die Frage, wie man gegenseitig voneinander profitieren kann. Städte und Gemeinden brauchen die Wirtschaft allein schon vor dem Hintergrund angespannter Haushalte, wachsender Aufgaben, Zukunftsentwicklung und Wissenstransfer. Städte und Gemeinden sind zur Bewältigung der anstehenden Aufgaben und auch in puncto Verwaltungsmodernisierung auf Wirtschaft und Bürger angewiesen. Wenn die verschiedenen Stakeholder eingebunden werden, dann lässt sich die Zukunft einer Kommune entsprechend zum Wohle aller gestalten. Nur: Dafür muss sich die kommunale Verwaltung öffnen und bereit sein, sich von ihrem alten Denken zu verabschieden! Sie muss lernen, wie ein Unternehmen zu denken, um zu begreifen, dass sie es mit Produkten, mit Kunden, Lieferanten und Kapitalgebern zu tun hat. Stures Verhalten und exaktes Vorgehen nach den Buchstaben des Gesetzes ist kein unternehmerisches Denken. Das führt zu Unverständnis beim Bürger und bei Unternehmern, wenn nicht gar zu einer Eskalation. Ich finde es bedauerlich, dass ein Firmeninhaber, der mit seinem eigenen Geld und seiner Tatkraft etwas aufbaut, zum Wohl der Kommune beiträgt und sich seiner Verantwortung der Region bewusst ist, drohen muss, den Standort zu verlegen, damit sich etwas bewegt. Auch Gesetze lassen einen gewissen Handlungsrahmen zu, ohne sie überschreiten oder verletzen zu müssen.

Was beinhaltet unternehmerisches Denken?

Das Ausloten von Handlungsmöglichkeiten, Kompromissen und dem Erzielen von Konsens gehört ebenso zum unternehmerischen Denken wie die betriebswirtschaftliche Seite. An dieser Stelle möchte ich daher darauf eingehen, was genau unternehmerisches Denken und Handeln ausmacht. Es ist die Grundlage für Gestaltung. Sechs Punkte spielen dabei eine wesentliche Rolle:

- Unternehmensziele, Visionen und Werte
- Produkte, Know-how, Dienstleistungen und Technologien
- Branche, Marktentwicklungen und Wettbewerbsvorteile
- Umsatz-, Gewinn-, Forschungs-, Marktanteils- und Imageziele
- Langfristige Chancen und Risiken der Zukunft
- Wertekanon und Unternehmenskultur

Der Ausgangspunkt ist eine Vision, die über definierte Ziele realisiert wird: Was habe ich vor, wohin will ich, wofür möchte ich stehen?

Idealerweise setzt man sich dazu auch einen zeitlichen Rahmen, der definiert, bis wann die Vision umgesetzt oder anders: die Ziele erreicht werden sollen. Etappenziele sind dabei ebenfalls einzuplanen. Das steigert nicht nur die Erfolgschancen, sondern auch die Motivation, das große Ziel auch wirklich zu erreichen. Der Weg dorthin kann lang werden, und auf diesem Weg geschehen viele Ereignisse, die man zum Zeitpunkt der Planung nicht vorhersehen kann. Es kann also sein, dass man Umwege gehen muss. Ebenso muss man mit Rückschlägen rechnen, weil es nicht klappt, wie man es plante, oder äußere Einflüsse den Weg zum Ziel behindern. Ferner muss immer wieder nachjustiert werden. Es ändert sich immer etwas.

Dann stellt sich die Frage, wie man seine Ziele erreichen will. Welche Produkte, Dienstleistungen, Know-how oder Technologien will ich verkaufen? Welche von diesen Aspekten halte ich vor und kann sie selbst auf meinem Weg nutzen? Muss ich eventuell etwas anpassen, Produkte aus dem Sortiment nehmen, Dienstleistungen einkaufen oder Technologien nachrüsten? Dazu ist nicht nur die permanente Eigenanalyse notwendig, sondern auch die ständige Marktbeobachtung – der Eigen- und Fremdabgleich. Auf Basis der so gewonnenen Erkenntnisse kann man dann entsprechend handeln – oder es, wenn das vorteilhafter ist, auch lassen. Die Stellschrauben, die man zur Überprüfung nehmen kann, sind Kennzahlen, die ebenfalls als Ziele definiert werden können – wie Umsatz, Gewinn, Marktanteile oder Image.

Außerdem sind Chancen und Risiken nicht nur aus der momentanen Situation zu betrachten, sondern auch in Zukunft. Wie wird sich beispielsweise das Verbraucherverhalten in einem oder fünf Jahren verändern? Lohnt es sich, in eine neue Produktionsstraße inklusive neuem Gebäudekomplex zu investieren? Wird die Nachfrage diese Investition auch in zehn Jahren noch rechtfertigen? Bringt mich das meinem Ziel näher? Das alles steht im Zusammenhang mit den Werten, die man vertritt, und der Unternehmenskultur, die man pflegt. Dazu gehören der Aspekt der Mitarbeiter, die Personalpolitik und das Einbinden des Personals in die Unternehmensziele und deren Strategie. Was hilft es, wenn ich alle Punkte auf dem Weg zu meinem Ziel sauber durchdenke, meine Mitarbeiter diesen Weg aber nicht mitgehen wollen? Ich brauche schließlich die Kollegen, denn ich allein werde diese enormen Aufgaben nicht stemmen können. Anders gesagt: Erfolg hat letztlich nur der, der weiß, *warum* er etwas macht! Hier spielt der Punkt der Motivation eine wesentliche Rolle – der eigenen und der der Mitstreiter. Ebenso wichtig ist eine klare und deutliche Kommunikation als Teil der Unternehmenskultur, sei es zum Transportieren der Unternehmensziele, möglicher Veränderungen oder eben auch zur Motivation. Zu guter Letzt braucht es Vertrauen in die eigenen Fähigkeiten, in die der Mitarbeiter und in die getroffenen Entscheidungen.

Es geht nicht allein – man braucht Partner!

Das Institut, das ich gegründet habe, das IWCI (Institut für Wachstum, Chancen und Innovationen), ist so entstanden. Im Zuge meiner diversen Projekte erkannte ich, dass es einen Bedarf für die Entwicklung von Geschäftsmodellen und Unternehmensstrategien gibt. Aus dieser Feststellung erwuchs die Idee, ein eigenes Institut dafür zu gründen. Aufgrund meiner Erfahrungen war mir recht schnell klar, wie das aussehen könnte. Ich verließ mich aber nicht auf meine Erfahrung und meine Markteinschätzung. Aus diversen Gesprächen und Recherchen entwickelte sich langsam ein Bild, wie der Markt aussieht, welche konkreten Bedürfnisse potenzielle Kunden haben, was ich dafür einsetzen muss und wie viel zu investieren ist. Schließlich entstanden eine Strategie und ein Plan, wie die Idee umzusetzen ist und wie man weiter vorgeht. Mir war auch klar, dass ich das Institut nicht allein führen kann. Ich brauchte also Partner und Kooperationen, um nicht nur die Leitung zu garantieren, sondern auch, um die angebotenen Leistungen abzudecken.

Eine wesentliche Säule, die zum Erfolg des Instituts beiträgt, ist das Netzwerken. Ich hatte zwar bereits ein gutes Netzwerk, aber es ist auch entscheidend, ein solches kontinuierlich auszubauen. Was habe ich also gemacht? Ich habe eine Idee, die nur in meinem Kopf existierte, konkret werden lassen – ich habe gestaltet. Dieser Prozess war mit der Gründung des Instituts nicht abgeschlossen. Kontinuierlich wird gestaltet. Es wird angepasst, ergänzt, neue Kooperationen werden geschlossen, Wissen ausgebaut, und das bei regelmäßigem Eigen- und Fremdabgleich.

Würde ich das nicht machen, das Institut nicht aktiv gestalten, dessen Aufgabe es ist, Unternehmen, Institutionen und ja, auch Kommunen zukunfts- und konkurrenzfähig zu machen, würde es recht schnell den Anschluss am Markt verlieren. Die Entwicklungen des Marktes würden es recht schnell überholen. Dieser unternehmerische Gedanke und Impuls fehlt in vielen Kommunen. Städte und Gemeinden, die sich jedoch aufgemacht haben, ihre Zukunft selbst in die Hand zu nehmen und die gestalten wollen, investieren vielfach in Fort- und Weiterbildung der Entscheidungsträger und ihrer Mitarbeiter. Außerdem holt man sich dort externe Hilfe, damit das für die Gestaltung notwendige Know-how in die Kommune kommt. Zudem steigt das Interesse an einem Wissensaustausch unter den Städten und Gemeinden immer mehr. Man muss das Rad schließlich nicht neu erfinden. Das Netzwerken kann man also durchaus als Tool für die Gestaltung verstehen. Das sind gute Ansätze, die weiter ausgebaut werden müssen. Wenn der Wille da ist, findet sich für das *Wie* ein Weg. Hilfe kann man sich aus allen Bereichen holen. Aber wenn der Wille zum Gestalten da ist, ist es auch möglich, etwas Eigenes zu entwickeln – und damit setzt das unternehmerische Denken ein.

Den Gedanken diskutierte ich auch mit dem Bürgermeister der Gemeinde Kematen in Tirol, Rudolf Häusler. Er sieht den Gedanken »Kommunen müssen wie Unternehmen denken« kontrovers.

◼ Statement Rudolf Häusler, Bürgermeister von Kematen in Tirol / Österreich

Rudolf Häusler wurde 1961 in Schwaz, Tirol geboren. Nach der Schule absolvierte er erfolgreich eine Ausbildung zum Tischler und wurde Geselle. Berufsbegleitend besuchte Häusler fünf Jahre lang die Höhere Technische Lehranstalt (HTL) für Bau und Design in Innsbruck und legte dort 1984 erfolgreich die Reifeprüfung (Matura) ab. Danach begann Häusler ein Studium für Umwelt und Verfahrenstechnik am renommierten Management Center Innsbruck (MCI). Dort schloss er 2002 mit einem Diplom in Ingenieurwesen (FH) ab. 2010 wurde der Tiroler zum Bürgermeister der Gemeinde Kematen in Tirol gewählt und hat dieses Amt bis heute inne. Rudolf Häusler ist seit 35 Jahren verheiratet und hat drei Kinder.

➤➤ Kommunen müssen wie Unternehmen denken

Der These »Kommunen müssen wie Unternehmen denken« widerspreche ich. Dieser Aussage liegt ein grundlegender Fehler zugrunde. Unternehmen stehen im Wettbewerb. Das ist richtig. Sie sind auf Gewinne und Bestand ausgerichtet und müssen im Markt bestehen. Wenn aber Gemeinden und Städte mit ihrem allgemeinen und öffentlich-rechtlichen Auftrag in einen Wettbewerb im unternehmerischen Verständnis treten würden, dann gäbe es Gewinner und Verlierer. Das hieße, Kommunen mit Standortnachteilen und damit auch bestimmte Bevölkerungsschichten würden als Verlierer subsumiert werden. Das ist aber nicht mein Zugang, was die Aufgaben einer Kommune und der dörflichen Gemeinschaft betrifft.

Die Gemeinde Kematen hat gegenüber anderen Kommunen einen gewissen Standortvorteil. Einer dieser Vorteile ist die Nähe zur Landeshauptstadt Innsbruck. Damit hat Kematen auch eine bestimmte Rolle in der Region. Das bringt aber auch Verantwortung als Institution, und den Menschen gegenüber, die uns anvertraut sind, mit sich. Die beispielsweise finanziellen Vorteile, die unser Standort bringt, haben wir daher mit benachteiligten Gemeinden in der Region abzugleichen. Machen wir das nicht, erzeugen wir Verlierer, und das ist nicht im Sinne des Gemeinwohls. Ein Bürger einer kleinen Gemeinde hat schließlich das gleiche Recht auf eine Daseinsvorsorge und den gleichen Anspruch auf Dienstleistungen, Betreuungseinrichtungen, wie jemand, der in Innsbruck lebt. Um es noch deutlicher zu beschreiben: Vor dem Hintergrund des vereinten Europas erwartet jemand in München zu Recht das gleiche Angebot wie in einer kleinen Landgemeinde in Tirol.

Eine Zusammenarbeit ist also unabdingbar, damit wir unsere gesetzlich normierten Aufgaben erfüllen können und damit wir in den ländlichen Bereichen den Bürgern das gleiche Angebot garantieren können wie in den Metropolen. Das ist derzeit allerdings oft nicht möglich, da eine kleine Gemeinde, um nur einen Aspekt zu nennen, häufig gar nicht über das dafür nötige Personal verfügt, um eine so breite Palette an Dienstleistungen vorzuhalten. Es ist ohnehin bereits eine Herausforderung für bestimmte Gemeinden, allein die allgemeine Daseinsvorsorge zu bewältigen. Damit Gemeinden überhaupt bestehen können und wenn das Grundprinzip der eigenständigen Gemeinden fortbestehen soll, kann das künftig nur durch Kooperationen und Verwaltungsgemeinschaften gewährleistet werden. Die etwas stärkeren Kommunen müssen also Dienstleistungen für die benachteiligten Gemeinden übernehmen, damit die Daseinsvorsorge garantiert wird. Sonst werden diese standortbenachteiligten Gemeinden in der Zukunft nur mehr sehr schwer existieren können.

Das beziehe ich nicht nur auf Österreich, sondern sehe das im gesamteuropäischen Kontext. Unser gesamtes europäisches System baut schließlich auf starken, eigenständigen Gemeinden auf. Die Gemeinde ist die kleinste Einheit, auf der alles fußt. Das ist die Grundlage der Diskussion mit Blick auf die Zukunft. Wenn wir diesem elementaren Umstand nicht entsprechen, dann haben benachteiligte Gemeinden im Verständnis eines unternehmerischen Wettbewerbs keine Chance. Das hätte weitreichende Folgen für die Demokratie. Kooperationen sind also nach meiner Überzeugung die einzige Möglichkeit, das System zu erhalten.

Momentan ist es ein Trend, sich nur an Zahlen zu orientieren. Dadurch kommt man automatisch in die Richtung Gewinner und Verlierer. Wie sollen in so einem System soziale Dienstleistungen, wie beispielsweise Kinderbetreuung oder Altenversorgung, abgebildet werden? Das sind Bereiche, mit denen kein Gewinn zu erzielen ist. Geht man hier nach unternehmerischen Gesichtspunkten vor, wird ein »Billigmarkt« von eigenständigen Gemeinden erzeugt und ein paar wenige Große werden durch noch stärkeren Zulauf immer größer, wie wir es schon jetzt z. B. in Innsbruck sehen. Das ist auch ein Gedanke des menschlichen Umgangs und die Frage ist, will man das? Würde sich die Gemeinde Kematen als die »Beste« in der Region definieren oder positionieren, erzeugte das ohne Frage Disharmonien in der Region. Es würde in eine falsche Richtung laufen, wenn eine starke Gemeinde alle Aufgaben übernehmen würde, in denen sie bessere Kompetenzen und Kapazitäten vorweisen kann als andere. Diese Konzentration führte letztlich wieder zu Gewinnern und Verlierern. Es ist also sinnvoll, zu schauen, wie und wo man Aufgaben zur Stärkung regionaler Strukturen verteilen kann, und zwar im Sinne eines kooperativen Zusammenspiels. Davon profitieren letztlich alle. Bringt man beispielsweise ein Rechenzentrum in eine Gemeinde in der Peripherie, so schafft das Arbeitsplätze und hat positive Effekte auf die dortige Wirtschaft. Möglicherweise siedeln sich weitere Firmen an. Letztendlich wird durch diese Entscheidung die Struktur gestärkt.

Das Teilen oder besser: die Umverteilung will jedoch gelernt sein. Vielfach schaut man nur auf den Vorteil für die eigene Gemeinde. Es fehlt das überregionale Denken und Handeln und das Zulassen von überregionalen Kompetenzen. Dieses Auslagern hat allerdings mit Überlegung und Bedacht zu erfolge – nicht dass bei den Gemeinden, an die Aufgabenbereiche übertragen wurden, der Eindruck entsteht, nur ausführendes Organ zu sein. Dieser Schritt kann nur aus einer überzeugenden demokratischen und sozialen Grundhaltung geschehen. Das Gemeinsame steht hier im Vordergrund und nicht eine egoistische, egozentrische Absicht. Daher haben parteipolitische Interessen hier auch nichts zu suchen. Wir Kommunen sind für die Bürger da und arbeiten zum Wohle des Bürgers. Der Mensch steht im Vordergrund.

Wie eine Kooperation aussehen kann, möchte ich an dem Beispiel meiner Gemeinde Kematen näher erläutern. Ausgangspunkt war die Feststellung, dass die Baurechtsverwaltung der Kommunen an der Melach – das sind die Gemeinden Kematen, Gries i.S., St. Sigmund, Ranggen, Unterperfuss und Polling – in der jetzigen personellen Ausstattung bei den gegebenen gesetzlichen Erfordernissen nur mehr unter erschwerten Bedingungen mit einer gegebenen Rechtssicherheit zu bearbeiten ist. Die Anforderungen und die Rechtssicherheit waren für einige Bürgermeister dieser Gemeinden nicht mehr gegeben; sie konnten einfach nicht mehr zur Gänze erarbeitet werden. Uns in Kematen betraf das weniger, weil wir die nötigen Kompetenzen bei uns im Bauamt vorhielten. Doch wir waren der Überzeugung, dass wir uns öffnen müssen, um dieses verbriefte Angebot auch den Bürgern der benachbarten Gemeinden an der Melach zu ermöglichen.

Damit eine Kooperation im Rahmen der Baurechtsverwaltung überhaupt zustande kommen konnte, hat sich die Gemeinde Kematen im Vorweg entschlossen, 50 % der Kosten zu übernehmen. Somit haben sich die anderen fünf Gemeinden leichter getan, diesen Gedanken einer Zusammenarbeit zu realisieren. Als Nächstes haben wir uns entschlossen, die Konzeption für die Kooperation selbst zu formulieren, damit diese auch für uns Bürgermeister praxisnah und anwendungsfreundlich ist – also ohne Rechtsanwälte, die solche Verfahren oft durch die rechtliche Ausformulierung etwas verkomplizieren. Ziel war es also, ein überregionales Bauamt zu schaffen. Das erforderte, dass die Bürgermeister sich selbst einbringen, es folglich ihr Amt wird.

Im September 2017 war es dann so weit, dass die Vereinbarung eines zentralen Bauamtes von sechs Gemeinden in Kraft trat. Die Baurechtsverwaltung an der Melach konnte ihre Arbeit aufnehmen.

In der Präambel heißt es (Auszug): »In Anlehnung an das Bundesverfassungsgesetz und basierend auf der Tiroler Gemeindeverordnung vereinbaren die Gemeinden Polling, Gries i. S., Kematen i.T., Ranggen, St. Sigmund i. S. und Unterperfuss die Besorgung der gesamten Agenden der Tiroler Bauordnung. Die Gemeinden können zum Zwecke der sparsamen und zweckmäßigen Besorgung ihrer Angelegenheiten Vereinbarungen mit anderen Gemeinden bilden. Die Selbstständigkeit der beteiligten Gemeinden, ihre Rechte und Pflichten und die Zuständigkeiten ihrer Organe werden durch diese Vereinbarung nicht berührt. Die Verwaltungsgemeinschaft hat keine Rechtspersönlichkeit, sie handelt im Auftrage der Gemeinden, deren Geschäft sie besorgt. Die Baurechtsverwaltung an der Melach besorgt die Baurechtsverwaltung für die beteiligten Gemeinden in den Angelegenheiten der Tiroler Bauordnung sowie des Abgabewesens [...].«

Praktisch heißt das, die Baurechtsverwaltung erledigt für diese sechs Partnergemeinden sämtliche Agenden der Tiroler Bauordnung. Sie versteht sich als Dienstleister für Bürger und Gemeinden. Kosteneinsparungen, höhere Effizienz und kürzere Bearbeitungszeiten bringen Vorteile sowohl für die Gemeinden als auch für die Bürger: Bauanträge können wie gewohnt bei der Heimatgemeinde abgegeben werden. Die Bearbeitung und Abwicklung erfolgt dann durch die überregionale Baurechtsverwaltung. Die Grundlagen auch für andere Kooperationen sind damit also gelegt. Jetzt wollen wir abwarten, wie sich unsere erste große Zusammenarbeit entwickelt.

Natürlich gibt es bereits Gespräche über weitere Kooperationsmöglichkeiten. So besteht ein Beratungsaustausch mit den größeren Nachbargemeinden Zirl und Inzing. Wir streben es an, mit unseren Kooperationen unter die Top fünf in Europa zu kommen. Das ist möglich, weil wir gut aufgestellt sind und über entsprechende Kompetenzen und personelle Kompetenzen verfügen. Wenn man sich keine Ziele steckt, wird man Mittelmaß bleiben. Das gilt ebenso für Gemeinden. Warum soll nur ein FC Chelsea oder ein FC Barcelona im Finale stehen? Die Gemeinde Kematen kann ebenso dort stehen – im übertragenen Sinn natürlich.

Ein mongolisches Sprichwort besagt: »Mit einer Hand lässt sich kein Knoten knüpfen.« Es beschreibt treffend den Grundgedanken unserer Kooperation und gilt ebenfalls für künftige kommunale Zusammenarbeit. Es geht nur noch zusammen! Das Schlimmste, was passieren könnte, wäre der Wettbewerb unter Kommunen. Das würde Gewinner und Verlierer verursachen und unser demokratisches System unterlaufen, das von der Vielfalt und der Eigenständigkeit der Kommunen lebt.

Deshalb: Unternehmerischer Wettbewerb unter den Gemeinden – nein. Unternehmerisch handeln in den Gemeinden – ja. ■

Auch wenn Herr Häusler den unternehmerischen Gedanken etwas einschränkend beurteilt, so sieht er ebenfalls die Notwendigkeit des Gestaltens. Bleibt man untätig, entstehen weder Kooperation noch Lösungen, die es möglich machen, die Herausforderungen der Zukunft zu meistern. Damit er in seiner Gemeinde seinen Bürgern das gleiche Leistungsangebot geben kann wie Metropolen, die wesentlich mehr Möglichkeiten und größere Schlagkraft haben, muss er gestalterisch tätig werden. Er und seine Kollegen haben überlegt, wie sie das Leistungsangebot einer Bauverwaltung den Anforderungen entsprechend gewährleisten können. Dazu haben sie sehr wahrscheinlich in irgendeiner Form einen Eigen- und Fremdabgleich gemacht: Was haben wir zu leisten, was halten wir vor und was kann nur bedingt abgedeckt werden? Die Analyse der Situation hat dazu geführt, dass die Gemeinde Kematen sich gegenüber den anderen Gemeinden öffnen muss, will sie solchen Anforderungen entsprechen. Es entstand eine Kooperation im Rahmen eines Gestaltungsprozesses. Kematen hätte auch sagen können:»Wir machen das nicht.« Dann wäre nicht nur Kematen, sondern auch die anderen fünf Gemeinden an der Melach »stehengeblieben« – mit entsprechenden Folgen in absehbarer Zukunft.

Die Digitalisierung verändert alle Bereiche des kommunalen Lebens

Das war ein Beispiel aus dem klassischen Verwaltungsbereich einer Kommune. Wie stellt sich aber Gestaltung bei Zukunftsthemen wie der Digitalisierung, dem Internet of Things (IoT) und der damit verbundenen Vernetzung dar? Hier müssen Städte und Gemeinden marktorientiert denken, denn der »Markt« entwickelt sich rasant: Nämlich nicht nur progressiv, sondern durch durchaus disruptiv. Geschäftsmodelle, die gestern noch funktionierten, werden quer durch alle Branchen von neuen abgelöst. Entsprechend verschiebt sich auch das Verbraucherverhalten und damit der Wettbewerb. Unternehmen, die unter diesen Druck geraten, müssen handeln. Kurz gesagt: Die Digitalisierung und IoT verändern ökonomische, ökologische und soziale Strukturen genauso wie Prozesse. Dieses Zusammenspiel von verschiedensten Faktoren hat auch unmittelbare Auswirkungen auf Städte und Gemeinden, die – eigentlich – auch unter Gestaltungszwang geraten. Die Folgen dieser tiefgreifenden Veränderung wirken sich unmittelbar nicht nur auf die lokale Wirtschaft aus, sondern auch auf innerstädtische Logistik, Infrastruktur, Zu- und Abwanderung und letztendlich auch auf die Attraktivität von Städten und Gemeinden.

Ich greife das Beispiel Amazon nochmals auf. Der US-Konzern ist nicht nur ein Treiber von Technologien oder Käuferverhalten. Seine Leistungspalette hat mehr Einfluss auf unser Leben und damit auch auf Städte und Gemeinden, als viele denken. Da dieses Thema sehr komplex ist, spreche ich nur einzelne offensichtliche, plakative Aspekte an, die das Handeln von Kommunen erfordert.

Damit ich bei Amazon etwas bestellen kann, brauche ich einen Zugang zum Internet. Dieses Internet sollte leistungsfähig sein, denn es werden nicht nur Bücher, Shirts oder Waschmaschinen bestellt, sondern auch Online-Dienste wie das Streamen von Filmen und Musik. Neben Amazon gibt es weitere Anbieter und Firmen, die ebenfalls das Internet als Vertriebs- oder Informationsinfrastruktur nutzen. Ist das Internet schlecht, frustriert das Verbraucher und Firmen gleichermaßen. Das Internet hat also Auswirkungen auf die Lebensqualität und den wirtschaftlichen Standort. Soll dieser attraktiv sein, muss eine Stadt oder Gemeinde in Verbindung mit Telekommunikationsanbietern handeln, und das nicht nur aus der Sicht von heute. Man muss beim Ausbau der Internetinfrastruktur überlegen, wie es in drei, fünf oder zehn Jahren aussieht. Unternehmerisches Denken ist hier gefragt: Welchen Umfang soll der Ausbau haben, was kostet das, mit welchen Partnern ist das zu bewältigen, was sind die Risiken und was die Chancen, welche Wechselwirkungen oder Synergieeffekte können entstehen usw.

Wie geht es nach der Bestellung weiter? Irgendjemand muss mir meinen Artikel bringen. Das machen Logistikunternehmen. Inzwischen handelt es sich um eine wahre Auslieferungsflut, die die Logistiker täglich zu bewältigen haben – und der Online-Handel wird noch weiter wachsen. Was im ländlichen Raum noch nicht so auffällt, ist in größeren Städten bereits ein Problem. Um die Ware ausliefern zu können, muss der Logistiker irgendwo parken. Das geschieht meistens in »zweiter Reihe«. Oft stehen drei, vier Auslieferdienste hintereinander. Die Folge ist, dass der Verkehr stockt und die Straßen verstopfen. Da der Online-Handel weiter wachsen wird, sind Lösungen in puncto Stadtplanung gefragt. Hier kommt ein weiterer Aspekt hinzu. Die Logistiker brauchen irgendwo ein Frachtzentrum, von dem aus die Waren verteilt werden. Es geht also um Gewerbeflächen. Ein günstiger Standort ist für die Logistiker von Wettbewerbsvorteil. Faktoren wie gute Verkehrsanbindung, leistungsstarkes Internet, günstige Steuern, Förderungen oder Arbeitskräfte spielen eine Rolle bei der Auswahl des Standorts. Und da sind wir auch bei dem bereits vielfach angesprochenen Thema: Wettbewerb der Kommunen.

Wer ist eigentlich alles Stakeholder?

Es ist bekannt, dass der wachsende Online-Handel den stationären Handel unter Druck setzt. Und noch weitere Punkte tauchen durch das Phänomen Amazon & Co. auf: Zum einen muss sich der Handel überlegen, was er beispielsweise Amazon entgegensetzen will. Zum anderen führt der Wettbewerbsdruck auch zur Aufgabe von Geschäften in den Innenstädten – Stichwort Leerstände. Nehmen diese zu, wird eine Stadt schnell unattraktiv, sie verliert Einnahmequellen, und der Leerstand kann ab einem gewissen Niveau zu einer Kettenreaktion führen. Kommunen sind daher gefordert, mit Bürgern und Gewerbetreibenden zu überlegen, welche Antworten man auf diese Herausforderungen geben kann, sprich: wie man die Zukunft gestalten kann. Auch diesen Aspekt habe ich schon angesprochen: das Einbinden von Stakeholdern. Dazu muss ich mir als Kommune Gedanken machen, wer eigentlich die Stakeholder sind. Sicherlich sind das die, die viele Steuern zahlen (im schlimmsten Fall sind sie also nichts weiter als eine Steuernummer), aber in erster Line sind diese Stakeholder Partner der Stadt und Gemeinde – und es sind vor allem Kunden! Sicherlich, Amazon ist für viele dieser Entwicklungen nicht direkt verantwortlich, aber das Leistungsangebot des Internetriesen beeinflusst dennoch in einem erheblichen Maße das Leben einer Stadt und Gemeinde.

An einem weiteren Beispiel möchte ich zeigen, was Gestalten bedeutet. Es geht um E-Carsharing oder Carsharing, das ich ebenfalls im Buch schon angesprochen hatte. Was in den Metropolen begann, weitet sich zunehmend auch auf kleinere Städte und den ländlichen Raum aus. In den großen Städten steht das eigene Auto gerade bei der jüngeren Generation nicht mehr im Fokus. Ein Auto kostet Geld, man findet schlecht Parkplätze, und als Statussymbol wie bei der älteren Generation hat es auch an Glanz verloren. Andere Dinge sind wichtiger geworden. Dennoch spielt die Mobilität auch bei den Jüngeren eine große Rolle. Diese Entwicklung zwingt selbst die mächtige Autoindustrie zum Umdenken. Wenn weniger Autos verkauft werden, muss man eben auf andere Weise Geld verdienen und Einbußen kompensieren. Also fangen die Autohersteller an, über das Auto hinauszudenken, und sehen die Mobilität im Allgemeinen als künftiges Geschäftsmodell. Sie bieten zunehmend Mobilitätslösungen an. Das geht von Konzepten über Software bis hin zum Carsharing. Getrieben von der Umweltdiskussion und steigenden Energiekosten rückt das E-Auto immer mehr in den Mittelpunkt.

Neue Geschäftsmodelle – neue Rahmenbedingungen

Nicht nur für ein E-Carsharing, sondern auch für den privaten und gewerblichen Nutzer von E-Autos, E-Bikes oder E-Scootern sind eine funktionierende Ladeinfrastruktur und entsprechende Flächen notwendig. Damit berührt die wachsende E-Mobilität auch das Thema Energie, und das nicht nur als Stromverbraucher, sondern auch als Speicher. E-Autos können im Rahmen eines smarten Energiemanagements für Gebäude genutzt werden. Das wiederum berührt weitere Bereiche. Neue Geschäftsmodelle entstehen, ebenso sind neue Kooperationen und Lösungen für die Zukunft möglich. Wie weit so etwas gehen kann, möchte ich an einem Beispiel aus Osttirol / Österreich zeigen, über das ich mich während eines Urlaubs informierte.

Es fing mit einer Bewegung an, die sich »Vordenken für Osttirol« nennt, eine Art »Bürger-Think-Tank«. Der Bezirk Lienz, wie Osttirol offiziell heißt, hat rund 50 000 Einwohner und liegt durch seine topografische Besonderheit etwas abgelegen am südlichen Hauptkamm der Alpen. Die Region trat auf der Stelle, und so riefen diverse Organisationen und Institutionen wie die Wirtschaftskammer die Bürger dazu auf, in verschiedenen Arbeitskreisen zu bestimmten Themen Lösungen und Projekte zu entwickeln. Ein Arbeitskreis befasste sich mit Energie und Mobilität. Zwei Probleme, die herausgearbeitet wurden, möchte ich ansprechen.

Osttirol ist ländlich und durch viele Seitentäler geprägt. Die »Städte« sind eher klein und haben oft weniger als 1500 Einwohner. Ein Auto ist also wichtig, um zur Arbeit zu kommen und um das tägliche Leben zu bestreiten. Für viele Familien allerdings ist ein oft notwendiger Zweitwagen eine finanzielle Belastung, die sie sich nicht leisten können. Der Öffentliche Nahverkehr ist zwar relativ gut ausgebaut, doch hat er auch seine Schwachstellen, beispielsweise während der Abend- und Nachtzeiten oder in den Ferien. Manchmal fährt der Bus auch nur bis zu einem bestimmten Punkt. Den restlichen Weg nach Hause muss man in einem solchen Fall irgendwie anders organisieren. Ein Carsharingsystem wie in den Metropolen schien da die Lösung zu sein. Da der Bezirk sich durch ursprüngliche Natur auszeichnet, lag die Elektromobilität nahe.

Ein privater Verein startete das E-Carsharing FLUGS, zunächst mit einem Auto. Damit wollte man nicht nur den ersten Schritt machen, sondern auch praktische Erfahrungen sammeln. Dieses erste Auto bekam einen Parkplatz mit Ladesäule in der Kreisstadt Lienz, die das Projekt gemeinsam mit einem Energieversorger unterstützte. Das Projekt wuchs und schließlich übernahm ein genossenschaftlicher Betrieb die Trägerschaft, weil die mit der Expansion gestiegenen Aufgaben von dem privaten Verein nicht mehr zu leisten waren. 2019 hatte die E-Carsharing-Flotte schon 14 Fahrzeuge an 12 Standorten im Bezirk. Ziel ist es, das Carsharing flächendeckend auszuweiten. Parallel dazu wurde von verschiedenen Stakeholdern im Bezirk eine allgemeine E-Mobilitätsstrategie erarbeitet, in der auch vorgesehen ist, das Carsharing mit dem Öffentlichen Nahverkehr zu kombinieren – quasi um die letzte Meile von der Haltestelle zu einem Endpunkt zu schließen. Dazu wurden Gespräche mit dem Tiroler Verkehrsverbund VVT geführt, wie man das kundenfreundlich kombinieren kann. Soweit ich informiert bin, hat man eine Lösung gefunden, die bald umgesetzt werden soll.

Mit »Change your Mind« in die Zukunft

Diese Beispiele zeigen eines: Das wirtschaftliche, öffentliche und private Leben entwickelt sich stetig weiter, geht immer neue Wege und lässt alte hinter sich. Damit das geordnet geschehen kann, wird ein Rahmen benötigt. Dieser muss von den Kommunen gestaltet werden, und zwar nicht nach den Buchstaben des Gesetzes, sondern praxis- und lebensnah orientiert an den Bedürfnissen der unterschiedlichsten Zielgruppen. Natürlich muss das gesetzlich flankiert werden. Die kommunale Verwaltung kommt aber angesichts der immensen Aufgaben nicht um eine Zusammenarbeit mit den verschiedensten Gruppen herum! Diese Einsicht müssen die Verantwortlichen in den Städten und Gemeinden verinnerlichen. Aber nicht nur auf Führungsebene, das gilt für alle Mitarbeiter im öffentlichen Sektor. Das Mindset hat sich nachhaltig zu verändern. Das ist der Ausgangspunkt für Gestaltung, die sich an unternehmerischen Gesichtspunkten auszurichten hat.

Ich sprach vorhin im Zusammenhang mit dem Thema »Was unternehmerisches Denken ausmacht« von Wertekanon und Unternehmenskult. Diese beiden Themen sind in vielen Verwaltungen neu auszurichten, und zwar so, dass der Bürger, ob privat oder geschäftlich, im Mittelpunkt steht. Diese Kultur ermöglicht es, dass man gemeinsam Ideen für die Zukunft einer Kommune entwickeln und dann auch gemeinsam beschließen und umsetzen kann. Arbeitskreise, Bürgerbeteiligungen oder Hearings sind probate Mittel, die so etwas ermöglichen. Die so erarbeiteten Punkte können gleich marktorientiert und nach unternehmerischen Aspekten ausgerichtet werden. Das setzt aber auch hier voraus, dass sich das Mindset aller in der Verwaltung – vom Bürgermeister bis zum Sachbearbeiter – entsprechend ändert. Fortbildung, der Austausch mit Kommunen, die schon in diese Richtung gehen, und der aktive Kontakt zur Wirtschaft sind die Schlüssel dazu. Letztlich muss sich jeder im öffentlichen Sektor klar werden, wer sein Gehalt zahlt. Es ist der Bürger, gleich in welcher Form dieser in Erscheinung tritt – ob als Privatperson, als Investor, Tourist oder Unternehmer. Pflegt eine Firma ihre Kunden nicht, bemühen sich die Mitarbeiter nicht um diese Kunden, wandert er ab und geht dorthin, wo man ihn wertschätzt. Verliert ein Unternehmen zu viele Kunden, muss es einsparen, Mitarbeiter entlassen und unter Umständen schließen.

Zwar kann eine Kommune in Deutschland nicht wie in den USA pleitegehen, aber auch Städte und Gemeinden geraten durch Abwanderung unter Druck. Das wirkt sich schließlich auch auf die Verwaltung aus. Es muss also auch im Interesse der Verwaltung, der Führungsebene und der Mitarbeiter liegen, unternehmerisch zu denken und zu gestalten, statt zu verwalten!

Wer nicht handelt, stirbt

Manche können die Worte »Wandel« und »Veränderung« schon nicht mehr hören. Aber: Alles ist im Wandel und verändert sich. Das ist nun mal so. Veränderungen hat es schon immer gegeben. Sie sind kein Phänomen unserer Zeit, auch wenn viele das meinen. Nichts ist konstanter als der Wandel. Das ist Fakt. Was im Gegensatz zu früheren Zeiten allerdings neu ist, sind die Geschwindigkeit und die Quantität dieser Veränderungen.

Aber wie auch immer es sich mit Veränderungen verhält – viele haben damit zu kämpfen, die oben genannten Symptome verstärken das nur noch. Und doch: Würde man sich danach richten und denjenigen »folgen«, die sich gegen Entwicklung und Fortschritt sperren, schriebe man heute noch mit Federkiel und Tinte, statt den Computer zu benutzen. Denn der ist nichts weiter als der momentane Höhepunkt einer Entwicklungsreihe, die mal mit einem Gänsekiel begann. Und um dem noch eins draufzusetzen: Der Computer wurde vor gar nicht allzu langer Zeit mit dem Telefon »gekreuzt«, das ebenfalls eine längere Entwicklungsgeschichte hinter sich hat. Diese Kombination aus beidem ergab das Smartphone. Und was soll man sagen: Das Smartphone ist akzeptiert und aus unserem Alltag nicht mehr wegzudenken.

Zu jeder Zeit haben Innovationen das allgemeine Leben nachhaltig – manchmal gar gravierend – verändert. Das oben schon genannte Telefon ist ein gutes Beispiel. Vor über 150 Jahren wurde es erfunden. Natürlich hatte das ursprüngliche Gerät mit einem Telefon, so wie wir es kennen, nichts zu tun. Telefonieren war in den Anfangsjahrzehnten nur einem kleinen Kreis von Menschen vorbehalten. Vielen war die Technik zudem suspekt. Ein »Rohr«, aus dem eine Stimme kommt – das musste Teufelswerk sein. Erst vor gut 65 Jahren wurde das Telefon alltäglicher Gebrauchsgegenstand und veränderte damit auch das wirtschaftliche und gesellschaftliche Leben. Das gesprochene Wort wurde nach und nach schnell und flächendeckend übertragen. Weitere technologische Entwicklungen profitierten davon – schrittweise natürlich und noch nicht in der Geschwindigkeit, wie wir sie heute kennen.

Also, warum dieser kleine Ausflug in die Geschichte? Fakt ist, jede Form von Entwicklung und technologischem Fortschritt zieht Veränderungsprozesse nach sich. Und Technologien wie die Digitalisierung haben die Macht, alles bis in den letzten Winkel zu beeinflussen. Städte, Gemeinden und ihre Verwaltungen sind davon nicht ausgenommen. Auch das ist eine Tatsache.

Das Paradoxe an dieser kleinen Geschichte ist: Im Privatleben (auch zu großen Teilen in der freien Wirtschaft) werden technische Innovationen und Services akzeptiert und genutzt – ja, selbst von Menschen, die in den Kommunen tätig sind –, die man in den »Amtsstuben« selbst lange suchen kann. An dieser Stelle höre ich schon die Empörung: Wie kann der das behaupten?!

Nun, im Verlaufe des Buches habe ich dazu ja schon einige Beispiele gebracht, die diese Aussage rechtfertigen. Was mich wieder zum Anfang führt, dem Grund, aus dem ich dieses Buch schreibe. Die Gesellschaft hat sich verändert. Sie ist pluralistischer, informierter, mobiler, individueller und ja, auch mündiger geworden. Die Treiber dieser Transformation sind voranschreitende Technologien. Hinzu kommen Faktoren, die die vielen Veränderungen flankieren: Überalterung, demografischer Wandel oder Migration. Wenn also Kommune die kleinste Einheit des föderalen Systems, des gesellschaftlichen Zusammenlebens ist, warum sollte sie sich von diesen Prozessen ausklammern? Eben, kann sie gar nicht! Sicherlich haben sehr viele Städte und Gemeinden das schon verstanden. Sie arbeiten daran, sich diesen Entwicklungen zu öffnen, und reagieren auf die daraus erwachsenen Bedürfnisse. Dazu führte ich ja ebenfalls schon Beispiele auf.

Dennoch, es gibt noch einiges zu tun. Der öffentliche Sektor hat in den nächsten Jahren noch eine steile Lernkurve vor sich, wie Dr. Peter Kurz, der Oberbürgermeister von Mannheim, im zweiten Kapitel bemerkte. Andererseits gibt es etliche Kommunen, die sich noch nicht auf den Weg gemacht haben. Gerade für diese Fälle fasse ich die »10 Gebote für Kommunen« noch mal im Überblick zusammen.

Gebot 1: Kommunen stehen im Wettbewerb

Globalisierung und Digitalisierung haben die Welt zusammenwachsen lassen und zusammengerückt. Wenn man so will, ist mein Büro nur einen Mausklick von Sydney, Phuket oder Los Angeles entfernt. Was für den großen Maßstab funktioniert, gilt erst recht für den kleinen – sprich: Hamburg ist genauso weit von mir »entfernt« wie Berlin oder München, aber auch Meißen, Kempten oder Nordenham. Wie das Beispiel Koblenz im ersten Kapitel verdeutlicht, stehen Städte mit unzähligen Nachbargemeinden im unmittelbaren Wettbewerb. Entscheidet sich ein Bürger, ein Unternehmen oder ein Investor für einen Standort, wird er dort investieren, gleich in welcher Form. Die Gemeinde profitiert durch diverse steuerliche Abgaben und sonstige Einnahmen davon. Umliegende Gemeinden gehen dann leer aus. Je attraktiver eine Gemeinde für einen solchen potenziellen Stakeholder ist, desto mehr Zuspruch bekommt sie. Umgekehrt gesehen: Je unattraktiver eine Kommune wirkt, desto weniger Menschen oder Betriebe wollen dort hin oder wollen dort bleiben.

Und wenn sie gehen oder wegbleiben, fehlen auch Einnahmen, um den laufenden »Betrieb« aufrechtzuhalten und damit letztendlich, um Zukunft gestalten zu können.

In der Privatwirtschaft verschwinden Produkte, die sich schlecht verkaufen. Nun können sich Kommunen nicht in Luft auflösen, aber so hart es für viele Verantwortliche in Städten und Gemeinden klingen mag – sie können in große Schwierigkeiten geraten und in der Bedeutungslosigkeit verschwinden. Wie bei einem Produkt informieren sich potenzielle Stakeholder vorab, ob sich die örtlichen Gegebenheiten mit ihren Bedürfnissen decken, bevor sie sich niederlassen. Weiche Faktoren wie Lebensqualität oder Image spielen dabei genauso eine Rolle wie harte. Als Beispiel seien gute Infrastruktur oder steuerliche Anreize genannt. Daher stehen Kommunen schon seit Jahren miteinander im Wettbewerb, ob sie wollen oder nicht. Derjenige, der das beste Angebot macht, bekommt den Zuschlag!

Für Kommunen muss deshalb die erste Regel lauten, das zu erkennen und zu akzeptieren. Sie stehen in Konkurrenz – auch wenn das etwas anders aussieht als in der freien Wirtschaft. Das Prinzip ist aber das gleiche. Daher ist Städten und Gemeinden zu raten, sich an der Wirtschaft zu orientieren, um marktorientiertes Denken zu entwickeln. Dafür muss man neue Wege gehen, alte Muster durchbrechen und sich mit strategischen Fragen befassen. Querdenken und Benchmarking sind gefragt. Dazu sollten unbedingt Menschen eingebunden werden, die nicht aus dem Verwaltungsbereich kommen, die beraten und bei Planungen und Umsetzung helfen. Wer das verinnerlicht, kann sich im Wettbewerb behaupten. Alle anderen werden auf der Stelle treten und die Herausforderungen des kontinuierlichen Wandels nicht packen. Es geht darum, dass mit einem Investor, Unternehmen und letztlich auch dem Bürger Umsatz gemacht wird. Das ist Geld für die kommunale Kasse.

Also: Machen Sie die Augen auf!

Gebot 2: Die Kommune ist ein Produkt, und Produkte muss man vermarkten

Unter den Begriff »Produkt« fällt alles, was auf einem Markt angeboten wird und das erworben werden kann, um es zur Befriedigung von Wünschen oder Bedürfnissen zu verwenden. Das können sowohl Waren als auch Dienstleistungen, Personen oder Orte sein. Kann eine Kommune also auch ein Produkt sein? Die Antwort lautet ganz klar »ja«! Und »schlimmer«: Die Entscheidung liegt gar nicht bei ihr. Eine Kommune ist ein Produkt, ob sie will oder nicht. Genau darin liegt wohl die Schwierigkeit: sich als Produkt wie eine Flasche Coca-Cola, ein Mercedes A 200 oder eine TUI-Flugreise zu verstehen. Wie mit diesen alltäglichen Produkten gehen die diversen Stakeholder auch mit Kommunen vor. Städte und Gemeinden werden mit anderen wie ein Produkt verglichen: Was »kann« die, passt das Image und welche Vorteile habe ich, wenn ich mich als Bürger, Unternehmen oder Investor für gerade dieses Produkt ... Verzeihung, diese Kommune entscheide?

Eine Stadt oder Gemeinde besteht aus vielen unterschiedlichen, einzelnen Produkten, die in Summe das Gesamtpaket ergeben. Auch das muss erst verinnerlicht werden: dass ein Kindergarten ebenso ein Produkt ist wie eine Leistung der Straßenmeisterei oder die Services vom Einwohnermeldeamt. Viele touristische Hotspots haben das im Wesentlichen verstanden und vermarkten sich auch so. Ohne ein entsprechendes Marketing wären sie für ihre Kunden nicht wahrnehmbar. Wie soll sich ein potenzieller Gast denn auch für einen Urlaubsort entscheiden, wenn dieser nicht sichtbar ist? Ein Produkt (wie in diesem Fall eine Urlaubsreise oder besser: der Ort, an den es gehen soll), das kaum ins Auge fällt, verkauft sich eben schlecht. Bevor also eine Urlaubsreise gebucht wird, checkt ein potenzieller Besucher ja nicht nur die Destination als solche – passt die zu mir? –, sondern auch die einzelnen kleineren Produkte, die untrennbar dazugehören: Was wird mir vor Ort geboten?

Weil alle Kommunen – ob groß oder klein – im Wettbewerb stehen, werden sie nicht darum herumkommen, sich und ihre Produkte zu vermarkten. Wie in einem Geschäft stellt man die Bestseller oder die besten Angebote ins Schaufenster, weil sie nur so sichtbar werden. In die hintersten Ladenecken schaut nämlich selten jemand. Es ist also zu klären, was man besonders gut kann, womit man sich vom Wettbewerb absetzt oder was einen als Kommune auszeichnet. Diese Dinge, diese Produkte sind hervorzuheben! Sie müssen sichtbar gemacht werden, und das im Kontext eines Gesamtkonzepts für das Produkt Kommune. Auch hier gilt: Erst – von Gemeindeseite – ein Bewusstsein für das Produkt schaffen, dann das Umfeld analysieren, anschließend eine Positionierung festlegen. Das alles zusammen erzeugt im Zusammenspiel mit einem ausgearbeiteten Marketingkonzept Sichtbarkeit.

Gebot 3: Immer mehr Aufgaben – und immer weniger Leute

Ob Wirtschaft oder öffentlicher Sektor – beide stehen vor der gleichen Herausforderung, die demografischer Wandel und Überalterung stark beeinflussen: Es zeichnet sich schon jetzt ab, dass in Zukunft Arbeitskräfte fehlen werden und Stellen unbesetzt bleiben. Das wird sich noch verstärken, wenn ein Großteil der Generation »Babyboomer« in den Ruhestand geht. Gleichzeitig wachsen aber auch die Aufgaben, und das aus den verschiedensten Gründen. Im Gegensatz zur Privatwirtschaft hat der öffentliche Sektor einen hohen Altersdurchschnitt im Personalstamm. Das bedeutet, hier werden sich künftig gravierende Lücken auftun, die jetzt schon vielerorts offensichtlich sind. Denn auslaufende Stellen werden – oft aus Kostengründen – nicht nachbesetzt. Hinzu kommt, dass es in absehbarer Zeit weniger Bewerbungen und weniger qualitative Nachfolger geben wird. Also müssen die stetig wachsenden Aufgaben von immer weniger werdendem Fachpersonal erfüllt werden.

Die Lösung lautet: Digitalisierung. Und das ist für viele im öffentlichen Bereich ein Buch mit sieben Siegeln, wenn nicht gar ein Schreckgespenst. Doch ohne den Einsatz von Technologie wird das Arbeitspensum auch vor dem Hintergrund von Wettbewerb, Marktorientierung, Marketing und bürgerfreundlichen Services künftig nicht zu schaffen sein. Der Online-Händler Amazon wäre ohne Digitalisierung nicht in der Lage, sein vielseitiges Angebot vorzuhalten, und könnte die täglich anfallenden millionenfachen Bestellungen nicht bewältigen. Die Automatisierung ermöglicht es ihm, quasi jeden Winkel auf der Welt binnen kürzester Zeit zu bedienen – gleich, ob es dabei um die Bearbeitung von Anfragen, Reklamationen, um die Fakturierung, den Versand, um Rücksendungen oder Services geht. Nicht dass Kommunen Amazon 1:1 kopieren sollen. Doch man kann sich durchaus anschauen, wie der IT-Riese die vielfältigen Ansprüche der Kunden für sich löst, und sich überlegen, wie man daraus eine individuelle Lösung für den eigenen kommunalen Bereich ableiten kann.

Leider fehlt häufig im öffentlichen Sektor das Bewusstsein und auch das Know-how für die Digitalisierung. Aus diesem Grund müssen sowohl Mitarbeiter als auch Entscheider fit gemacht werden. Das reicht vom Bürgermeister über den Gemeinderat, die Abteilungs- und Ressortleiter und hört beim Hausmeister nicht auf. Es betrifft erfahrene und junge Mitarbeiter gleichermaßen. Zwar kennen sich die jungen Generationen mit YouTube, Netflix, Instagram und ihrem Smartphone aus. Das reicht aber nicht. Sie müssen auch die Digitalisierung verstehen und wissen, wie man diese Technologien sinnvoll einsetzen kann. Darauf kommt es an! Wichtig ist dabei, verständlich zu machen, dass es nicht um Stellenabbau geht, sondern dass mithilfe der Technik Arbeitsprozesse vereinfacht, verbessert und effizienter gestaltet werden können. Davon profitieren alle in einer Kommune – nicht nur die Mitarbeiter und Verantwortlichen.

Gebot 4: Die Kommune ist kein attraktiver Arbeitgeber? Ändern Sie das!

Wieso sollte ich in einer Kommune arbeiten? Das ist doch nicht sexy. Oder? Ein Arbeitsplatz bei Städten und Gemeinden gilt im Vergleich zu Handel und Industrie als nicht so attraktiv. Auch hier stehen Kommunen also im Wettbewerb. Mal mit der Wirtschaft, mal mit anderen Städten und Gemeinden, manchmal sogar mit sich selbst. Manche Kommunen gelten eher als attraktiver Arbeitgeber als andere. Im Allgemeinen hat der öffentliche Bereich den Ruf, schwerfällig, altbacken und innovationsarm zu sein. Außerdem spielt die eher mäßige Entlohnung im Vergleich zur freien Wirtschaft eine Rolle.

Erst in den letzten Jahren wird dem öffentlichen Sektor zunehmend bewusst, dass das Werben um Mitarbeiter von elementarer Bedeutung ist. Ohne qualifiziertes Personal kann eine Kommune gleich zumachen! In der Wirtschaft läuft der »Kampf um die Talente« schon längst. Der Schlüssel liegt im Personalmarketing und in einem positiven Imageaufbau. Über Jahrzehnte hat sich aus verschiedensten Gründen in den Köpfen der Allgemeinheit ein schlechtes Image festgesetzt. Dieses gilt es zu knacken! Die Kommunen müssen nicht nur vor dem Hintergrund der eigenen Vermarktung, sondern auch im Hinblick auf Personalmarketing die positiven Leistungen, die sie für die Gesellschaft erbringen, wesentlich deutlicher sichtbar machen und kommunizieren. Das würde schon mal auf Sicht für ein verbessertes Image sorgen.

Ferner sollten sich die kommunalen Arbeitgeber fragen, wofür sie stehen, was sie tatsächlich bieten können, womit sie sich von der Privatwirtschaft absetzen und welche Vorteile sie bieten. Kurzum: Es muss eine Bestandsaufnahme erfolgen, was sie als Arbeitgeber ausmacht. Dann müssen Kommunen sich überlegen, wen sie ansprechen wollen und wo sie ihre Zielgruppe finden. Eine Stellenanzeige im kommunalen Fachmagazin wird ihnen wenig bringen, wenn sie neue, junge Zielgruppen ansprechen wollen. Es ist daher erforderlich, neben einer zeitgemäßen, imagefördernden Ansprache auch neue Wege in der Kommunikation zu gehen.

Zeigen Sie die Arbeitsbereiche Ihrer Kommune lebendig und authentisch als Story, die Sie beispielsweise als Videoclip im Internet veröffentlichen und bewerben. Nutzen Sie die Möglichkeit, die Sie nur als Kommune haben, was Ihre Stadt oder Gemeinde ausmacht. Werden Sie menschlicher und emotionaler, denn es sind Menschen, die eine Kommune lebendig und sympathisch machen, nicht Paragraphen oder Verordnungen.

Gebot 5: Wir müssen über Kunden sprechen – denn die Kommune hat Kunden

Eine Kommune hat nur Kunden und keine Bittsteller! Bürger, Unternehmen, Investoren und Touristen sind keine »Antragsnummer«, die nur Arbeit machen. Sie sind lebendiger Teil von Kommunen und machen das Leben in Städten und Gemeinden aus. Ohne sie gäbe es keine Kommune. Darüber hinaus sind sie Steuerzahler – also Ihr Gehaltsgeber – und der Bürger ist der Souverän, der am Wahltag seine Stimme abgibt. Ohne Kunden hätte kein Unternehmen eine Marktberechtigung. Daher bemüht sich die Wirtschaft um ihre Kundschaft durch Services und Leistungen, die sie schnell, zuverlässig und qualitätsbewusst erbringt.

Warum sollte also ein Kunde das nicht ebenfalls von seiner Stadt oder Gemeinde erwarten können? Dabei ist hier zunächst genauso zu klären, wie mein Kunde aussieht. Die Bandbreite reicht von Hundebesitzern über Bauherren eines Eigenheims, Autofahrer, den Schützenverein, die Musikkapelle, Handwerker, Lebensmittelhändler und Investmentfonds bis hin zu einem Konzern wie einer Handelskette oder einem Energieversorger. Ihnen allen stehen die vom Gesetz garantierten Leistungen zu. Darüber hinaus haben alle unterschiedliche Wünsche und Bedürfnisse. Die Kommune muss lernen, eine Kundenbrille aufzusetzen, um ihre Kundschaft entsprechend bedienen zu können.

Ein Blick auf das eigene Konsumverhalten hilft. Auch hier spielt die Digitalisierung eine Rolle. Welche Dienstleistungen bietet z. B. der Online-Handel oder das Online-Banking? Es gibt einen 24-Stunden-Service, man kann durch Chat oder Video Fragen stellen, die wichtigsten Informationen werden anhand eines benutzerfreundlichen Katalogs zusammengestellt, computergestützte Hotlines navigieren zur Informationsquelle, die man braucht, und es gibt Apps, die Buchungen ermöglichen. Das alles wird im privaten Bereich wie selbstverständlich genutzt. Kommunen können sich daran orientieren und ebenfalls viele Dienstleistungen so anbieten. Neben dem Verständnis, was ein Kunde ist, sind aber kommunalintern die politischen, finanziellen, rechtlichen und technischen Voraussetzungen dafür zu schaffen. Eine Aufgabe, die alle am Verwaltungsprozess beteiligten Personen betrifft – ohne Ausnahme!

Gebot 6: Digitalisierung ist die Aufgabe aller Beteiligten – nicht nur der IT

Ob man will oder nicht, die Digitalisierung ist unausweichlich! Die Verantwortung dafür auf einige wenige abzuschieben, nur weil sie in der IT-Abteilung arbeiten oder Systemadministratoren sind, ist natürlich einfach und bequem. Das ist jedoch eine Sackgasse! Gerade beim Thema Digitalisierung geht es in Zukunft nicht mehr darum, Verantwortungen und Aufgaben zu delegieren, sondern darum, alle an einem Prozess zu beteiligen und jedem seine Rolle, seine bestimmte Funktion zuzuordnen. Denn die Digitalisierung verbindet jeden und alles. Aus diesem Grund dürfen die Digitalisierung und die damit verbundenen Maßnahmen nicht nur Aufgabe der IT-Abteilung sein!

Jeder Bereich des Lebens ist von der Digitalisierung betroffen. Egal ob Arbeitsplatz, Verkehr, Gesundheit, Politik, Wirtschaft, Konsum, Kommunikation oder Gesundheit – überall hat die Digitalisierung schon jetzt Einzug gehalten. Die kommunale Verwaltung und die örtliche Politik können sich davon nicht ausklammern. Sie sind schon Teil dieses Prozesses. Grundlage, um neue Wege gehen zu können, ist die Akzeptanz der Entwicklung. Die Digitalisierung bietet der kommunalen Verwaltung die Chance, vom Bremser zum Gestalter zu werden. Als Erstes gilt es, Ängste und Vorbehalte abzubauen. Gleichzeitig sind die Vorteile der Digitalisierung klarzustellen und positiv zu vermitteln. Es geht darum, jeden in der kommunalen Verwaltung für diesen Weg zu motivieren, damit er sich aktiv beteiligt und mitgestaltet. Dazu sollten Personen in Schlüsselpositionen zu »Helden der Digitalisierung« gemacht werden, wie es Georg Beuler im sechsten Kapitel auf den Punkt brachte.

Um überhaupt diesen Weg zu beschreiten, muss die Digitalisierung zur Chefsache gemacht und die IT als Stabsstelle definiert werden, bei der alles zusammenläuft. Ferner ist eine digitale Strategie mit realistischen Etappenzielen und einem entsprechenden Finanzierungsplan zu entwickeln. Im Zentrum aller Überlegungen stehen dabei die Anwender. Mit der Implementierung digitaler Prozesse geht die Schaffung einer »digitalen« Kultur einher. Das bedeutet: voneinander zu lernen, sich gegenseitig zu helfen und zu unterstützen. Auch das Nutzen von Synergieeffekten ist wichtig, ebenso wie ein Feedback über Erfolge und positive Fortschritte – und das nicht nur intern, sondern auch extern. Denn der Bürger ist ebenfalls ein Teil dieses kontinuierlichen Prozesses und muss deshalb eingebunden werden!

Gebot 7: Kommunen brauchen eine Vision für ihren Standort

Wer nur bis morgen denkt, lebt nicht lange. Das ist Fakt. Deswegen ist es für Kommunen elementar, eine klare Vision mit einer eindeutigen Strategie zu erarbeiten: Was soll in welchem Zeitraum durch welche Handlungen erreicht werden? Wer nach dem Motto »Man müsste mal ...« agiert, wird sich nicht vom Fleck bewegen. Visionen und Strategie sind vielerorts nach wie vor kein Thema und wurden nie ins Visier genommen. Zwar wird hier und da einiges im Hinblick auf Veränderungen und Bedürfnisse geplant, aber richtig strategisch ging man dabei bisher nicht vor. Dabei ist es wichtig, mittels eines durchdachten Plans die Standortentwicklung für die nächsten zehn bis 15 Jahre abzusichern.

Generell kann man sich bei der Ausrichtung einer Strategie an drei wesentlichen Fragen orientieren: Erstens: Wofür steht die Gemeinde? Diese Frage setzt sich mit der Ist-Situation auseinander und damit, wo die Stärken, aber auch die Schwächen liegen. Als Nächstes ist zu klären, wohin sich die Kommune entwickeln soll. Dieser Punkt betrifft unmittelbar die strategische Ausrichtung. Und abschließend geht es darum, was zu tun ist, um die Vision zu realisieren. Schritt für Schritt sind die jeweiligen Stoßrichtungen und die dazugehörigen Zukunftsmaßnahmen abzuarbeiten. Die wurden idealerweise vorher sauber definiert, dann durch Kompetenzteams formuliert und können jetzt schließlich umgesetzt werden. Eine regelmäßige Kontrolle der einzelnen Maßnahmen wie auch ein Feedback ist dabei aber auf jeden Fall erforderlich!

Um im Wettbewerb zu bestehen, sind diese Schritte für die Entwicklung einer Strategie unabdingbar. Das kann auch schmerzhaft sein – aber drumherum kommt man nicht! Als »Gemischtwarenladen« können gerade kleinere Kommunen nicht mehr überzeugen.

Bei diesem Prozess sollte auch betrachtet werden, ob es möglich ist, Schwächen in Stärken zu verwandeln. Ganz entscheidend bei der Weichenstellung Richtung Zukunft ist, die richtigen Fragen zu stellen. Sonst gerät man leicht auf einen Irrweg. Das ist nicht nur kostspielig, man verliert auch Zeit. Die Vision, wie eine Kommune im Idealfall aussehen könnte, muss jede Stadt und Gemeinde für sich entwickeln. Das kann ihnen keiner abnehmen. Sinnvoll ist daher eine externe Begleitung auf diesem Weg, die den Prozess moderiert, denn ein Außenstehender hat einen anderen, ungetrübten Blick auf die Dinge.

Gebot 8: Kommunen müssen denken wie Unternehmen

So befremdend das für »kommunale Ohren« klingen mag: Eine Kommune unterscheidet sich in ihrer Arbeitsweise kaum von Unternehmen. Nur hat die Wirtschaft über einen sehr langen Zeitraum gelernt, sich stetig weiterzuentwickeln und neuen Anforderungen anzupassen. Machen Unternehmen das nicht, fegt sie der Wettbewerb vom Markt. Im Gegensatz dazu gefallen sich Kommunen derzeit noch in ihrer Rolle als verwaltendes Organ. Viele von ihnen erachten es auch besonders vor dem Hintergrund ihrer hoheitsrechtlichen Aufgaben als nicht notwendig, sich weiterzuentwickeln. Aber anstatt »stolz« darauf zu sein, nichts zu verändern, ist zukünftig Gestaltung und Veränderung angesagt. Dazu gehören eben auch die Digitalisierungen, Neustrukturierungen oder kundenorientiertes Handeln. Hierfür müssen Mitarbeiter durch Fortbildungen auf den neusten Stand gebracht und alle Entwicklungsthemen auch ernst genommen werden. Nur wer das begreift, kann Kommunen langfristig nach vorne bringen.

Angesichts der künftigen Aufgaben, des wachsenden Wettbewerbs, einer pluralistischen Gesellschaft, der Globalisierung und immer neuen, intelligenter werdenden Technologien kommen Städte und

Gemeinden gar nicht um marktorientiertes Denken herum. Dafür sind aber alte, teilweise über Jahrzehnte gewachsene und gepflegte Zöpfe abzuschneiden. Fakt ist: Nur wer selbst sein Schicksal in die Hand nimmt, kann es auch eigenverantwortlich bestimmen. Sonst machen es andere. Dazu gehört beispielsweise das Hinterfragen des Leistungsangebots der Gemeinde im Zusammenhang mit den Kernkompetenzen. Schon hier beginnt unternehmerisches Denken. Ist sinnvoll, alles vorzuhalten, oder wird man durch Auslagerung und Kooperationen effizienter, weil dadurch Leistungen verbessert und kostengünstiger werden?

Als Kommune nun aber als marktwirtschaftliches Unternehmen anzutreten und der Privatwirtschaft Konkurrenz zu machen, ist falsch verstandenes Handeln. Denn: Erwerbswirtschaftlich-fiskalische Unternehmungen sind den Kommunen laut Entscheidung des Bundesverfassungsgerichts untersagt. Im Mittelpunkt kommunaler Aktivitäten steht die Erfüllung eines »öffentlichen Zwecks«. Städte und Gemeinden können sich aber sehr wohl an den Grundsätzen unternehmerischen Handelns orientieren und sich NGOs als Vorbild nehmen, die ebenfalls nicht gewinnbringend arbeiten dürfen, aber genauso im Wettbewerb um Euros und Sichtbarkeit stehen.

Gebot 9: Wer denkt, man sei eine Verwaltung, will nicht gestalten

Gestaltung anstatt Verwaltung! Das sollte der neue Grundsatz für Kommunen sein. Es gibt viele Städte und Gemeinden, die das verstanden haben und sich an die neuen Spielregeln der Zeit anpassen. Sie haben begriffen, dass »Gestalten« das beste Mittel ist, um nicht zu schrumpfen. Dafür hat sich allerdings das Mindset innerhalb der Verwaltung und der kommunalen Politik zu verändern. Zwar wird offiziell an die Eigenverantwortlichkeit des Bürgers appelliert, aber innerhalb des öffentlichen Apparats scheint das nicht überall angekommen zu sein. Der Bürger ist schon bereit, wie Bürgerbeteiligungen zeigen. Er will mitdenken, mitreden – eben gestalten. Nun ist es auch an der Zeit für Verwaltungen, sich dem zu öffnen und ihre Mitarbeiter ebenso gestalterisch an Prozessen mitwirken zu lassen.

Das Argument, man würde gern neue Wege gehen, aber es fehlten die Mittel, ist nur ein Vorwand. Denn wer wirklich will, findet auch einen Weg. In etlichen Kommunen werden weder Bürger noch die Wirtschaft als Partner angesehen. Dabei entstehen durch die Einbindung der vielen Stakeholder unzählige neue Ideen, wie man etwas zukunftsorientiert realisieren kann. Beim Finden von Lösungen geht es um das Ausloten von Handlungsmöglichkeiten, Kompromissen und das Erzielen von Konsens. Das macht natürlich etwas Mühe, die sich aber am Ende in der Zufriedenheit aller lohnt. Ein Gemeinschaftsgefühl entsteht und nicht ein »wir und die anderen«.

Das wirtschaftliche, öffentliche und private Leben wird sich stetig weiterentwickeln. Um das geordnet zu lenken, sind Rahmenbedingungen nötig. Hier können Kommunen kreativ werden und sich dabei praxis- und lebensnah an den Bedürfnissen der unterschiedlichsten Zielgruppen orientieren. Arbeitskreise, Bürgerbeteiligungen oder Hearings sind Tools, die dafür eingesetzt werden können. Kommunen, die das verstehen, bleiben lebendig. Alle anderen werden erleben, wie ihnen ihre Stakeholder nach und nach den Rücken kehren. Das kann weitreichende Folgen haben, wie das Beispiel »Detroit« aus dem ersten Kapitel zeigte. Zwar können Kommunen in Deutschland nicht wie in den USA pleitegehen, aber das Thema Abwanderung erzeugt auch hierzulande enormen Druck. Es muss also im Interesse von Städten und Gemeinden liegen, unternehmerisch zu denken und zu gestalten, statt zu verwalten!

Gebot 10: Wer nicht handelt, stirbt!

Kommunen, die nicht wissen, wie sie aktiv handeln sollen, treten auf der Stelle. Reden allein verändert nichts! Ich habe daher ein paar Tools zusammengestellt, die dabei helfen, sich auf den neuen Weg zu machen. Die grundsätzlichen Fragen, die sich eine Stadt oder Gemeinde stellen muss, lauten:

- Wer bin ich? Für was stehe ich? Mit wem stehe ich zurzeit im Wettbewerb?
- Was sind meine Stärken und was sind meine Schwächen?
- Was ist meine Vision? Für was möchte ich künftig stehen? Wer wird dann mein Wettbewerber sein und wie setze ich mich von ihm ab?
- Wie kann ich dieses Ziel auf Basis der Analyse von Stärken und Schwächen erreichen? Was muss ich verändern? Was sind in welchem Zeitrahmen meine Etappenziele?
- Wer unterstützt mich auf diesem Weg?

Schritte zur Strategie	Verantwortlich, Team	Status, erledigt von
Für was stehe ich?		
Ist-Analyse		
SWOT		
Wer ist mein Wettbewerber?		
Was ist meine Vision?		
Was muss dazu geändert werden?		
Wer kann mich unterstützen?		
Budget- und Zeitplanung inkl. Etappenziele		
Kontrolle		

Sie können sich auch selbst eine eigene Checkliste zusammenstellen. Orientieren Sie sich dabei an diesem Schema:

Zwar ist die Stärken- und Schwächenanalyse vielen bekannt, ich möchte dennoch das SWOT-Quadrat hier aufführen, weil es in diesem Kontext dazugehört:

	Möglichkeiten/ Opportunities	Gefahren/Threats
Stärken/Strenghts	👍	😐
Schwächen/ Weaknesses	😐	💣

Sie können auch nach folgendem Muster vorgehen. Eine Verschriftlichung dient nicht nur der Reflexion, sie unterstützt bei Diskussionen und schließlich bei der klaren Definition der Ziele.

Ziel / Vision

- Top 1
- Top 2

Strategie

- Top 1
- Top 2

Maßnahmen

- Top 1
- Top 2
- Top 3

Roadmap

- Top 1
- Top 2

Natürlich spielt auch die interne Situation bei der geplanten Neuausrichtung eine Rolle. Auch hier empfiehlt sich eine Analyse. So lässt sich die Stimmung abbilden, nicht nur die der Mitarbeiter, sondern auch Ihre eigene. Das kann anonym erfolgen, umso ehrlicher ist das Bild, das Sie erhalten. Die Ergebnisse, die Sie durch die Auswertung erhalten, können ins gesamte Marketing, aber auch speziell in das Personalmarketing einfließen.

	Ja	Nein
Reden Sie positiv und begeistert über Ihre Arbeit bzw. über Ihren Arbeitsplatz?		
Gehen Sie mit Freude zur Arbeit?		
Erzählen Sie Ihrer Familie oder Freunden von Projekten und Aufgaben?		
Haben Sie den Eindruck, dass Ihre Arbeit von Kollegen geschätzt wird?		
Und wie sieht es extern aus, z. B. in Ihrem Bekanntenkreis, in der Politik, bei Ihren Kunden, den Bürgern?		
Sorgen Sie selbst für ein positives Bild?		
Würden Sie Ihren Freunden, Bekannten oder Familienmitgliedern raten, einen Job bei der Kommune anzufangen?		
Würden Sie nochmals Ihren Job ergreifen, wenn Sie die Wahl hätten?		
Empfinden Sie Ihr Arbeitsumfeld, also Büros, Konferenzzimmer oder Pausenräume, attraktiv?		
Fördert Ihr Arbeitgeber Sie, z. B. durch Fortbildungen?		
Sind Sie in Entscheidungsprozesse aktiv eingebunden – Stichwort Eigenverantwortung?		
Ist bei Ihnen Digitalisierung ein Thema?		
Wird bei Ihnen aktiv überlegt, was Sie in Richtung Kundenorientierung machen können?		
Denken Sie und Ihre Kollegen aktiv darüber nach, wie Sie sich als attraktiver Arbeitgeber darstellen können?		

Selbstverständlich können Sie die Liste um eigene, weitere Punkte ergänzen. Dieses Muster soll Ihnen lediglich zeigen, was man alles abfragen kann. Es liegt auf der Hand: Je mehr Fragen mit »nein« beantwortet werden, desto stärker ist der Handlungsbedarf. Sinnvoll ist eine Analyse, warum mit »ja« oder »nein« geantwortet wurde. Auch das lässt sich mit einer Checkliste gut überprüfen.

Arbeitsplatz	Bewertung ++ / + / 0 / − / − −	Handlungsbedarf hoch + / mittel 0 / wenig −
Räumlichkeiten wie Büros, Pausenraum, Konferenzzimmer		
Arbeitszeiten		
Gehalt		
Fort- und Weiterbildung		
Interne Informationspolitik		
Karriere		
Work-Life-Balance		
Betriebsklima		
Führungsstil		
Offenheit gegenüber neuen Themen		
Technische Ausstattung		
Transparenz		
Öffentlichkeitsarbeit		
Image intern		
Image extern		
Unterstützung z. B. von Politik oder Führung		

Einer der Stolpersteine, an denen alles oft scheitert, ist es, ins Handeln zu kommen. Zwar gibt zahlreiche Meetings, in denen alles Mögliche besprochen wird, aber dabei bleibt es dann meistens. »Man müsste mal ...«, heißt es oft: »Man müsste mal eine Analyse machen«, »man müsste mal die Ergebnisse bewerten«, »man müsste mal daraus eine Vision entwickeln« und »man müsste dazu mal eine Arbeitsgruppe initiieren«. In meinem Buch »Man müsste mal – so kommen Sie ins Handeln« habe ich diese Thematik ausführlich beschrieben. Daher gebe ich Ihnen hier nur grundlegende Hinweise. Die nachfolgende Grafik unterstützt Sie dabei, Ihre Ziele zu erreichen. Verschriftlichen Sie anhand des Schemas Ihre Gedanken. Wo befinden Sie sich gerade und wo wollen Sie hin? Auch mit kleinen Schritten erreicht man das Ziel, und die Erfolgschancen sind größer.

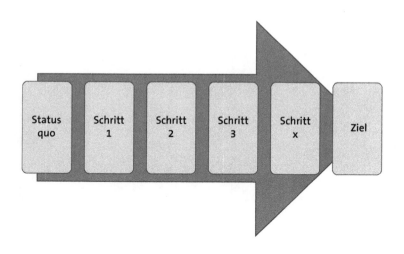

Damit Sie Ihre Ziele auch erreichen, zeige ich Ihnen die »5 Wege zum Machen«. Zunächst gilt es aber, eine unsichtbare Mauer zu durchbrechen. Die baut sich durch vorgeschobene Gründe, Ausreden oder Ängste auf.

Sie überwinden dieses Hindernis, indem Sie einfach mit einem der fünf Punkte anfangen, zum Beispiel erste Gespräche führen. Es ist eigentlich gleich, mit welchem Punkt Sie aus der Formel »5 Wege zum Machen« beginnen. Sie kommen automatisch ins Handeln, wenn Sie alle Schritte abarbeiten.

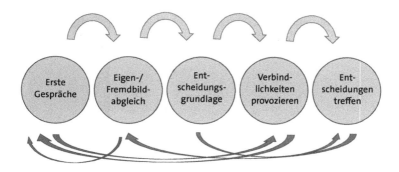

Mit diesem Werkzeugkoffer ausgestattet, sind Sie in der Lage, die »10 Gebote für Kommunen« aktiv umzusetzen. Mir ist bewusst, dass aller Anfang schwer ist – gerade, wenn es sich um festgefahrene Strukturen und Denkmuster handelt. Es fällt leichter, wenn man sich dazu einen »Coach« oder einen Berater von außen dazuholt, der einen durch die diversen Prozesse führt, für klare Vorgaben sorgt und auch auf die Umsetzung achtet. Gern gehe ich mit Ihnen diesen Weg. Entscheidend ist, dass Sie mit Ihrer Kommune überhaupt einen neuen Weg gehen wollen. Aber bedenken Sie: Die Zeit wartet nicht auf Sie und schreitet voran wie die vielen Veränderungen, an deren Anfang wir erst stehen. Ich bin mir sicher: Kommt erst die Künstliche Intelligenz (KI) voll zum Einsatz, wird es erneut einen Schub geben. Wer spätestens dann nicht handelt – stirbt! So brutal es klingt, aber Anzeichen gibt es genug.

Haben Sie Mut und machen Sie Ihre Kommune fit für den Wettbewerb – durch markt- und kundenorientiertes Denken.

Feedback zu diesem Buch

Habe ich Sie zum Nachdenken angeregt? Oder sind Sie zwischenzeitlich schon erste Schritte gegangen?

Gern möchte ich mit Ihnen, Ihrer Gemeinde oder Stadt in den Dialog treten. Mich interessiert Folgendes: Welche Impulse konnte ich setzen? Was habe ich bei Ihnen ausgelöst? Haben Sie sich entschlossen, auch aktiv zu werden und die Zukunft Ihrer Gemeinde zu gestalten? Wie wollen Sie künftig vorgehen?

Ich freue mich wirklich über jedes Feedback von Ihnen.
info@dominic-multerer.de

Unmoralische Angebote des Autors

Sparringspartner oder Weggefährte?

Sie haben sich entschieden und möchten etwas verändern oder an der Marke Ihrer Kommune arbeiten? Sie wollen es also wissen und brauchen einen Sparringspartner? Gut! Den ersten Schritt haben Sie getan. Mich anzusprechen ist gleich der nächste. Gemeinsam entwickeln wir Lösungen und setzen die »10 Gebote für Kommunen« sinnvoll um. Ich möchte Sie unterstützen, ob durch ein einmaliges Sparring, eine Klartext-Tour, bei der alles infrage gestellt wird, oder aber durch eine langfristige Begleitung als Strategie- und Umsetzungspartner.

Jede Gemeinde und jede Stadt tickt anders. Gemeinsam finden wir das passende Vorgehen. Sprechen Sie mich an.
info@dominic-multerer.de

Vortrag zu diesem Buch

Dieses Buch hat Sie fasziniert? Sie möchten mich live erleben und mit mir ein Event, eine Fachtagung oder einen Kongress bereichern? Kein Problem!

Speziell zu diesem Themengebiet und auf Basis dieses Buches habe ich einen praxisorientierten Vortrag entwickelt. Als 5-Sterne-Redner zeige ich Ihnen, wie es Kommunen gelingt, vom Verwaltungsmodus in den Gestaltungsgang zu wechseln. Mit meiner provokanten und direkten Art rüttele ich wach, biete aber gleichzeitig Lösungen an, die zum Erfolg führen. Mir ist es wichtig, dass das Prinzip und die Mechanismen der »10 Gebote für Kommunen« so verstanden werden, dass diese Ihnen in »Fleisch und Blut« übergehen.

Tja, und warum ist das so? Ganz einfach: Ich lebe das, was ich sage. Dafür sprechen auch diverse Auszeichnungen wie der Rednerpreis 2012 für den »Best Newcomer« oder 2015 für »Best Media«.

Themen- und Buchungsanfragen bitte an:
info@dominic-multerer.de

Klartext-Tour

Sie wollen konkret wissen, wie eine Klartext-Tour für Sie aussehen kann? Wenn Sie möchten, laden Sie mich gern in Ihre Gemeinde oder Stadt ein. Egal, ob zu zweit mit Ihnen als Bürgermeister, in großer Runde mit Ihren Verwaltungsmitarbeitern oder dem Gemeinderat: Es wird Klartext gesprochen.

Mit einem Tag Vorbereitungszeit und einem kurzen Briefing Ihrerseits komme ich zu Ihnen und zeige aus meiner Sicht, was gut läuft und wo Sie Verbesserungsbedarf haben.

Dieser Klartext gibt neue Impulse und stellt eingefahrene Betrachtungsweisen infrage. Sie als Bürgermeister haben es schwer, den Gemeinderat von neuen Ideen oder konkreten Veränderungen zu überzeugen? Dann lassen Sie uns den Damen und Herren die Augen öffnen. Manchmal geht es nicht nur dem Bürgermeister, sondern auch dem Gemeinderat so: Die Mitarbeiter blocken. Dann lassen Sie uns die Mitarbeiter für Ihre Vorschläge begeistern.

Bei Interesse genügt eine kurze Mail:
klartext@dominic-multerer.de

Nach meinem Besuch werde ich Ihnen eine Roadmap liefern, mit der Gedanken, Ideen und Veränderungen in sofortiges, produktives Handeln umgesetzt werden können – versprochen.

Das kann ich für Sie tun:

◆ Klartext-Tag
Ein Beratungstag, der neue Horizonte eröffnet. Gemeinsam reflektieren wir das Bestehende und erarbeiten neue Konzepte – mein Know-how aus Wirtschaft und Kommunen nutzen. Dieser Tag schafft Mehrwerte. Einfach testen und machen!

◆ Sensibilisierung
Impulse auslösen. Menschen zum Um- oder Nachdenken bewegen. Eigenmotivation schaffen. Bei diesen Themen helfe ich mit Vorträgen, Audits o. Ä.

◆ Sparrings für kommunale Führungsebenen
Ich komme immer wieder darauf zurück: Das Zaubermittel heißt Klartext. Es hilft Führungskräften, Entscheidungen neutral abzuwägen und über sich selbst zu reflektieren.

◆ Klartext-Tour
Um Verbesserungen anzustoßen oder ein Stimmungsbild der gesamten Kommune einzufangen oder auch, um ein spezielles Thema zu beleuchten, eignet sich die Klartext-Tour. Gemeinsam mit dem Institut für Wachstumschancen und Innovationen (IWCI) führe ich beispiels-

weise Gespräche mit Kunden (Bürgern), Mitarbeitern oder Partnern der Kommune. So finden wir Lösungen und Ansätze für Verbesserungen und erarbeiten eine Roadmap.

♦ **Strategie**
Blinder Aktionismus hilft niemandem; Marken, Kommunikation, Prozesse und Veränderungen müssen wachsen. Wenn Sie Ihre Marke, Ihre Gemeinde oder Stadt mit Werten und Relevanz aufladen wollen und neue Strukturen brauchen, stehe ich Ihnen zur Seite. Ich zeige Ihnen, wie markt- und kundenorientiertes Denken gelingt. Einheitsbrei und Gemischtwarenladen sind langweilig.

♦ **Umsetzung**
Alleine umsetzen kann ich die Ideen natürlich nicht. Aber mein breites Netzwerk – bestehend aus Agenturen, dem IWCI und zahlreichen freien Generalisten und Spezialisten – kann es. Wir sind Macher und Gestalter.

Danke

Ein herzliches Dankschön an die vielen Beiträger und Unterstützer, die dieses Buch möglich gemacht und geprägt haben – ob durch Vorwort, Statements oder Interviews. Ihr alle habt mitgeholfen, dieses ungewöhnliche Buch lebendig zu machen. Danke.

Um so ein langfristiges Projekt verwirklichen zu können, braucht man ebenso Familie und Freunde, die einen immer aufs Neue »runterholen«, aber trotzdem antreiben. Ohne diese Rückendeckung wäre vieles nicht möglich.

Last, but not least: Danke an alle Partner und Unterstützer auf dem Weg bis hierher. Damit meine ich alle, ob Kunden, Journalisten, Gesprächspartner oder Freunde oder »Feinde« (wenn es so etwas gibt). Einfach alle. Das Leben prägt einen in jedem Moment, daraus lernt man, und jede dieser Erfahrungen hat mir geholfen, dieses Buch so zu realisieren, wie Sie es jetzt in den Händen halten.

Über den Autor

Dominic Multerer (Jahrgang 1991) steht für marktorientiertes Know-how: Er unterstützt u. a. als Interims-Geschäftsführungsmitglied, Berater und Umsetzungspartner in Strategie-, Vertriebs- und Digitalisierungsfragen. Einen Schwerpunkt hat er auf Themen im öffentlichen Sektor gesetzt. Multerer schreibt Beiträge für führende Wirtschaftspublikationen, ist Autor mehrerer Bücher, die u. a. in China veröffentlicht wurden, hält Vorträge auf Kongressen sowie Vorlesungen an Business-Schools. Das Handelsblatt kürte ihn mit 16 Jahren zu Deutschlands jüngstem Marketingchef. Für seine Kompetenzen als Marketingexperte verlieh ihm die führende asiatische IIC University of Technology 2017 die Ehrendoktorwürde. Dominic Multerer ist der Gründer des führenden IWCI – des Instituts für Wachstumschancen und Innovation. Zu seinen Referenzen zählen: Twinner, SPORT1, Stadt Essen, mps public solutions, GABAL Verlag, Pfalzwerke, NetzeBW, Stahlwille, PDV und mehr.

Mehr unter: **www.dominic-multerer.de**